U0930374

普通高等院校行政管理专业“十四五”规划新形态特色教材

普通高等院校行政管理专业“十四五”规划新形态特色教材
丛书主编　杨爱平

2017年度省本科高校高等教育教学改革项目“‘互联网+政务’：创新公共行政实践人才培养模式的探索”（粤教高函【2018】1号）成果

城市治理案例分析

Case Analysis in Urban Governance

颜海娜　于刚强　编著

華中科技大學出版社
http://www.hustp.com
中国·武汉

内 容 提 要

本书汲取了公共管理案例教学和城市治理研究最新成果，依据多年的案例教学与研究实践编撰而成。全书共分为“案例编写与分析”、“案例实验与操作”和“案例大赛与总结”三部分。其中“案例编写与分析”篇共5章，分别从理论层面阐述了案例的选择、搜集与整理、编写、分析等；“案例实验与操作”篇以案例分析理论为指导，选取了近两年在案例分析大赛上4个获奖的城市治理案例作为实验实训教学范本；“案例大赛与总结”篇总结了城市治理案例分析中值得推广学习的经验，指出常见的问题并提出有效的解决方案。本书将理论运用于实践，并在实践中提炼经验，力图为高校相关专业师生在掌握理论知识的基础上提供实践帮助。

图书在版编目(CIP)数据

城市治理案例分析/颜海娜，于刚强编著. —武汉：华中科技大学出版社，2020.11
ISBN 978-7-5680-1726-8

Ⅰ.①城…　Ⅱ.①颜…　②于…　Ⅲ.①城市管理-案例　Ⅳ.①F293

中国版本图书馆CIP数据核字(2020)第222950号

城市治理案例分析　　颜海娜　于刚强　编著
Chengshi Zhili Anli Fenxi

策划编辑：周晓方　宋　焱
责任编辑：苏克超
封面设计：原色设计
责任校对：阮　敏
责任监印：周治超
出版发行：华中科技大学出版社(中国·武汉)　　电话：(027)81321913
　　　　　武汉市东湖新技术开发区华工科技园　　邮编：430223
录　　排：华中科技大学惠友文印中心
印　　刷：武汉市籍缘印刷厂
开　　本：787mm×1092mm　1/16
印　　张：11.25　插页：2
字　　数：271千字
版　　次：2020年11月第1版第1次印刷
定　　价：58.00元

总序

Introduction

党的十九届四中全会就推进国家治理体系和治理能力现代化作出了全面部署。在国家治理现代化实践的新征程中，我国的公共管理研究也迎来巨大发展机遇。研究和解决新时代背景下国家治理领域的复杂问题，服务于国家治理体系和治理能力现代化建设，是我国公共管理学科必须面对的重大任务和时代命题。

一方面，学界需要立足中国公共治理实践，研究新时代治理的新问题；另一方面要加强对公共管理人才的培养，满足社会的需求。作为培养人才的重要载体，教材是进行教学的基本工具，教材建设的质量对于学生加强理论基础学习、树立公共价值理念具有重要作用。随着科技的进步，我们已迈入"互联网＋"时代，人们接受知识的途径更趋多元化，教学模式随之发生极大变革，尤其在2020年席卷全球的疫情影响下，各类教学活动与教学模式发生巨大改变。在此背景下，开发出具备在线学习、开放共享等功能的新型教材成为新时代教材建设的必然趋势。

为进一步推进公共管理学科教学内容与方式的改革，规划建设凸显中国公共管理特色的精品教材，我们搭建了一支专业能力强、结构合理、编写经验丰富的编写团队，结合国内外公共管理实践而编写此套教材。该套教材是丛书编者长期耕耘于公共管理不同分支领域的研究积累，被华中科技大学出版社确定为"普通高等院校行政管理专业'十四五'规划新形态特色教材"。

依照总结提炼公共管理的中国经验，构建中国公共管理话语体系的目标，本套丛书在内容上凸显了以下三点鲜明特色：一是强化问题导向，以培养公共管理人才为目标。以培养具有扎实公共管理理论水平和实践能力的人才为己任，本丛书综合运用案例式、专题式、参与式等多元教学手段，从不同的视角引导学生对"真实世界中的"公共管理问题进行思考探究，提高学生的综合分析能力，以培养适应经济社会发展需要，具有公共精神、开放视野和时代意识的公共管理人才。二是坚持理论联系，以案例深化教学。编委会成员均有历时多年丰富的教研经验，在教材编写中，坚持用实践回应理论，讲好案例背后的理论故事。所采编的案例均具有一定的典型性与代表性，具有较高的学术价值。例如，本套丛书密切关注新技术革命所引发的政府组织形式和管理方式的变化，尤其是信息技术驱动政府治理的数字化转型，运用多年教研实例，在"互联网＋"背景下对政务服务流程应用与设计进行案例分析，以期回应国家治理实践的现实需要。三是依托专业优势，拓展教材深度和广度。编委会成员充分利用专业优势，打造新的公共管理课程体系。其中，依托学院"粤港澳大湾区跨域治理与公共政策研究中心"及其形成的粤港澳治理研究特色，通过案例分析法对粤港澳区域治理相关议题进行探讨；同时，结合当前新的国际形势，注重学科交叉，运用公共管理学科思维对当前国际危机管理的相关案例进行研究与阐释；在社会转型议题上，通过对不同国家社会转型的路径进行比较研究，充分开拓国际视野，从他国实践汲取可资中国学习的经验。

本丛书的定位如下：第一，结合时代背景，重视学术理论创新。为适应迅速变化着的中国与全球公共治理实践，本丛书从公共管理的新特征出发，无论是内容还是形式上都力求有所创新。其紧密结合时代背景，追踪学术前沿，直面中国与全球公共治理的新趋势、新实践和新问题。第二，运用信息技术和手段，实现线上线下无缝融合。采用数字化手段，运用丰富数字资源，如音频、视频、案例、图片、习题集等形式，既在纸质教材上搭建严密的知识结构体系，又结合互联网的碎片化学习形式，实现信息技术与教学的融合，打造一套原创型新教材。第三，注重教材的系统性和实用性。为更好地向读者展开公共管理学科全面的知识体系及新时代背景下丰富的学科内涵，本丛书从国际关系到粤港澳跨域治理再到基层赋能等领域均进行了重点研究与探讨，不仅适合作为公共管理及相关专业的本科生与硕士生的教学用书，也适合于从事公共管理实务的各级领导干部和公务员阅读。

本套丛书的出版除得到主编及参编此套教材的编者的全心投入及其所在单位的大力支持外，还得到了兄弟院校同行，如中山大学政治与公共事务管理学院陈天祥教授、暨南大学公共管理学院/应急管理学院蔡立辉教授、南开大学周恩来政府管理学院尚虎平教授、华南理工大学公共管理学院黄岩教授、华南农业大学公共管理学院唐斌教授等对本书的大力支持与帮助，特此说明；向一直关心、支持此书编写及出版情况的院校领导、老师表示最诚挚的谢意！

编写教材是一项十分艰巨的任务，其不仅要求编写者要准确地把握理论前沿，同时还要尽可能在有限的篇幅中将学科理论精华向读者讲授清楚，且由于本套丛书编写任务重、受时间和资源的制约，我们在教材的编写和表达上难免存在疏漏。我们也期待广大公共管理学者、从事公共管理教学以及相关学科的教师和同学，为我们提出宝贵的意见和建议，以便我们及时修订，不断完善。

编委会

2020 年 8 月 27 日

前言

Preface

随着中国城市化进程的飞速发展，城市变迁尤为迅速，城市社会治理研究也日新月异。城市治理具有复杂性与时代性特征。党的十九大报告指出："中国特色社会主义进入新时代，我国社会主要矛盾已经转化为人民日益增长的美好生活需要和不平衡不充分的发展之间的矛盾。"新时代我国社会主要矛盾转变了，要应对新的社会矛盾，需要加快国家治理体系和治理能力现代化的建设。城市治理是国家治理体系和治理能力的重要组成部分，因此，加强城市治理研究对解决当前中国社会主要矛盾、实现全面深化改革具有重大意义。

近年来，随着公共管理学科的迅速发展，如何改进公共管理学科的研究方法，培养高素质、符合实践需要的公共管理人才，越来越受到学者们的关注。案例研究可以通过特定情境，有选择性、针对性和代表性地将所关注问题呈现出来，是公共管理领域重要的研究方法。从目前来看，改革公共管理学科中案例教学法的应用是有效回应高校课堂教学需求的重要内容。20世纪初，哈佛商学院最早开始在工商管理课程教学中引进案例教学；20世纪30年代，案例教学被引入到公共行政学课程中；20世纪末，案例教学传入中国；21世纪，我国进一步加强了案例教学在高校公共管理学科中的应用。清华大学、中国人民大学等高校纷纷成立公共管理案例中心，案例教学与案例研究在我国得到蓬勃发展。

以公共行政学、公共政策学为骨干的公共管理类教学，属于经验性和实务性理论课程。对这类课程来说，案例教学是使学生理论联系实际的有效手段，是提升学生理论结合实践能力的重要教学方法。但从目前来看，我国公共管理教学领域涉及城市治理的研究并不是很多。大多只是涉及理论研讨，缺乏实践探索，很少将理论与实践相结合。同时，关于城市治理案例研究的教材更是少之又少。

《城市治理案例分析》是作者在政治学与行政学、行政管理、公共事业管理、社会学等专业相关背景基础上，历经13年周期性本科教学课堂实践检验打磨与深入调研，结合历时动态的课堂反馈与总结反思，多次修改完善而成的专业教材。本教材汲取了最新公共管理案例教学成果以及城市治理研究成果，依据多年的课堂教学实践，并将案例教学与案例研究结合起来；依托相关科研项目开展深入的案例调研，从真实的公共管理世界中捕捉案例故事，获取研究所需的第一手实证资料，把鲜活翔实的案例素材加工成一个个完整的、适合教学的案例。在案例调研获取第一手素材基础上采编的案例不仅具有鲜活性与时效性，而且能够深入挖掘案例故事背后一些鲜为人知的细节与信息，增强案例的真实性、可读性及感染力。这有助于对案例进行更加深入和细致的分析，并使读者能够更好理解与运用相关理论，以全面提高学习者的案例研究能力为整体目标。

本教材分为"案例编写与分析"、"案例实验与操作"和"案例大赛与总结"三部分。

“案例编写与分析”部分以案例研究的概念、特点与意义开篇，以案例研究的流程为线索，阐述了案例选择、案例素材的收集与处理、案例编写、案例分析以及案例报告的撰写。全面、详细地论述了案例分析过程中如何开展案例选题、素材收集、案例分析、报告撰写等内容，为城市治理案例分析构建理论基础。其内容凝聚了作者多年来在教学过程中的思考与感悟。

“案例实验与操作”部分以案例分析理论为依据，详细呈现了河长制、社区邻避、电梯加装、城市黑臭河涌治理等 4 个案例。这四个案例是在 2018—2019 年公共管理/城市治理案例分析大赛上获奖小组的参赛案例。例如河长制小组在“2018 年第二届中国大学生公共管理案例大赛”上获得银奖；邻避治理小组、电梯加装小组、S 涌治理小组在“2019 年第一届广州城市管理研究联盟案例分析大赛”上分别获得一等奖、三等奖和优秀奖。这些案例在分析的过程中涉及城市治理研究领域重要的理论问题。如邻避小组涉及的“期望-手段-效价”理论，电梯加装小组运用的“助推理论”和“集体行动理论”，以理论为基础对案例进行分析，实现理论性与实践性的结合。同时这些案例也是当前城市治理中的热点问题，非常具有典型性、代表性以及借鉴性。本书通过这些鲜活的案例，可以帮助学生准确掌握案例研究法的现实运用，力图为教材使用者在掌握理论知识的基础上提供实践帮助。

“案例大赛与总结”部分从比赛带队指导老师和参赛队伍成员的切身感受出发，从选题与赛前准备、资料收集与整理、报告撰写与修改、现场展示与答辩以及总体情况五个方面总结了案例分析中值得学习的经验和经常出现的问题，并根据参赛成员的赛场经历，提出有效的解决方案。通过四支队伍参加案例分析大赛的具体情况，从实践出发，结合理论研究，挖掘问题，分析问题，解决问题，为城市治理案例分析提供重要理论与实践基础。

在本书的编写过程中，唐薇、孙蔷薇、吴泳钊、吴玮莹、李敏佳、王露寒、叶蔓桦、邝丽欣、黎嘉宏、刘泽森、曾栋、李东泽、陈家兰、李金松做了大量的基础工作。其中，案例的选择，叶蔓桦；案例素材的收集与整理，吴玮莹、李敏佳、王露寒、黎嘉宏；案例编写，李敏佳；案例分析，王露寒；案例分析报告的撰写，吴玮莹；整合与修改，孙蔷薇、唐薇、吴泳钊。“案例实验与操作”部分：河长制案例，曾栋、刘泽森；社区邻避案例，刘泽森、王露寒；电梯加装案例，邝丽欣、黎嘉宏；城市黑臭河涌治理案例，李敏佳、曾栋；整合与修改，邝丽欣。“案例大赛与总结”部分，唐薇。图片处理与排版校对，李东泽、陈家兰、李金松。

本教材每个环节的分析与论述都是作者关于城市治理案例分析理论与现实相结合的深入思考。在编写的过程中，我们虽然尽力参阅国内外专家学者在这一领域中的研究成果，但由于本教材中的相关研究在公共管理案例分析领域还属于探索性研究，编者的研究水平有限，加上时间仓促，书中难免存在不足、疏漏或错误，恳请各位专家、学者、读者批评指正。

作　者

2020 年 9 月 1 日

目 录

Contens

CHAPTER 1

第一篇

案例编写与分析

第一章

案例选择

本章课件

学习目标

1. 了解定性研究案例选择方法
2. 了解定量研究案例选择方法
3. 理解案例选择策略
4. 掌握个案选择的四种路径
5. 掌握案例选择方法

案例研究方法源于哈佛大学的案例学派和早期的经验学派，学界对于案例和案例研究有各种各样的解释和定义。国外学者较早开展对案例研究的探索，约翰·吉尔林认为案例是在某一时间点或经过一段时间观察到的一种有空间界限的现象。在确定研究问题后，案例研究设计的第一步即是案例选择。案例选择是案例研究中十分关键的步骤，案例选择的质量直接影响着案例研究的走向和结果。

第一节 案例研究中的案例选择

在社会科学发展的前期，因果分析少有案例选择的意识，研究者们往往通过零星的举例说明来佐证观点。因此，社会科学前期的研究往往以个案分析为导向，基本遵循历史学家的观察方法，着眼于特别引人注目的案例，包括影响力案例、极端案例、异常案例等，这在历史社会学的研究路径中表现得尤为突出。从理论上来说，个案不是代表总体的样本，尤其不是代表那种具有异质性总体的样本。但即便是较少的样本或没有因变量多样性的组合，仍然可以具有一定的因果意义。这就使得个案研究在社会科学中依然有着独特的作用，其功能发挥的关键就在于案例选择。总的来说，个案的选择有四种路径：典型性个案、关键性个案、反常性个案和揭示性个案。

一、典型性个案

个案研究方法遭受最多批评的问题常常是“代表性”问题，人们常常发出疑问：对单个个案的研究具有代表性吗？具有多大的代表性？事实上，将个案研究结论扩大化推理的逻辑属于“分析性推理”而非“统计性推理”，后者是统计调查的逻辑基础，而不是案例研究的逻辑基础。个案不是统计样本，因此并不一定需要具有代表性。那么，个案代表性不清楚的情况下，怎样才能提高个案研究的外部效度呢？一个重要的解决办法就是选择具有典型性的个案。“典型性”不等于“代表性”，典型性不是个案“再现”总体的性质（代表性），而是个案集中体现了某一类别的现象的重要特征。[①]

典型性个案一般用于归纳型研究，总结出某种一般结论，即剖析特殊与总结一般。另外，典型性个案还可以用于检验假设，即应用于理论指导性研究，检验理论的外部效度，如检验西方某个理论在中国的适用性，就可以选择中国的相关典型个案进行研究。典型个案的选择逻辑符合类型学的逻辑，其要义在于，在关键的研究维度上关注均值、中位值或众值，即选择的个案与其他同类大部分个案要有极大的相似性，如在“如何打通进不去的三百米”案例研究中，课题组选择的是河涌治理案例中具有典型性的案例，而在“一个垃圾桶的独白：哪里才是我的安身之处”案例研究中，课题组成员紧跟时政热点，通过走访观察，选取了广州市内几个典型小区，并在其间进行参与式观察，收集案例素材。

与正常时期不同，危机状态会在一个极短的时间之内对城市治理的方方面面提出极高的要求，能够最大限度地测试城市系统的“承压”能力，暴露一些日常不容易发现的问题和不足。此外，危机状态下的城市治理涉及诸多方面，且与国家应急管理体制、资源动员体制、重大安全风险防范化解机制等有着紧密的联系，为研究者（学习者）在宏观视野下观察和思考现代化的城市治理体制构建提供了一个难得的机会。以 2020 年新冠肺炎疫情为例，疾病预防与控制、城市应急物资储备与保障、城市医疗资源配置、公共卫生危机应急、政府公共关系应对、新兴技术手段应用、网格化治理，这些都是值得深入探究的关键点。城市是具有特别意义的经济社会单元，城市治理并不简单的是相对于农村的其他地区的治理或者是相对于中央政府的地方治理，城市首先是城市，它有着内在于其自身的特点并随之对其治理提出相应的要求。得益于自媒体、传统媒体、社交记录、数据模型、官方文件等各类资料的翔实记录，此次疫情结束以后全社会都将获得人类迄今为止最为丰富的疫情日志，各个相关学科的学者都将从本学科或跨学科的角度进行研究，当然它也是城市治理与公共管理领域的案例宝库。

在这方面，学界较为典型的研究有 R. S. 林德和 H. M. 林德（1929）的《米德尔敦：当代美国文化研究》、费孝通（2011）的《江村经济》和贺雪峰（2018）的《村庄类型及其区域分布》。R. S. 林德和 H. M. 林德（1929）研究了当时美国印第安纳州的一个市镇，在书中比较全面地描述和阐释了包括居民的谋生、安家、利用闲暇、参加宗教活动等方面的内容。《江村经济》是费孝通（2011）社区研究的代表作，在书中，费先生细致而深入地刻画了中国东部太湖沿岸一个村庄的整体生活，通过积累“地方类型”，反映中国社会结构的总体形态。而贺雪

① 王宁. 代表性还是典型性？——个案的属性与个案研究方法的逻辑基础[J]. 社会学研究，2002(5)：123-125.

峰(2018)在《村庄类型及其区域分布》中则分别从村落的社会结构和经济社会分化两个维度把中国村庄分门别类进行研究。这些研究所选取的个案都符合典型性原则。

二、关键性个案

关键性个案的所谓“关键”，是指其能够提供关于某个理论的关键证据。它具有两个功能：一是证实某个理论，或为某个理论提供最有力的支持证据；二是否证某个理论。在进行证实性研究时，应选择“最小可能关键个案”，其具体逻辑是：要证实一个理论，不是找最有可能支持它的个案，而是找那些看起来最不可能支持它的个案，如果连这个最小可能支持该理论的个案都证实了该理论，该理论就得到了强有力的支持。例如，要证明人治社会下企业权利具有脆弱性，不是找最弱势的企业去证实其权利容易受到伤害，而是找最强势的企业，如果连最强势的企业的权利都得不到权利保障，就更不用说小企业了。而在进行否证性研究时，应选择“最大可能关键个案”，其具体逻辑是：要否证一个理论，不是去找一个最不可能支持该理论的个案，而是去找一个最有可能支持该理论的个案，如果连这个最有可能支持该理论的个案都不能证实该理论，其他理论就更不可能证实这个理论，则这个理论就被否证了。例如，若要否证理论“相对同质的国家容易保持政治稳定，异质性国家不容易保持政治稳定”，就应当寻找具有最分裂的社会群体的国家，因为它最有可能支持该理论，若所找得的案例不支持该理论，则该理论被证伪。

三、反常性个案

反常性个案是指在某些维度上与常态、趋势或理论预测相背离或者具有较大偏离值的个案。例如，若在一般情况下，某种疾病必然导致人死亡，那么某个对该疾病免疫的人就是反常性个案。反常之所以反常，就是因为它不能被已有的理论或常识很好地解释，这为修正以往的理论或发现新知识提供了机会。反常性个案可以应用于对话性研究和归纳性研究中。所谓对话性研究，就是与现有的某个理论进行对话。具体而言，反常性个案针对的又是对话性研究中的否证性研究，即寻找与该理论所预测的方向相反的个案，否证该理论。

因此，对于归纳性研究，选择反常性个案所要达到的研究目标是：解释反常性个案偏离常态的原因。对于对话性研究，选择反常性个案所要达到的研究目标是：否证某个理论以及用新的理论模型来取代该理论。首先，反常性个案有助于寻找和发现以往的理论所忽略或未曾发现的新变量，从而对反常给予合理解释；其次，反常性个案能够缩小原理论解释力所覆盖的范围，将其降格为“亚类型”；最后，反常性个案有可能为新的理论提供证据，从而产生新的理论模型。

四、揭示性个案

揭示性个案的所谓“揭示”，是指其能够揭示新生事物以及难以进入或难以获知的现象。揭示性个案可以应用于描述性研究或探索性研究，其选择所需考虑的主要问题则在于可获得性和可进入性，研究者应尽量争取研究渠道，选择可进入的个案。美国社会学家威廉・富特・怀特(1981)的《街角社会》一书是社会学参与式观察和个案研究的重要著作。在书中,怀特以一个意大利人贫民区为个案,深入置身于观察对象的环境和活动中,对闲荡于街头巷尾的意大利青年的生活状况、非正式组织的内部结构及活动方式以及其与周围非法团伙成员和政治组织的关系加以观察、记录和分析,最后总结出了该社区的结构及相互作用方式。

第二节 比较案例研究中的案例选择

社会科学发展前期的研究往往以个案研究为导向,在自然科学方法被逐步引入社会科学领域之后,科学方法开始推广应用到社会科学的各个领域。学者普遍开始重视社会科学的经验性,对于不同案例的比较研究成为方法论探讨的重点。

学者对于比较案例研究开始于以案例因素为基础的讨论。这种以因素为基础的讨论主要有两种研究取向:一是定性研究;二是定量研究。

一、定性研究

定性研究的案例选择基于布尔算数和集合论,将因果关系理解为关于结果的必要或充分条件,并不否定根据因变量选取案例。

(一)求同法与求异法

早期的比较方法以密尔(1882)关于求同法与求异法的经典论述为基础。[①] 其一,求同法,部分学者提出以"最大差异原则"选取案例[②③],即选取只有一个条件相同而其他条件完全不同的案例,从而认为导致结果相同的相似性即为原因;其二,求异法,亚当・普沃斯基等(1970)提出了关于"最相似系统设计"的原则,即在其他条件一致时,导致结果不同的差异即为原因,他所谓的"系统"大体上指的是国家。[④] 表 1-1 为最大相似案例与最大差异案例。

① 叶成城,黄振乾,唐世平.社会科学中的时空与案例选择[J].社会科学文摘,2018(8):34-36.

② Lijphart. The comparable—cases strategy in comparative research[J]. Comparative Political Studies,1975,8(2):158-177.

③ Meckstroth T. "Most different systems" and "most similar systems":a study in the logic of comparative inquiry[J]. Comparative Political Studies,1975,8(2):132-157.

④ 叶成城,黄振乾,唐世平.社会科学中的时空与案例选择[J].社会科学文摘,2018(8):34-36.

表 1-1 最大相似案例与最大差异案例

案例方法	案例共性	案例特性	特性解释	因果推断方法
小样本-少案例比较分析	通过时空或理论等立意选择的案例，或在一定时空范围内的总体	最大相似案例	只有一个条件不同而其他条件完全相同，且导致结果没有发生（Y＝0）的一个（组）案例	基于求异法进行因果推断
		最大差异案例	只有一个条件相同而其他条件完全不同，且导致结果发生（Y＝1）的一个（组）案例	基于求同法进行因果推断

（二）求同法与求异法的结合使用

在社会科学领域，求同法与求异法往往被同时使用，许多研究者都有意识地使用结果分别为正、负的案例对比来加强理论说服力。与量化研究的相关传统不同，定性研究中的案例选择从逻辑因果出发，旨在挖掘条件对结果影响的充分或必要性。而在不同的条件之间，只有类型的差异，而没有因果效应程度的差别[①]，这就为求同法与求异法的结合使用提供了可能。例如在"电梯加装为何好事难办"案例研究中，研究者就对各城市在老旧社区加装电梯中的积极探索做了具体的比较分析。在逻辑因果传统下，必要性与充分性是构成不同因果类型的基本要素。因此，这里笔者采用陈超等（2019）的研究，分别对必要条件与充分条件进行阐述，从而展示在逻辑因果传统下案例选择的基本方式。

1. *必要性*

假设条件（或条件组合）A（存在/不存在）是结果 Y（发生/不发生）的必要条件，那么 A 与 Y 的必要性关系可以通过两种方式进行定义：

①如果 Y 发生，则 A 一定存在；

②如果 A 不存在，则 Y 必不发生。[②]

对于第一种定义，案例选择情况可以通过一个 2＊2 的矩阵表示（见表 1-2）。其中，不支持的案例数量应当为 0 或基本接近于 0，否则假说就将直接被证伪，而无须再进行其他深入的检验。

表 1-2 根据定义 1 应选取的案例情况

项目	A 不存在	A 存在
Y 不发生	不相关案例	不相关案例
Y 发生	不支持的案例	支持的案例

对于第二种定义，案例选择情况可以通过一个 2＊2 的矩阵表示（见表 1-3）。其中，不

① 陈超，李响．逻辑因果与量化相关：少案例比较方法的两种路径[J]．公共管理评论，2019(1)：3-22.

② Bear F Braumoeller，Gary Goertz. The methodology of necessary conditions[J]. American Journal of Political Science，2000(4)：844-858.

支持的案例数量同样应当为 0 或基本接近于 0。

表 1-3　根据定义 2 应选取的案例情况

项目	A 不存在	A 存在
Y 不发生	支持的案例	不相关案例
Y 发生	不支持的案例	不相关案例

2. 充分性

与必要性相比，关于充分性的定义显得更加简单。假设条件（或条件组合）A（存在/不存在）是结果 Y（发生/不发生）的充分条件，那么意味着：如果 A 存在，则 Y 一定会发生。根据这一定义，案例选择情况可以通过一个 2 * 2 的矩阵表示（见表 1-4）。

表 1-4　充分性定义下的案例分类

项目	A 不存在	A 存在
Y 不存在	不相关案例	不支持的案例
Y 存在	不相关案例	支持的案例

蔡晓莉等（2006）的《中国乡村公共品的提供：连带团体的作用》①即是综合运用求同法与求异法进行研究的典例。关于地方公共产品的供给是由什么因素促进的这一问题，已有的相关解释理论是民主制度促进公共物品供给，然而，这一理论却无法解释中国农村的公共产品供给差异现象。于是，研究问题出现了：为何中国农村经济发展水平大体相同的地方，公共产品的供给有很大差异？为解答这一问题，蔡晓莉等综合选用"最相似案例"和"最相异案例"，在福建、河北、江西各选取两个村作为案例进行研究（见表 1-5）。其中，可以看到，福建 R 村与福建 W 村、河北 Y 村与河北 S 村、江西 H 村与江西 L 村的人均收入、人口和村委会选举质量相当，最大的差异在于连带群体的有无，这就是三对"最相似案例"；而福建 R 村与江西 H 村、福建 W 村与江西 L 村在人均收入、村委会选举质量上都有较大差异，这就是一对"最大差异案例"。通过这样的比较研究，蔡晓莉等人发现，连带群体的有无是影响政府公共产品供给质量的关键变量。

表 1-5　蔡晓莉等研究中的案例比较

项目	福建 R 村	福建 W 村	河北 Y 村	河北 S 村	江西 H 村	江西 L 村
人均收入	8600 元	6712 元	1500 元	1300 元	1100 元	1200 元
人口	3200 人	3900 人	367 人	352 人	3000 人	4000 人
2000 年政府财政收入	460 万元	100 万元	1 万元	1 万元	人均 126 元	人均 150 元
村委会选举质量	非常好	非常好	好	好	无选举	无选举
连带群体	无	有	有	无	无	有
政府公共品提供	一般	非常好	好	差	差	好

① 蔡晓莉，刘丽. 中国乡村公共品的提供：连带团体的作用[J]. 经济社会体制比较，2006(2)：104-112.

（三）相关批评

对于求异法，Mann(1986)指出，求异法的缺陷往往在于如何确保案例选择在最大程度上接近于一种“最大相似性”①。而 Moller(2016)则认为求异法对概念的定义过于宽泛和模糊。② 对于求同法，学界的质疑来自两个方面：一是 Ragin(2000)对于多重因果性的质疑，即结果的相似性可能出于其他不同的组合而非自变量的相似性③；二是 Collier 等(1996)对因变量选择性偏差的质疑，即只选择结果出现的案例可能会导致因果推断的偏误④。

二、定量研究

定性研究的少案例比较研究常常受到量化研究者两方面的批评：第一，按照因变量选择案例，从而产生选择偏差的问题；第二，案例选择受到研究者各种主观因素的影响，违背了随机性原则，很难具有代表性。“当基于一变量的一个特殊值来选择观测值时，如果不考虑到因变量取其他值的事例，我们无论如何也不会把握因变量的原因。”⑤

选择偏差是在特定研究背景中产生的系统错误⑥，在研究过程中具体表现为选择那些能够支持研究者希望得到的研究结论的自变量和因变量组合的案例。例如，图 1-1 描述了进修会计课程数目与毕业后年收入的关系。若只截取因变量大于某值(比如 10)的观察值构成样本，在进行回归分析时，估计出的拟合线(虚线)斜率将小于真实的拟合线(实线)斜率，即低估自变量的参数，这就体现了典型的选择偏差。

在对选择性偏差进行批评的基础上，定量研究者开始提出基本的样本选择方法。定量研究的案例选择基于概率论和线性代数法则，目的在于估计自变量的平均影响效应，认为必须避免基于因变量选择案例，即需要保证样本在因变量取值上存在尽可能大的差异，依照这一原则扩大案例样本量。

但是，定量研究中关于大样本量的主张也受到了一些质疑。比如，有学者认为，尽可能地增加样本数量不一定意味着可以保证案例的同质性。⑦ 其次，试图过度增加样本可能导致将许多无关案例视为负面案例，从而导致因果效应的估计偏差。⑧ 而且，对于选择偏差的质疑来源于对定量方法与定性方法的混淆，事实上，定性研究中的因果逻辑并不与定量研究相同。

---

① 叶成城，黄振乾，唐世平. 社会科学中的时空与案例选择[J]. 社会科学文摘，2018(8)：34-36.

② Moller J. Composite and loose concepts, historical analogies, and the logic of control in comparative historical analysis[J]. Sociological Methods & Research, 2016, 45(4): 651-677.

③ 叶成城，黄振乾，唐世平. 社会科学中的时空与案例选择[J]. 社会科学文摘，2018(8)：34-36.

④ Collier D, Mahoney J. Research note insights and pitfalls: selection bias in qualitative research[J]. World Politics, 1996, 49(1): 56-91.

⑤ K K V. Designing social inquiry: scientific inference in qualitative research[M]. Princeton University Press, 1994.

⑥ D Collier, J Mahoney. Insights and pitfalls: selection bias in qualitative research[J]. World Politics, 1996, 49(1): 56-91.

⑦ Larry M Bartels. Pooling disparate observations[J]. American Journal of Political Science, 1996, 40(3): 905-942.

⑧ James Mahoney, Gary Goertz. The possibility principle: choosing negative cases in comparative research[J]. American Political Science Review, 2004, 98(4): 653-669.

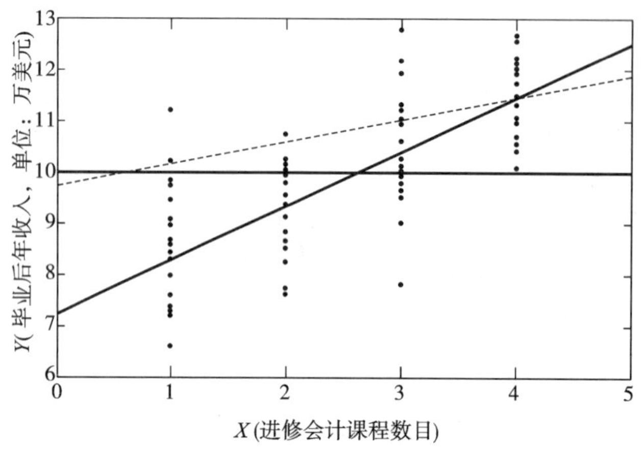

图 1-1　进修会计课程数目与毕业后工资收入的关系

案例选择的方法在经历了定量和定性“两种文化”之间的辩论之后，开始出现基于混合方法的案例选择。许多国外学者发展了传统的定性研究，提出了更为精致的案例比较分析，来完善和弥补过去对于案例研究中样本过少而变量过多的批评，这些方法包括：用过程追踪的方法来增加可信度；用匹配分析在大样本中选择案例进行比较；通过对照比较来兼顾内部和外部有效性；采用配对比较共同使用求同法和求异等。① 最近，也有一些国内学者提出了全新的案例选择视角，如叶成城等（2018，2019）提出，以往多数研究的案例选择方法仍然是基于因素的，造成了案例选择和案例研究方法之间的脱节。因此，他们基于原有的案例选择方法，给出了一个全新的基于因果机制的案例选择方法。② 此外，他们还指出，以往的案例选择方法忽视了时空对案例选择的根本性限制，因此提出了将时空规制加入研究设计的具体操作方法。

本章小结

案例选择是案例研究中十分关键的步骤，案例选择的好坏直接影响着研究的走向和结果。本章介绍了案例研究和比较案例研究两大研究路径中的案例选择策略。社会科学前期的研究往往以个案分析为导向，基本遵循历史学家的观察方法，着眼于特别引人注目的案例，案例研究中选择的案例包括典型性个案、关键性个案、反常性个案和揭示性个案。比较案例研究中的案例选择包括定性与定量两种方式，定性研究中的案例选择策略以求同法与求异法为代表，定量研究中的案例选择则强调因变量的差异与案例样本量的扩大。通过对本章的学习，可以掌握案例选择的方法，了解定性研究与定量研究如何进行案例选择，为案例选择打下理论基础。

① 叶成城，黄振乾，唐世平.社会科学中的时空与案例选择[J].社会科学文摘，2018(8)：34-36.

② 叶成城，唐世平.基于因果机制的案例选择方法[J].世界经济与政治，2019(10)：22-47，157.

本章测试题

一、名词解释(每小题5分,共20分)

1. 关键性个案
2. 反常性个案
3. 必要性
4. 充分性

二、简答题(每小题10分,共40分)

1. 简述典型性个案的适用范围及其注意事项。
2. 简述求同法和求异法的概念。
3. 简述定量研究批评"定性研究少案例研究"的理由。
4. 简述研究者质疑定量研究中"大样本量"主张的理由。

三、论述题(每小题20分,共20分)

阐述关键性个案的功能及其论证逻辑。

四、材料题(每小题10分,共20分)

材料一 A小区基本情况和维权

A小区,曾是长沙市的"标志性工程"。位于老长沙市的货运码头——通泰门。这个寓意"通江达海、国泰民安"的老城门,是发财、富贵之地。据居住在这里的业主们介绍,由于A小区地处长沙市沿江风光带,面对湘江、岳麓山、橘子洲,"山水洲城"景色一览无余,不仅具有居住价值,也具有巨大的投资空间。该小区分为A座和B座,2001年开始建造,共有业主500多户。由于该小区是长沙市当时最贵的电梯公寓小区,小区业主大多数是社会精英人士,包括律师、大学教授、政府领导、医院院长、私企老总、外企高管,仅有不到10%的业主为拆迁户。

A小区维权缘起。1992年,L地产公司以每亩26万元的低价购得一块沿江的风水宝地,面积约11亩。1993年,开始建设"XB大厦",但其间因为资金链断裂,建到三层时,便一直停工至2001年。2001年后,"XB大厦"更名为A小区,重启开发并建成第一期,共计200余户;第二期于2005年建成,共计300余户,均很快销售一空。L地产公司先后采取销售资金体外循环、逃避银行监管、一房多卖、低价现金交易、借高利贷、以房作抵押等方式,套得几千万元资金调往外地救急。因当时欠施工方2000万元左右,小区连施工验收都没搞,更别说消防、综合验收和备案,开发商一直是违法交房。小区用的是临时基建用电,大楼已经被列为长沙市重大消防隐患,承诺的40%以上绿化不见踪影。由于欠施工方、银行、税费等3000多万元,业主领取房产证更不知何时。经过10年维权,A小区已经通过房屋验收，居民用电和消防设施问题已基本解决，取得房产证和解决房屋安全问题成为主要维权目标。

A小区业主成立了业主委员会，向长沙仲裁委员会申请仲裁，但L地产公司已经注销，业主通过法律渠道维权失败。业主到省政府、市政府上访，甚至到北京上访，但业主的房产证问题依然未能解决。业主采用堵路和拉横幅等手段，引起了媒体的关注，但收效甚微。结果，积极参与维权的业主越来越少，许多业主选择搬离该小区。业委会成员表示他们是“弱势群体”，维权力不从心。

材料二 B小区基本概况和维权

B小区位于长沙市天心区市中心板块，曾经被开发商称为“长沙最好的教育楼盘”。B小区是H地产公司在长沙开发的标志性房地产项目，项目位于赤岭路和书院路之间，毗邻高等学府，东临长沙商务中心区，西望湘江，南靠南郊公园，是专门为年轻知识一族量身打造的20万平方米大型社区，业主子女可进入大学的幼儿园与所属附小学习。小区从2003年开始建造，由12栋17层电梯小高层组成，共有业主2000多户，业主从2006年开始入住。业主大多数是社会中产阶层，其中包括大学老师、医生、公司职员、个体工商户等。

B小区业主从2006年开始入住，第二年，小区里就开始“闹腾”，因为H地产公司违规出售垃圾站用地，私自扩建和改建在规划中已经承诺给业主建设幼儿园和休闲会所的用地等16个问题，业主按照法律程序，逐级上访。在“闹腾”一年多以后，问题依然没有得到解决。

小区J物业将小区广告、摊位出租、停车位等公共收入据为已有，躲躲闪闪不愿意公开。因为拖欠水电费，B小区被停水停电。业委会调查发现，自2009年起，J物业开始挪用业主水电费。截至2012年5月底，J物业共挪用、拖欠约140万元水费、90万元电费，包括预收业主电费约50万元。

愤怒的业主于2011年第三次召开业主大会，决定三年期满后不再续聘J物业。因此，解决小区配套设施问题和炒掉物业成为业主维权的主要目标。

B小区业主自发成立维权小组，成立业委会，数十次与政府部门协商，与开发商协商。维权期间发生了打架、堵门等暴力事件，甚至出现维权业主被地产公司售楼部经理雇凶砍伤事件。矛盾被彻底激化，无法协调。当地政府召开九个部门的联席会议，研究、解决问题。最终，B小区业主从开发商手中收回约300万元的资产，16个由开发商导致的问题也基本解决。小区业主最终炒掉了老物业，选聘了新物业，业委会每年能结余公共收益近40万元，两次维权活动均获得成功，成为业主维权冲突治理的典范。

（资料来源：吴晓林.房权政治：中国城市社区的业主维权[M].北京：中央编译出版社，2016.）

根据上述材料回答下列问题：

1. 上述两个小区业主维权案例是不是同性质的案例？为什么？
2. 从上述两个案例中选择一个案例，做出案例调研的设计思路。

第二章

案例素材的收集与处理

本章课件

学习目标

1. 了解案例素材的收集方法
2. 了解案例素材的处理方法
3. 理解案例素材处理遵循的基本原则
4. 掌握文献法、访谈法、观察法、问卷法

确定了案例的主题与案例选择的方向后，就进入案例研究的正式阶段了。案例研究的基础是案例，为了更好地进行案例的呈现，首要的是收集并挖掘丰富的案例资源与案例素材并及时进行处理，这对后续进行案例编写及案例分析而言至关重要。相较于在实验室做实验或统计调查，案例研究的资料收集过程尚未常规化、程式化，极度依赖研究者的思维和方法，故而案例研究法对于研究者的智慧、人格、情绪等主观要素的要求远远高于其他研究方法。此外，案例研究受偶然性因素作用强，调研机会一闪而过。因此，掌握好案例素材的收集方法，并将其运用于实际调研中，是案例研究中的重要一环。

第一节 案例素材的收集方法

案例研究的一个重要优势就是有机会收集不同的证据来展示整个事件丰富的画面(Yin,1994)。而不同证据的收集离不开多种方法的综合运用。本节将对案例素材的收集方法进行阐述。

一、文献法

文献类资料可以表现为多种形式，如信件、备忘录和各种公报，议事日程、布告、会议记录和其他书面报道，管理问卷、方案、进展报告和其他内部记录，相关领域的正式研究及与评价报告，大众媒体与社区通讯中的剪报及其他文章等。

有别于其他资料，文献资料更容易获取，具有便捷性。其中，新闻报道及相关事件记录可以为案例提供基本事实，客观、真实地呈现案例发生的背景和经过。如在“如何打通进不去的三百米”案例研究中，由于选择的案例为已经发生过的事件，课题组成员无法通过直接参与观察获取相关信息，因而需要在新闻网站上收集大量关于当时“三百米事件”的相关报道。学术文献资料可以为案例提供理论基础，通过大量收集和分析所选择领域现有的研究文献资料，归纳现有研究的重点、成就及不足，有利于发掘案例研究的空间。此外，政府部门官方网站也是获得公开、权威数据来源的重要平台。因此，在确定案例选题进行资料收集时，可以浏览政府网站关于该问题出台的相关法律法规等制度性文件，以及发布的有关新闻，这样就能更准确地把握案例主题的现实发展情况。

对案例研究而言，文献的首要作用是证实或证伪通过其他来源获取的资料。例如在“电梯加装为何好事难办”案例研究中，案例背景部分梳理了旧楼加装电梯的相关政策文件，介绍了各城市在老旧社区加装电梯中的积极探索，为后续与访谈资料的收集比较、案例分析以及提出政策建议提供了有效的思路。

随着信息时代的到来，文献来源日益广泛，政府网站上公开的文件、媒体的访谈资料等成为案例研究者的重要资料来源。面对浩如烟海的文献，研究者要处理的问题是如何去伪存真，选取与自己研究主题紧密联系的文献资料。

二、访谈法

访谈是案例研究重要的信息来源之一。案例研究中用到的访谈通常是开放性的，访谈中可以向主要访谈对象提出有关某些事情的实时性与观点性问题。因此，在整个访谈过程中应该做到：第一，沿着自己的发问线索，就像在案例研究方案中设计的那样；第二，力争发问方式不带有任何偏见，以得到所需要的信息。贝克(1988)认为，提问方式为“怎么样”比“为什么”更好，因为后者可能会引起访谈对象的防卫心理。在某些情况下，甚至可以请求受访者将他们自己的观点用事件形式描述出来，作为进一步询问的基础。

在进行访谈时，需要注意以下几点。

(1) 访谈前，要对访谈的主要目标和所要了解的主要内容有一个明确认识。可以事先准备好访谈提纲，覆盖访谈的主要内容，用以作为访谈过程中指导提问和检查遗漏的依据。访谈问题应该浅显易懂、简要具体、具有可操作性。在访谈过程中，也需要研究者根据实际访谈所认识到的问题或方面，对原先考虑不足的内容进行适当的删减。

(2) 不同的访谈阶段有不同的访谈目的。开始对当地情况不是特别了解时，可以采用开放性提问，随着问题的明晰，就可以对文献观点或研究者自己预设的问题进行提问。例如，研究者在研究社区里的邻避运动时，刚开始对参与者、参与过程、参与行为等情况不太了解，此时应尽可能先收集所有有关的邻避情况，对社区中邻避问题和现状有整体的感性认识，然后将调研问题集中化。聚焦明确的调研问题后再回到社区进行二次调查。这时对第一次访谈中疏漏的问题、需要聚焦的问题以及感兴趣的问题进行更深入的询问。

(3) 访谈前最好应尽可能详细地了解被访者的情况，比如年龄、性别、职业、文化程度、家庭背景、兴趣爱好等。这一方面便于访谈员根据实际情况采取适当的角色姿态，尽可能缩小访谈员和被访者之间的地位差别和心理距离，尽可能增加二者的共同语言，以建立融洽轻松的访谈关系;另一方面,可以使访谈员对被访者在访谈过程中所谈的各种情况有一个更为准确、客观的理解。

(4) 在被访者回答问题过程中,访谈员要专心听,这样可以给被访者一种正式感、受尊重感和谈话有价值感。访谈员目光可以恰当与被访者保持接触,不轻易打断被访者的话,容忍沉默,进行认可性的回应,如“嗯嗯”“对”等言语行为及点头、微笑、鼓励的目光等非言语行为。

(5) 掌握正确的记录方法。访谈的目的是收集案例内容的详细资料,访谈记录则关系到访谈资料的客观性、准确性和全面性程度。现场记录一般有四种类型:内容型记录(记下被访者在访谈中所说的内容)、观察型记录(记下访谈者所看到的东西,如访谈的场地和周围的环境、被访者的衣着和神情等)、方法型记录(记下访谈者自己使用的方法以及这些方法对被访者、访谈过程和结果所产生的影响)、内省型记录(记下访谈者个人因素对访谈的影响,如性别、年龄、职业、衣着、言谈举止、态度等)。访谈时,可以进行速记,访谈结束后再立刻补充细节,注意需要将自己放回到访谈的情境中,身临其境地回忆被访者的原话。

(6) 一些提高访谈信度的小技巧。访谈内容难免会受到情绪、记忆、理解等的影响而出现差错。为了增强访谈的信度,访谈者在访谈过程中需要掌握一些小技巧。首先,访谈者可以根据被访者回答中提出的点,故意提出一个相反的命题,从而确认被访者自己的主观理论;此外,在访谈过程中,可以有意识地重复被访者的观点,一来能加深自己印象,二来能激发被访者进一步深入和细化事件过程,三来也让被访者分辨研究者对观点的把握是否正确。

总的来说,访谈是获取案例研究资料的一个重要方法。由于很多案例研究都是关于人的研究,特定的被访者能说明并解释人们所做的事情,见多识广的被访者还可以为特定情景提供一些重要的信息。他们有助于研究者快速了解这一情景的早期情况,找到相关的资料来源。但访谈仅仅是口头陈述,因此避免不了一些通病——个人主观理解、存有偏见、描述不清、发音不准、理解不确切。有效的做法是将通过访谈得到的资料与从其他渠道获得的资料交叉对比验证。

三、观察法

1. 参与式观察法

参与式观察法是观察的一种特殊形式,这时人不单纯是一个被动的观察者,而且在案例研究的情境中担当不同的具体角色,可以实际参与所研究的事件。目前参与式观察法已经在案例研究中得到广泛应用,其目的是为了直接获取研究设计所需要的分析资料。

在参与式观察法中,根据观察者身份是否公开,可以细分为公开性参与式观察法和隐蔽性参与式观察法。在研究场景中,如果公开观察者的身份,则为公开性参与式观察法。其适用于一些不涉及特殊内容、特殊群体、特殊情境的研究,如普通的企业调研、乡村调查、经济调查等。这一方法的好处是告知被调查者并表明研究者的身份,以期获得非正式渠道的理解或正式渠道的合作,比较适用于企业等组织引入外部顾问,进行项目设计或问题诊断。当然,这一方法也存在一定的局限性,即被调查者一旦得知自己受到研究者的关注,可能会在被观察的过程中改变自己的言行,即研究行为改变了被观察者的行为,也就会在一定程度上改变研究结果。在研究场景中，如果没有公开观察者的身份，则为隐蔽性参与式观察法。其适合访问一些特殊群体或行业，或者针对某些特定的研究情境，如在“一个垃圾桶的独白：哪里才是我的安身之处”案例研究中，课题组一名成员在越秀区 HL 街道办实习，参与多项垃圾桶摆放邻避冲突调解工作，在此期间进行参与式观察法。另外，课题组老师居住在上述被研究的小区中，并且全程参与小区争论垃圾桶摆放问题的过程。课题组成员亦加入了垃圾桶放置争端处理微信群，采集了大量图片、视频和关键人物发言，这为该小组提供了较好的佐证材料及实践参观场域。

参与式观察法为收集研究资料提供了难得的机会。其最大的优点是，某些研究很难通过其他方式进行科学调查，而参与式观察法使人有机会深入某些事件的细节和某些群体内部。另一突出优点是，在案例研究中，研究者能以局内人而不是局外人的视角进行细致观察，这对准确描述研究对象而言意义重大。最后，这将有助于控制一些小场面，比如召集案例研究中的一群人开会。这种控制只有参与性观察法可以实现，因为其他方式，如在文献、档案记录、访谈中，调查者都是被动的。虽然这种控制不会像实验控制那样精确，但能够为采集资料提供更多可选择的余地。如在“如何打通进不去的三百米”案例研究中，课题组成员多次参与调研所在地的巡涌活动，通过直观地感受水环境治理的过程氛围，以获得对所调研问题的直接感受，亲身的体验和接触为研究提供了很多灵感。在观察、参与的过程中，课题组不断加深对水环境治理这一工作的认识，同时通过在巡涌过程中接触当地居民，进行即时的交谈，获取对案例事件的进一步了解。

但参与式观察法也有它的主要问题，体现在它可能会带有偏见。第一，研究者不便以外来观察员的身份工作，所处的位置、角色有悖科学研究实践的要求。第二，参与性研究者认同大家普遍接受的现象，如果所研究的群体或组织对之缺少支持，研究者可能会失去研究支持。第三，参与活动耗费大量精力，影响观察活动结果，参与性研究者可能会没有足够的时间记笔记或从不同的角度提问，而这些又是成功的观察者所必需的。第四，如果所研究的组织或社会群体解散了，参与性研究者就很难找到合适的时间和地点去参与或观察重大的事件。

2. 非参与式观察法

非参与式观察法是指观察者置身于被观察活动或团体之外，以局外人的身份对研究对象的活动和表现进行观察。例如在“电梯加装为何好事难办”案例研究中，课题组成员长期与各个楼栋电梯加装小组进行交流，并旁听政府和居委会的相关会议，实地了解相关会议的落实策略和讨论情况，以一种利益中立的态度，观察电梯加装的整个流程，总结住宅电梯加装过程中社区各主体的协商模式。

非参与式观察法在一定程度上具有“跳出场域”的特点，难以全面而深入地回答何时、何地、何人、何方式以及如何发生、为何发生等问题，特别是后两个问题需要长期深入观察甚至融入事件环境才能发掘和回答。“非入场”的要求无形中给非参与式观察设定了“观察距离”和“心理距离”，使得观察者在研究过程中必须保持中立与均衡，必须既“不站队”也“不挑边”，淡化先入的感情色彩和后入的心理认同，始终保持一定的客观性和独立性。如果研究设计无须过于深入，非参与式观察法客观平和的视角往往会获得中立平衡的观点或结论。①

四、问卷法

问卷法(又称"问卷调查法")是以实证主义为方法论的量化研究方法,它是通过把标准化的问卷分发或邮寄给有关人员,然后对问卷回收整理,并进行统计分析,从而得出研究结果的研究方法。问卷法需要严格按照标准化测试的设计程序编制问卷,试题是否可信有效,要经过信度、效度考验。

使用问卷法需要首先进行调查的总体规划设计、抽样设计,再进行具体执行抽样。例如在"河长制还是河长治:水治理创新的困局与反思"案例研究中,课题组成员针对已经实行"河长制"河流附近的居民、养殖户、企业员工为调查对象,设计出针对各类对象的问卷,来获取真实、客观的数据。在调查过程中采取当场讲解、当场填答、当场回收的方式进行问卷收集,同时,借助"河长 App"平台点对点面向全市所有镇街级河长和村居级河长派发电子问卷。定量数据有助于解释一些不易被研究者察觉的关系,也能使研究者避免被定性数据中那些形象生动但错误的表象所迷惑。

在案例素材收集过程中,常见问题是一手数据薄弱、来源单一,这容易造成整个研究的先天不足。不少案例研究访谈对象很有限,数据分析与数据收集没有按惯例有一定重叠和迭代(Eisenhardt,1989)。数据来源很重要,访谈对象需要具有相应的资质并掌握相关信息,例如企业战略层面的研究必须有足够多的高管甚至一把手接受访谈。此外,为了增强数据的丰富性和结论的可信性,就同一问题应该向多个了解内情、对研究现象有不同视角的对象互相印证(Glaser&Strauss,2009;Langley,1999),这些受访者可以包括各个组织内部不同层级、部门、团体、地域的主要人物,以及其他相关组织的知情者和外界观察员。访谈时应该至少有两位访谈者在场,确保理解准确。例如在"电梯加装为何好事难办"案例研究中,课题组于 2018 年 10 月针对 Y 区 H 街道的街道办,H 社区、YD 社区、TJ 社区、HY 社区、BY 社区的居委会,相关社工组织,共选取了 5 个社区 17 个楼栋进行实地调研,对每个社区的居委会相关负责人、楼栋牵头者、居民、社工进行访谈;为确保访谈结果能进行互相印证,还要有三角测量(Eisenhardt,1989),使用多种类型和多个来源的数据。例如,除了访谈记录外,最好争取查看原始会议记录和现场观摩等其他数据来源。②

值得注意的是,不管运用哪一种素材收集方法,都必须时刻明确自己所研究的核心问题,带着问题意识去进行资料的收集,时时思考目前所收集到的资料是否有助于回答这个问题。否则便可能面临一方面收集了大量的数据材料,另一方面却发现其中大多数数据与自己的研究问题并不相关,做了无用功。

下面笔者将以课题"居民小区电梯加装"为例对实地调研收集案例素材的过程进行简要呈现,便于读者更好地了解实地资料收集的具体过程。小区电梯加装事情虽小,却是城市治理中的一个"有感"政策,对于提升老龄人口居住舒适度、幸福感有重要作用。同时这

---

① 蔡宁伟,于慧萍,张丽华.参与式观察与非参与式观察在案例研究中的应用[J].管理学刊,2015,28(4):66-69.

② 毛基业,李高勇.案例研究的"术"与"道"的反思——中国企业管理案例与质性研究论坛(2013)综述[J].管理世界,2014(2):111-117.

项小工程又涉及多个行政部门，体现着一个城市的综合治理水平。

1. 研究小组首先通过导师的联系取得了调研点所在街道的允许和支持

这在实地调研中是十分重要的。因为城市治理是公共管理问题，在许多情况下进行这方面的调研都要与政府等相关部门（无论政府职能部门还是基层街道、社区类自治组织）打交道，因此利用好行政资源能够在很大程度上助力调研顺利推进。

2. 确定调研对象

首先要明晰入户访谈的对象和目标。所谓明晰，不仅仅是知道将要入户调查的对象是谁、具体入户地点、联系方式。这些基本信息当然是要掌握的，而且十分重要，这是访谈的前提和基础。更重要的是要知道其特点，包括但不限于：调研对象在研究中的角色组别归属，在电梯加装这一课题中就表现为牵头者、普通住户、反对户、社工、居委会、政府工作人员等。其次要掌握受访者的年龄、性别等人口学特点。老年人相对容易接受访谈，而在电梯加装课题中的一些典型的反对户则可能属于比较难以接触的人士。再次，了解调研地点的性质，如自住房、租住房、房改房、小区单元楼、城中村自建房、社区活动中心、酒店等。访谈地点通常和安全密切联系，对于一些潜在危险较多的地点则主要安排男性访谈员。此外，晚间时段一般不进行入户访谈，所有入户访谈都至少是一男一女搭档，尽量避免只有女性访谈员入户。对于能够提前联系好接受访谈的，要对其联系方式录入专门的通信录并在进行调研前先行联系；如未能或不便提前联系，则要掌握一定的联系技巧。

3. 确定实地调研的分工组成

一般可将课题组成员分为若干个小组，分别进行不同类型受访者的调研工作。每个小组确定一名领队，并可由指导老师轮流跟组进行调研前培训或者调研跟踪，以保证调研的顺利进行。有条件的调研组还可以编制调研指导手册。

4. 确定调研提纲和日程

根据前期查阅的资料以及研究需要，按不同访谈对象确定好相应的调研问题，并编制清晰的调研提纲。调研提纲要明确调研人员各自对应的访谈对象，明确访谈方式和访谈的记录方式。具体日程的确定需要综合考量被调研对象的时间安排和课题组人员的时间配置，尽量以受访者的方便为准。

5. 进行实地调研

在“居民小区电梯加装”课题中，课题组有时难以取得该栋住户的联系方法，因此会派出若干小组对某一楼栋的高、中、低层分别尝试敲门入户访谈。如果因为难以提前联系访谈对象而必须采用这种方式，则必须注意以下几点。

(1) 观察情况，选定受访对象。如从屋内有无声响，门是否积灰、上锁，或在夜间观察门缝是否有灯光等，首先可以确定该单元是否有人居住。确定有人后再轻轻敲门并简要说明来意。对方回应以后，尽快表明身份并说明目的，最后阐明访谈对于受访者的作用（意义）。

示例：阿姨您好！我们是××学校××专业的学生，我们正在做一项有关电梯加装的论文作业。我们通过居委会了解到您这边正在进行电梯加装的协商。之前我们已经访谈了一些牵头装电梯的人，现在我们还想采访一些低层的住户。最近有很多消息讲到一些高层住户不顾低层住户的反对意见强行推动电梯加装，以多数意见压制少数意见。我们想来听取一下你们低层住户的意见，希望能够把你们的看法反映给有关部门。不知道阿姨是否方便给我们谈谈您的看法呢？

(2) 如果一开始被拒绝，不要轻易放弃。如遇被拒绝时，首先要识别对方拒绝的程度，如果是强力拒绝而且对方情绪比较暴躁，为了安全就放弃此次调研。如果是比较低程度的拒绝，可以试着继续争取一下。一般争取的手段就是尽量强调研究者的目的仅仅是为收集一些学术资料，并阐述清楚这次访谈对他的有利之处。切记，在沟通时不要死缠烂打，对方实在不愿意接受，就放弃调研。另外，两名访谈员不要都站在访谈对象家门前，形成一种“堵门”的感觉。

(3) 如果对方接受访谈，则一定要注意礼貌，如询问进门前是否需要脱鞋，就座前需要得到允许等。基于安全原因，尽量不要接受任何饮料和食物，访谈出发前要准备好调研工具(如录音笔等)和必要物资。

(4) 在访谈过程中，要注意倾听和引导，可以在重要的地方停下来复述，但不要对访谈对象说教；对一些敏感问题可以采用旁敲侧击的方式进行提问，提问切忌咄咄逼人，切忌让被访者无地自容；对于一些可能涉及隐私的问题可以委婉地问，但不要问得太细；如果准备录音，要向被访者说明。这些是开展调研时必须遵守的伦理道德准则。

(5) 除了按提纲提问，还需要根据访谈对象的特点调整策略。比如在“居民小区电梯加装”课题中，一般的低层住户持反对意见的比较多，他们会采用一种诉苦式的叙述，表述的跳跃性较强。因此，可灵活根据受访者的意见调整提问顺序。此外，在得到受访者同意的情况下，访谈员可以对房屋(遮挡情况等)拍照，以便收集一些非文字资料。

(6) 在访谈结束之后要及时整理访谈资料，并且在小组成员讨论中根据已有的访谈结果不断充实和修正访谈提纲，同时要记录讨论过程中的关键点。

第二节
案例素材的处理方法

在收集到基本素材之后，要及时对素材进行处理，为接下来的案例撰写工作打好基础。案例素材收集后，首先需要对资料进行记录和整理，建立案例研究的资料库。案例研究资料库包括案例研究的笔记、访谈记录、观察或文件分析的结果，收集到的与案例研究相关的文件，由调查问卷、观察记录、统计等途径形成的量化表格，以及针对问题调研生成的文字叙述和描述材料等。在案例研究论文中，一个常见的问题是，缺少系统的收集资料的计划和整理资料的方法，通常只是用零散资料拼凑论文。运用 Nvivo 等专业软件对收集到的案例研究资料精心地分类和编码，便于研究者及有关人员对资料进行提取和分析。[①]

质性资料的分析策略一般来说主要有以下四种(Yin，2009)。

第一种策略是依据理论观点进行数据分析。案例研究的初衷和方案设计都是以理论为基础；反过来，这些理论基础又为数据分析提供了指导，理论会为研究者提出一系列的问题，指导研究者检索相关文献，以及产生新的理论和假设。在“一个垃圾桶的独白：哪里才

① 孙海法，刘运国，方琳．案例研究的方法论[J]．科研管理，2004(2)：107-112.

是我的安身之处"案例研究中，研究者以"期望-手段-效价"为理论分析框架，结合访谈中的实地材料，充分分析居民、政府及第三方组织之间的信任危机、认知偏差困境和参与困境，使案例研究充分与理论进行对接。

第二种策略是进行案例描述。当依据理论对数据进行分析存在困难，而且案例研究的目的是对现象进行描述时，可以为案例开发一个描述性框架。在"电梯加装为何好事难办"案例研究中，研究者利用 Nvivo 11 软件对电梯加装三种不同类型的案例进行资料分析，并结合质性研究的方法论，对原始资料进行编码。主要编码思路是从松散影响加装进程的因素中，发展出描述性、实质性电梯加装案例架构。通过创建节点对原始材料进行细致的开放式编码，再通过对比、合并节点，将其分类并形成主轴性编码和选择性编码，最后再将不同分类导入集合，最终形成整个电梯加装案例编码架构。通过逐步归纳提炼，最后获得了加装案例编码架构的核心范畴之一——"楼栋背景"。该核心范畴共获得 30 个开放性编码的支持，其中关键词多次出现重复编码，由此说明该核心范畴已经达到理论饱和，足以支撑整个案例编码架构。同时，Nvivo 11 内嵌的聚类分析功能可以对原始材料的具体内容进行相关性分析，并以可视化方式直观展示出来。在编码过程中可以着重对原始材料进行对比，挖掘出同属于这些楼栋的电梯的加装进程的影响因素，从而为案例建构提供典型案例和深层次影响因素的参考。

第三种策略是整合质性资料和量化资料。有的案例研究中会出现一些定量化的数据，比如涉及"结果""绩效"等问题时，把这些定量数据与质性资料进行联合分析，也是案例数据分析的一种方法。如在"河长制还是河长治：水治理创新的困局与反思"案例研究中，研究者将参与式观察、现场勘查、访谈等质性资料，与运用 SPSS 22.0 对问卷数据进行定量分析的结果联合分析，全面分析出河长制在基层运行面临的困境及原因，使研究结果更具可信度。

第四种策略是检验与结论的解释相反的竞争性解释。在很多案例研究中，竞争性解释都是不容忽视的关键部分。近来有越来越多的论文使用词条数目和词频等量化分析方法，但并没有呈现分析结果的客观性。在这种情况下，需要针对至少部分数据由不同编码者独立编码之后测试一致性。只有通过严谨的数据分析和充分的原始数据展示，才能得出令人信服的结论。表格是比较好的数据压缩和呈现形式，可以增强案例研究的客观性和直观性，提供完整的证据链，增强案例研究的信度。

最后，要用案例资料建立证据链。案例研究是用确凿的证据对研究的问题进行考证，推理出结论。为了增强案例的可信度，案例处理的原则之一是形成系列证据链。案例的证据要强调现场性、原始性。案例研究者在引用论据时要清楚地说明论据的来源和程序，论据资料收集的场景和时间。案例资料要把研究问题和结论有逻辑地连接起来。因此，理论的每一部分都要有来自至少某些案例数据资料的证实。使用概括的表格和其他视觉辅助手段来总结案例数据，可以补充正文中选择性的故事描述的局限性，还可以进一步强调理论实证基础的严密性和深度(Eisenhardt，1989)。形成证据链有助于保证研究过程更加清楚，确认所收集资料的可信度，保证本案例研究是有意义的，从而顺利结束案例素材收集及处理环节，正式进入案例编写及分析部分。

本章小结

本章介绍了案例素材的收集方法与处理方法。案例研究的一个重要优势就是可以收集不同的证据来展示整个事件丰富的画面,而不同证据的收集离不开多种方法的综合运用。案例的收集方法包括文献法、访谈法、观察法、问卷法等。本章除了介绍案例素材的收集方法,还介绍了这些方法在收集的过程中可能出现的问题,并对可能出现的问题提出了系统化的解决措施。除此之外,还以"居民小区电梯加装"为例,对实地调研收集案例素材的过程进行简要呈现,便于读者更好地了解实地资料收集的具体过程。在收集到基本的案例素材之后,要及时对素材进行处理,为接下来的案例撰写打好基础。案例素材的处理方法包括数据分析、案例描述、整合质性与量化资料、检验相反解释以及建立证据链五个部分。通过对本章的学习,可以进一步学习案例素材的收集方法与处理方法。

本章测试题

测试题答案

一、名词解释(每小题 5 分,共 20 分)

1. 文献法
2. 非参与式观察法
3. 案例素材处理
4. 扎根理论

二、简答题(每小题 10 分,共 40 分)

1. 简述入户访谈需要注意的事项。
2. 简述案例素材的收集方法。
3. 简述实地收集案例素材的过程和步骤。
4. 简述现场笔录的四种方式。

三、论述题(每小题 20 分,共 20 分)

阐述如何选择案例资料收集方法。

四、材料题(每小题 10 分,共 20 分)

材料:

小王是某高校政治学与行政学专业(以下简称政行专业)的一名本科二年级学生,最近她在学校科研项目的资助下开展了一项有关×区无家可归者生活情况的研究。她首先到该区所在的救助管理站了解了该区无家可归者的统计资料和其他一些情况。然后她在学校附近找到了一位无家可归者，访问了这名露宿者的生活情况。小王还利用课余时间到学校附近的一处露宿者聚集的地方观察他们的生活情况。通过以上的努力，小王收集到了不少资料和信息，但是老师提醒她只了解学校附近无家可归者的情况是不全面的，应该广泛搜集×区内其他地域无家可归者的生活情况。小王觉得老师的意见很好，但是她经过几天走街串巷的寻找发现，要找到露宿者及其聚居点有些困难。

根据上述材料回答下列问题：

1. 小王运用了哪些资料收集方法？（10 分）
2. 小王可以用什么方法接触到更多无家可归者？（10 分）

第三章

案例编写

本章课件

学习目标

1. 了解案例的特性
2. 了解案例编写的要素
3. 了解案例编写的步骤
4. 掌握案例编写的表达技巧

好的案例研究离不开一个好故事，用一个好故事来引出好理论，用于回应现实所出现的问题。而好故事除了要有好素材之外，也需要研究者具备一定的案例编写技巧。本章将从“如何讲好一个故事”出发，详细阐述案例编写的相关方法，以供读者学习、参考。

第一节 案例的特性

不同于一般性的研究，案例研究是从案例素材中提炼理论的研究方法，其突出特点是用一个或多个具体的个案对理论加以阐述或论证，并注重对案例中蕴含的冲突与矛盾的呈现，研究焦点主要集中于当前的问题。案例是对现实情景的客观描述，通常包括关键人物、面临的问题、解决问题的过程等。本节将讲述案例呈现的特点，让读者对于案例有大致的把握和了解。

一、目的性

必须明确的是，每一项研究都有其研究目的，案例研究也不例外。案例就是为了一定的目的，围绕选定的一个或几个研究问题，以事实为素材编写而成的。案例的编写者必须明确案例研究目的，进而明确案例呈现部分的目的。案例是一个故事，但我们不是纯粹为讲故事而讲，而是要引发对故事背后矛盾与冲突的探讨。案例的编写者须明确案例的目的，具备强烈的问题意识，带着问题去呈现材料，由材料引申出好的问题，启发自己与读者的思考。

二、典型性

案例应具有一定的典型性。案例作为“特殊的故事”，若平淡无奇、只具备故事的基本要素，既无法吸引读者注意，其背后所折射的现象的理论价值也会大打折扣。研究者要能够从自己刻画的案例、描述的事件中说明、解释这一类型的事件所出现的原因或其内在的逻辑机制。要能够使读者联系相关论述或理论，并产生一定的启示、体会。故研究者所编写的案例应是具有典型性的，而不是偶然发生的。

三、真实性

真实性是案例的生命力所在。如前所述，案例具有目的性和典型性，而只有真故事、真案例才能更好地凸显其目的性和典型性，真正让读者身临其境。案例的编写不是凭借个人的想象力和创造力生编硬造的“故事”，而是基于某一类事件的客观发生，编写成的对某一实际情境具体问题的客观描述。在编写的过程中，可能会为了某种需要而处理一些情节，进行一些细节处理，运用一些表达技巧，但所描述的基本事实都应该是真实发生的。只有案例具备客观真实性，所引发的问题及讨论才具有客观价值。

第二节 案例编写的要素

明确案例的特性之后，我们需要进一步对案例编写做出准备，了解其组成要素。在案例的研究文本中，并不是直接全貌呈现所收集到的案例，而应有意识地进行选择。在公共管理领域的案例构成中，以下要素必不可少：案例所提出以及试图回答的相关问题、事件发生的背景（包括所处情境的社会经济状况描述）、特定事件的发生过程、案例所涉及的参与者以及有关的统计数据及图表等，当事人的阐述，事件的起因、过程以及在问题的解决或探讨中呈现的可供选择的对策等。简而言之，案例要素齐全有利于真实客观地对案例进行全面刻画，有利于使读者在阅读完所呈现的案例后，对所要求提出的以及进行分析的问题有基本的了解。

第三节 案例编写的步骤

好的案例文本需要具备好的写作技巧，这离不开对基本撰写步骤的遵循。本节将致力于为读者阐述案例编写的过程，以供读者思考和借鉴。

一、明确案例类型

不同类型的案例有着不同的编写技巧。研究者应根据研究目的选择、确定所描写案例的类型，进而采取更为适当的编写方法。根据研究中案例引入的不同功能，案例研究可分为三类：探索性案例研究、描述性案例研究、解释性案例研究。探索性案例研究的目的在于定义将要研究的问题或假设，或判断预定研究方案的可行性；描述性案例研究提供了对现象及其情境的完整描述；解释性案例研究提供因果关系的信息，解释事情是如何发生的(Yin，2009)。根据研究中使用案例的数量，案例研究可分为两类：单一案例研究和多案例研究。独立的个案呈现是将案例看成独立的整体进行全面的分析；而多案例研究具有前者的基础，并在前者的基础也即对事实的完整阐述上再对所选择的案例进行统一的叙述和归纳，进而得出更精辟的描述和更有力的解释。单个个案通常能说明某方面的问题，但很容易局限于所谈论的问题，较难用于进一步的延伸，但如果条件允许，研究者也可深入挖掘一个案例来研究问题。多案例研究法能使案例研究更全面、更有说服力，能提高案例研究的有效性，比如多个案例可以同时指向一个证据，或为相互的结论提供支持。

不同的案例类型有不同的特点，在案例编写前应当明确所选择的案例类型，根据案例类型采取更为合适的叙述及编写方法。

二、案例编写顺序的选择

好的案例自然也少不了吸引读者的故事情节。很多时候，针对同一个案例故事，不同顺序的情节安排会有不一样的表达效果。研究者可以根据时间序列，按时间发展呈现案例；可以依照不同的主体，对其各自在案例中扮演的角色以及行为逻辑进行展开；也可以围绕既定的目的，聚焦故事，串联成逻辑严密、具有完整叙事逻辑的事件。

1. 按时间顺序编写

按时间顺序是指对一段时间内的相关事件进行跟踪，按照时间序列描述事件是如何发生的，分析事件变化的原因。时间序列分析的关键是明确在一定的时间跨度内事件发展的走向，从而获取案例的全貌以及构建分析的框架。在时间序列的模式中，可以依照一个自变量的变化引起一个因变量相应的单一方向的变化的单维模式；也可以是多维的、复杂的变化模式，即多个自变量与多个因变量的关系，自变量的先后出现引起因变量变化趋势的改变。时间序列分析要特别注意区分随机波动和有因果性的波动(孙海法、刘运国、方琳，2004)，对于这种波动进行更好把握的解决方案是保证足够的时间跨度，沿着时间维度对事件的变化模式进行多次观察并依时间顺序进行描述。按时间顺序进行案例编写是为了方便编写，也方便读者阅读，但若编写者把握不好，则容易在对事件的直叙中迷失重点。

2. 按主体分述

案例的生命力在于其真实性，而案例的灵魂在于事件的参与者。事件的参与者带来了案例的发展变化。这里的参与者并非特指单一的个人，也可以指代有关组织、部门或团体。关键参与者的行动有助于为我们勾画出事件的面貌，对关键参与者的叙述以及对其背后行动逻辑的探讨，有利于我们更全面、深入掌握案例。若案例中涉及的主体有多方且发挥一定的作用，在案例的编写中，可以采用分主体叙述的方法，呈现每个主体的具体行动策略，再用话语把相关事件组成一个前后连贯的事件。

3. 按逻辑叙述

无论是按照线性的时间叙述方法，还是分主体而述呈现不同参与者的行动逻辑，案例的编写过程，都无法避开对逻辑关联性的高度重视。在以逻辑为主的叙述方法中，应注重展现决策者面临的困境，存在的问题、冲突等，将案例中所有的信息聚拢在一起，并将与案例分析相关的信息分离出来，区分各类信息的价值和重要性，去除冗余信息，根据案例结构和内在逻辑呈现关键信息。材料是零散的，非系统化的，而故事应是连贯的，完整的，故应通过明确研究问题，构造出一条逻辑主线用以叙述案例故事，用相应的材料去填充这一故事线，使其变得丰满而聚焦。在以逻辑为主的叙述方式中，应使案例文本严密合理、合乎逻辑。同时，在明确叙述逻辑的过程中，研究问题也许会得到重新提炼，并带来更多新的发现。

三、案例编写的具体过程

在某种程度上，案例文本的呈现形式可被视为一道"材料分析题"。研究者都应以材料为主，并针对所呈现的材料提出相应的问题，再依照问题逐一进行回答。在这几个步骤中，材料的呈现对应着案例的编写。问题即案例所提出或回应的问题，而回答问题的答案则对应将案例中生动的"故事"转化成理论部分。因此，材料的呈现作为第一部分，实则也是最重要的部分。问题分析都据此展开。那么，如何具体地进行案例的编写？这是本小节探讨的主要内容。依照不同的案例材料特性以及执笔者的喜好，可以采取如前一节所述的三类不同的叙述方式。同时，要想对案例进行更好地把握和描述，下文所列举的案例编写过程的共性特点也是值得注意的。

首先，明确研究问题，安排好案例叙述的脉络体系和结构。在开始案例的编写之前，首先应当确认本案例的研究问题是什么，再有根据地进行材料的剪裁选取，明确研究目的，确保案例的编写过程紧紧围绕核心问题进行叙述，而不让案例成为流水账式的描述。案例编写的核心是从贴近生活材料的刻画中提炼出一个有价值、具有矛盾冲突性的问题，而如何剖析和解决这个难题，便是案例编写者和读者共同关注的焦点。除了明确问题这第一步工作外，好的案例文本还基于对好故事的呈现。对于好故事的定义，不同的人有不同的看法。但毋庸置疑的一点是，好的故事必须有起承转合、引人入胜的内容情节。同一事件让不同的人来讲述，其效果也会大有不同。有的令读者入迷，可以带领读者跟研究者一起思考；而有的则让读者云里雾里。因此，案例结构的安排在案例编写步骤中尤为重要。这要求我们在进行案例编写之前就合理安排好故事的脉络结构，梳理并明确核心故事线，既要在宏观上把握好故事发展的脉络体系，又要想办法在细微之处处理好故事基本情节设计。理清叙述层次间的逻辑关系，尽可能清晰简洁地呈现案例的层次，以便读者理解。即在明确案例问题、案例事实材料的基础上，拟定案例框架，对案例材料进行组织，并客观生动地把案例描述出来。

其次，在具体的案例文本中，应当呈现与案例相关的背景材料。背景材料不仅能向读者交代问题所处的情境，其本身也可能隐含着形成研究问题的某些关键之处。明确背景材料有助于研究者、读者共同聚焦研究的关注点。案例文本编写的第一步便是对背景的交代。接着，应该根据案例发生的背景材料，描绘一个整体性的情景状态。在具体的编写过程中，研究者应该注重对案例细节的深描，让读者了解事件的全貌。好的案例应该具备有吸引力的事件，使得读者被叙述者牵引着一步一步往下看。如果忽视甚至破坏研究的故事性，就可能丢失案例研究本身最有趣、最吸引读者的要素。注重对案例的深挖、对细节的深描，不仅能保持读者的阅读兴趣，更有利于研究者在后文部分对案例蕴含的因果作用机制进行分析。而在深描的过程中，关键之处在于突出事件的矛盾和冲突，并由矛盾和冲突向读者不断抛出层层推进的问题，进而引起读者的兴趣。案例的冲突性、典型性就体现在现实中客观存在的问题、挑战和困境中，如行动主体面临的两难境地、不同方案选择的权衡等。在这些矛盾与冲突中，我们发现理论探讨的空间，现实本身之间的矛盾，现实和理论之间的矛盾，不同主体间的冲突，都值得研究者关注。案例编写者应力求突出情境、展示案例过程。而矛盾的展示有助于将问题提炼。在矛盾之处我们发现问题，发现可供研究的裂痕，而这一裂痕产生的空间便是我们后文分析探讨之所在。因此，编出引人入胜的案例重要，而问题的提出和处理也很重要。案例研究的意义在于回答“为什么”和“怎么样”的问题（Yin，1994；Stake，2000），这并不是说故事要直接出现具体的问题，相反，故事要“埋设问题”，但这并不意味着不可以有相应的导向。通过案例的描述，读者能够置身于所描绘的公共管理事件的实际情境中，由所描写的事件激发读者的问题和思考，并有探究的欲望。

提前搭建叙述框架，交代案例背景材料，提出好的研究问题，设计跌宕起伏的故事情节，这些是案例编写的必要步骤。除此之外，案例的结尾也很重要，好的案例结尾一定要留给读者一个可以思考和讨论的空间。犹如一部电影，不一定有皆大欢喜的结局，令观众充满疑问和想象力的结局会留下无限思考。在这里，无须带上所谓标准的分析和答案，案例的编写者只需要对原始材料进行描写并集中呈现矛盾，并设计出一个好的结尾，呈现给读者一个完整的案例。

第四节 案例编写的表达技巧

案例一般是以叙述、深描、分析等方法编写而成。案例研究是社会科学以及其他科学研究中的一种独立的研究方法，是定性研究的一个重要组成部分。这种研究方法综合运用多种收集数据和资料的技术与手段，通过对特定社会单元（个人、团体组织、社区等）中发生的重要事件或行为的背景、过程的深入挖掘和细致描述，呈现事件的真实面貌和丰富背景，从而在此基础上进行分析、解释、判断、评价或者预测（王金红，2006）。案例研究是一种重要的研究方法，它既考验研究者在收集素材、理论分析上的专业素养，也对具体案例的撰写技巧有较高的要求。本章的最后一小节致力于为读者提供一些案例编写的技巧，以供学习者参考借鉴，更好地进行案例的呈现。

（1）案例应至少提出一个没有明显答案的问题。我们一直强调问题的重要性，然而提出问题简单，提出好的问题却不简单。好的问题要能够引起争论。案例的特点在于用“故事”吸引人，研究者应该把问题寓于情节和现象之中。案例的重点在于引导读者进入情境并与研究者一道思考，而非直接提问、直接提供答案。因此，在案例呈现这有限的篇幅内，要注意构思，情节的描述要讲求技巧，隐藏问题又蕴含问题。而到了编写案例阶段，要再次确认在案例的编写中，案例研究要回答的问题是不是至关重要的。在这样的确认和反问中，可以对之前曾经分析过的相关研究资料进行审查，从而提炼出更有意义和更具洞察力的问题。

(2) 案例必须来源于真实事件，但可高于事实，可进行适当虚构。案例编写并非纯粹的故事讲述，无须完全按照事实本身进行自然呈现。任何研究都是基于对社会事实和理论的探寻被建构起来的，在案例研究中也不例外。为了使案例更加丰满充实，可以适当采用虚构的手法，但虚拟并不是无中生有，而是根据案例基本事实，通过细节刻画来增加案例的丰富性和多样性，如把报刊上报道的新闻等信息经过改造添加到案例中，使案例更加丰富、情节更加细腻、更具典型性。但应注意，虚构要合乎逻辑、情节合理、有可靠依据，资料编撰严密，不能凭空捏造。更不能为了验证理论假设，对真实案例进行随意裁剪和安插。案例素材本身只是研究的依据，不能掺杂各种理论观点和先验评判，研究者的发现和理论观点必须从案例中形成，而且，具有相同研究背景的其他人在对同一案例进行分析后应当可以得出基本相同或相似的结论。①

(3) 在案例描述和编写中一般不加入编写者的评论和分析。编写者仅负责为读者描述事实发生的情节和过程。案例是对已经发生的事件的“还原”或者高度概括，因此这些事件本身应该是真实可信的。但不能因此停留在感性层面加上自己的主观判断和感受。在案例的编写中，研究者要尽量保持客观中立，对现实公共管理中的现象和实践进行纯粹性描述。

(4) 在案例报告定稿之前，研究者最好能让所涉及的案例参与者、研究对象阅读所编写的案例，鼓励其提出反馈意见，并据此对案例报告做出修改。研究对象对案例的审查是案例编写中不可缺少的环节。案例的特性是真实，然而由于研究者对于案例的了解更多是从外部进行的观察和资料的收集，案例的编写难免会有失真之处。鼓励案例的当事人阅读案例，有助于我们对其内容进行修正，保持案例的客观真实性。

本章小结

好的案例研究离不开一个好故事，用一个好故事来引出好理论，用于回应现实所出现的问题。而好故事除了要有好素材之外，也需要研究者具备一定的案例编写技巧。本章通过对案例特性的描写，展现案例编写的基本原则，即需具备目的性、典型性以及真实性。明确案例的特性之后，我们需要进一步对案例编写做出准备，了解其组成要素。本章概括了案例编写的要素，包括研究问题，事件发生的背景，特定的行为主体，事件的发生过程等。同时，好的案例文本需要具备好的写作技巧，这离不开对基本撰写步骤的遵循。通过列举案例编写的步骤，即明确研究问题，安排好叙述脉络和结构，组织材料交代背景，注重对案例细节的深描，重视结尾，留有思考与讨论的空间，并阐述案例编写的表达技巧，来说明案例编写的过程及注意事项。

① 王金红.案例研究法及其相关学术规范[J].同济大学学报(社会科学版)，2007(3):87-95，124.

本章测试题

测试题答案

一、名词解释(每小题5分,共20分)

1. 多案例研究法
2. 案例典型性
3. 时间序列分析
4. 案例深描

二、简答题(每小题10分,共40分)

1. 简述案例的特性。
2. 简述案例的编写的顺序及顺序选择依据。
3. 简述案例编写的要素。
4. 简述案例编写的表达技巧。

三、论述题(每小题20分,共20分)

阐述案例编写需遵循的步骤。

四、材料题(每小题10分,共20分)

材料一

2011年9月21日上午,乌坎村400多名村民因土地问题、财务问题、选举问题对村干部不满,到陆丰市政府非正常上访。当日下午,上访部分村民在村里及村周边企业聚集,打砸、毁坏他人公共财物,冲击、围困村委会、公安边防派出所。

9月22日上午,部分村民阻挠、打砸进村维持秩序的民警和警车,6部警车被砸坏。对此,汕尾、陆丰两级党委政府高度重视,启动应急预案,第一时间赶赴现场协调。与此同时,汕尾派出工作组到陆丰督导,陆丰市、东海镇组成工作组进村做工作,回应诉求、维持秩序。9月22日晚,事态平息。9月23日,乌坎村内恢复了正常秩序。

但事件至11月中旬又起波澜,在工作组正在调查解决诉求过程中,少数村民在互联网上发布《"乌坎村村民临时代表理事会"计划组织村民于11月21日游行上访,并请中外记者报道》的帖子,致使事件出现反复。

对此,汕尾、陆丰两级政府又派出13个工作小组进村入户,做好对群众的劝说工作,大部分村民接受劝说。但是,11月21日10时35分,又有400名左右的乌坎村村民聚集到陆丰市政府门口非正常上访,打出"打倒贪官""还我耕地"等标语。至11时26分,上访村民自行离去。当天下午及第二天,在组织者策划下,发生几次数百人在村内聚集活动。

事件发生后,汕尾和陆丰两级党委政府全面进村入户做村民工作,部分村民的思想开始往好的方向转化。村民在罢市、罢渔3天后,于11月24日恢复正常生产生活秩序。至

11月26日，村里的白布标语、大幅宣传画已自行拆除。事态得到平息，恢复了正常秩序。

材料二

中国南方著名“油城”——广东茂名，2014年3月30日发生民众抵制PX(对二甲苯)项目事件。4月5日下午，茂名官方召开新闻发布会，第一次向媒体介绍此次事件的有关情况。而在发布会召开的同时，茂名市委门前的大草坪上再次聚集大批表达诉求的民众，目测约有千人，直至晚7时许被警察驱离。

在新闻发布会上，茂名官方详解PX事件始末。茂名市副市长梁罗跃介绍，3月30日上午，市区一些群众为表达对拟建芳烃项目的关切，在市委门前大草坪上聚集，并在个别路段慢行，人数一度达到1000多人，整体情况理性、平和。当天下午，在中心广场聚集的极少部分挑事分子带头向警察扔矿泉水瓶、鸡蛋等杂物，同时鼓动部分不了解情况的市民群众到高水一级公路拦截车辆，造成公路严重堵塞。公安机关依法进行了处置。

根据上述材料回答下述问题：

1. 请提炼材料一的研究问题。(10分)

2. 材料二为茂名PX事件梗概，若要选其为研究案例，阐述你将从哪些方面入手进行案例的编写。(10分)

第四章

案例分析

本章课件

学习目标

1. 了解案例分析的重要性
2. 了解案例分析的基本原则
3. 掌握案例分析的基本策略
4. 掌握案例分析的技巧
5. 理解案例分析的框架

案例分析是案例研究中的重点和难点。与统计分析不同,案例分析没有固定的公式可以给研究者直接套用,所以相比之下,研究者灵活的思路、扎实的功底就显得尤为重要。本章介绍案例分析的基本原则、基本策略和分析技巧。

第一节
案例分析的基本原则

案例分析不能无的放矢,要遵循"三结合"的基本原则。

(一)结合案例内容

不要把案例分析做成问答题,也就是说进行案例分析时,必须要结合案例所提供的材料,围绕材料所展现的内容进行分析。

(二)结合案例问题

案例总是围绕着问题和矛盾展开,案例所提出的问题是我们要分析和解决的关键,对这些问题的驾驭,体现了案例研究的根本要求,即要求研究者能够理论联系实际,学以致用,调用管理技能和分析能力。

(三)结合理论工具

理论在一定范围内具有普遍指导意义,它不是用来描述现实,而是用来解释现实,解释现象产生的原因和内在规律。因此,在分析案例时,研究者应该能够综合、正确地运用相关管理理论作为分析工具。这往往是案例研究中最困难又最易出彩的地方。一方面,要正确指出案例所涉及的相关理论视角;另一方面,案例往往综合地反映了管理的问题,简单地生搬硬套并不能解决问题,要言之有据,言之有理,言之有序。需要注意的是,理论与实践的结合,是用理论框架和内容来分析案例,而不是理论与案例的分离,即我们所说的不要让理论与案例成为"两张皮"。

上面是案例分析过程需要遵循的基本原则,下面将就如何展开案例分析进行具体阐述。

第二节 案例分析的基本策略

做案例分析最基础的准备就是找到一个总的分析策略。分析策略的目的是建立案例研究资料与一些相关概念的联系,然后从这些概念中找到分析资料的方向。案例分析的策略必须建立在案例分析的目标上,案例分析的目标不是讲故事,而是产出知识,因此需要遵循认识活动共享的一般逻辑和原则,用描述的、理论的、归纳的策略来认识现实案例。总的来说,研究者可以考虑采用以下三种策略。

(一)案例描述

案例描述是最简单的案例分析策略。案例研究的最初目的本来就是描述性的,此种方法适用于研究者还没有选定最初的一系列研究问题或研究假设,就收集了大量的材料,并且还没有从资料中发现任何有用概念(罗伯特,2017)。我国著名的社会学著作《江村经济》(费孝通,2001)便是以"全景式描述江村人的生产和生活,偏重于叙事",我们可以通过这本书的目录一探究竟。

◇第一章　前言
◇第二章　调查区域
◇第三章　家
◇第四章　财产与继承
◇第五章　亲属关系的扩展
◇第六章　户与村
◇第七章　生活
◇第八章　职业分化
◇第九章　劳作日程
◇第十章　农业
◇第十一章　土地的占有
◇第十二章　蚕丝业
◇第十三章　养羊与贩卖
◇第十四章　贸易

◇第十五章　资金

◇第十六章　中国的土地问题

这些章节涵盖了中国农民的消费、生产、分配和交易等体系，通过目录可以发现其描述性框架是如何有效地组织、衔接案例研究分析的。因此，在进行资料收集之前，就应该考虑到底要从哪些方面去搭建描述性框架，支撑起整个案例分析。

在构建描述性框架的时候，首先需要通过文献资料了解研究论点所涉及的相关研究领域、核心要素的影响因子，从中初步搭建或者完善自己的描述性框架。

（二）依据理论假设，分析案例

部分案例研究的初衷和方案设计以理论假设为基础，而该理论假设反过来会帮助研究者提出一系列问题、检索文献，以及提出新的理论与假设。[①] 一般来说，在提出理论假设后，研究者通常会根据理论假设来制定资料收集方案，并在理论框架内对案例进行分析。

例如，一项对农村政府公共产品供给的研究，其基本假设是具有包容性和嵌入式的连带团体能促进政府公共产品的供给（Lily L. Tsai，2007）。[②] 于是对于每一个目标村落，研究者力求探究是否有连带团体，以及不同类型的连带团体对于政府公共产品的供给是否有影响，有什么样的影响，通过验证、解释理论假设来推进案例研究分析。在"电梯加装为何好事难办"案例研究中，其中一个理论假设是电梯加装涉及的居民追求个人利益最大化与集体行动所需要巨大成本之间的矛盾导致"搭便车"现象频发，从而导致电梯加装陷入公地悲剧。

上述例子中的理论假设说明案例研究中理论取向如何指导资料分析工作。理论假设有助于研究者组织整个案例资料分析过程，明了需要描述的相关情景状况，提出其他可能的解释并对之进行检验。

（三）扎根原始材料，建构理论

案例研究的本质在于创建概念、命题、理论，理论构建型案例研究往往是"最有趣的"[③]，与第二个策略完全相反，第三个策略从资料入手，而不考虑任何理论假设。这种策略需要研究者有一定的"理论敏感性"，能洞察数据所蕴含的内在意义，并将其概念化。在整合过程中，经历不断比较与连续抽象的过程。即通过不断比较提炼出核心概念与范畴；通过不断抽象以实现资料的概念化与简约化，最后在分析概念与概念、概念与范畴以及范畴与范畴之间逻辑关系的基础上，绘制概念关系图，此关系图也是建构实质性理论的基础。

例如，一项对邻避危机的演进机理的案例研究很好地阐释了归纳策略（侯光辉，王元地，2014）。研究者通过仔细检验资料，在资料中发现了关键概念，而不是从前面的理论假设中找到。通过探讨10个类似的邻避事件后，构建了基于内生和外生融合性视角的整合性归因模型（见图4-1）。

---

① 罗伯特·K 殷. 案例研究：设计与方法[M]. 周海涛，史少杰，译. 重庆：重庆大学出版社，2017：161.

② LILY L，TSAI. Solidary groups，informal accountability，and local public goods provision in rural China[J]. American Political Science Review，2007，110(2)：355-372.

③ Gephart R P. Qualitative research and the academy of management journal[J]. Academy of Management Journal，2004，47(4)：454-462.

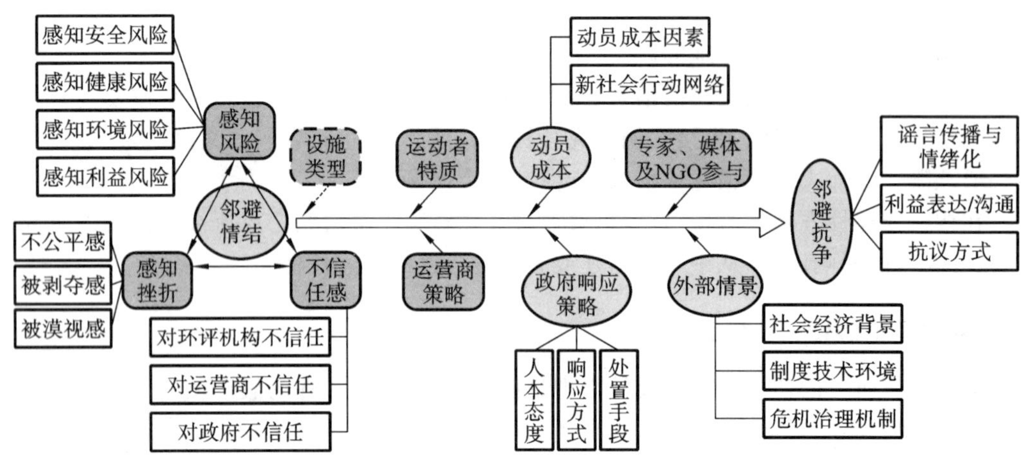

图 4-1 整合性归因模型示意图

多年来，扎根理论为使用归纳策略进行资料分析提供了很多指导意见。从基本逻辑来看，扎根理论强调从经验资料中建构理论。研究者在研究开始之前一般没有理论假设，直接从实际观察入手，从原始资料中归纳出经验概括，然后上升到理论（陈向明，1999）。在这个过程中，对不同的资料配给不同的代码，每个代码代表一个概念或研究内容摘要（罗伯特，2017）。扎根理论重视资料之间的比较与关联，通过系统分析与归纳，对社会现象或问题做出普遍解释，探索事物之间的关联并预测规律与趋势，较好地实现案例分析中的资料整理与理论构建。

第三节 案例分析的技巧

上述分析策略能指导案例分析的方向，而在整个过程中，需要借助辅助性思考工具。而系统性的提问有助于目标的聚焦，让案例解答走向产出知识而非其他目标。“提问还有助于案例资料的组织化——它们往往是沿着特定的目标问题得到组织，并获得证明的含义，目标问题可以使看似散乱的事实具有解答方向、成为知识产出的证据。”①这里将介绍一种案例分析技巧——5W1H 分析法。

首先来看一个案例。在案例“一个垃圾桶的独白：哪里才是我的安身之处？”中，研究者探讨在垃圾分类的背景下，垃圾桶具有负外部效应，公众与政府相互不信任，公众的认知偏差困境和参与困境等只是诱发邻避冲突的直接原因。那么，在这些表面问题下，本质原因是什么呢？研究者以 S 市垃圾分类政策下的小区垃圾桶邻避冲突为蓝本，选取三个不同类型的小区邻避案例进行深入研究，发现邻避事件的本质之困是“需要”还是“不需要”，即邻避性公共设施在空间上好处和坏处是分离的，从而导致政府认为“你需要”和居民认为“我不要”之间的矛盾形成。最后，研究者自己也意识到，只有把握邻避冲突的本质诱因，才能

① 张静.案例分析的目标：从故事到知识[J].中国社会科学，2018(8)：126-142,207.

在此基础上提出有效治理邻避之困的对策。

这个案例启发我们，对一个案例的探讨，必须深入，不要只看到表面现象而采取改善的措施。必须要有“打破砂锅问到底”的精神，一而再，再而三，多问几次“为什么是这样？为什么不是这样？”才能使我们发掘出问题的真正根源所在。这种提问的精神，正是5W1H分析法的精髓，同时也是案例分析与创新的必要条件。

5个“W”、1个“H”的分析结构，即When、Where、Who、What、Why、How。5W1H分析法也称六何分析法，最早由美国政治学家拉斯维尔提出，后经不断运用、总结，逐步形成了“5W+1H”的成熟模式。作为一种科学的工作思考方法，它指引人们在制定规划、分析工作时从6个方面提出问题并进行思考，即为什么要这样做(Why)——明确工作目的；主要做什么(What)——明确工作内容或目标；在哪里做(Where)——明确工作空间位置；什么时间做(When)——明确工作时间或流程；由谁负责或参与(Who)——明确参与主体；如何做(How)——明确工作方法或策略，以此提高工作效率。

我们在阅读文献的同时，往往也会在思维上受到束缚，习惯于用旧的概念解释新的社会现象，而5W1H分析法作为案例分析的技巧(见图4-2)，可以引导人们进行思维发散和收敛，通过质疑引发思考，通过系统化的思考工具启发整体性思维。那么，如何将5W1H分析法运用于案例分析中呢？

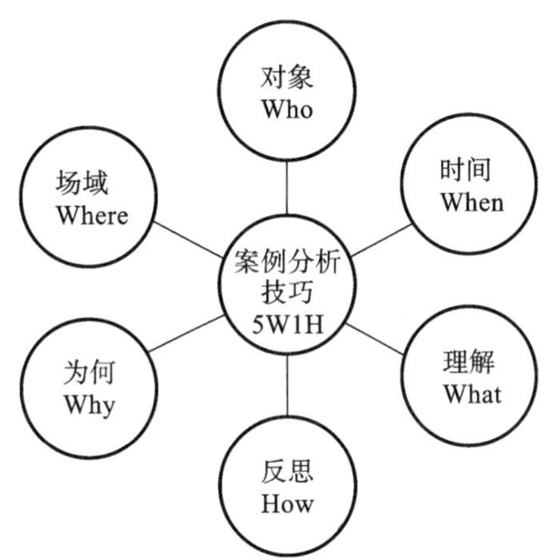

图4-2 案例分析技巧中的5W1H分析法示意图

(一) 案例分析对象(Who)

在进行案例分析之前，我们首先要问问自己：我们分析的对象是谁？有什么特点？有怎样的目的和行动：分析对象不仅限于个人，还包括家庭、政府、企业等组织。

特别要注意的是，案例分析对象和调查对象要区分开来。案例分析对象是案例中所研究的对象，而调查对象是研究者收集资料时直接询问的对象(风笑天，2005)。[①] 例如在案例“一个垃圾桶的独白：哪里才是我的安身之处？”中，分析对象是“邻避事件”，而调查对象是与邻避冲突相关的人，如小区居民、居委会主任、社工、政府官员和第三方服务者等。同时，

① 风笑天.简明社会学研究方法[M].北京：华文出版社，2005：72.

分析对象和调查对象是紧密联系的，调查对象是为了分析单位的一些情况或问题，分析对象由调查对象来支撑。

（二）案例发生时间(When)

时间关系到事件发生的背景，给事件发展限定了规则、资源、活动范围等。此外，案例是集中反映冲突和问题的一种形式，所以抓住关键节点很重要。关键节点描述的是案例事件发生突变的可能性和原因，是事件发展的转折点。那么，如何判断案例事件的关键节点呢？可以借用霍根的度量公式来判断——关键节点＝生成性分化＋(重要的、快捷的、广泛的)变化，其中，生成性分化关注不断上升的冲突，重要的变化必须是影响广泛的事件，快捷的变化指重要变化的发生是迅速的而非缓慢的，广泛的变化指变化带来的结果影响到相当比例的人群。

抓住案例发生的时间和关键节点，能更好地把握案例事件的定位、各个阶段的矛盾焦点，理顺事件发展走势。

（三）案例发生地点(Where)

案例发生地点多种多样，小到社区、大到国家。案例发生地点关乎特定的行动规则、发展规律，不能简单将其理解为一种单纯的空间地理。借用布迪厄的场域理论理解，场域是不同的特定位置之间存在的客观关系，并由此而形成的网络或构型。[①] 本质上，案例地点是一定空间内各种社会资本之间相互结合、相互交织形成的特定的关系结构，是人类社会进行社会活动的主要场所。因此，案例分析要深入到特定场域中，理解场域中的利益关系、符号意义和活动策略。

以“电梯加装为何好事难办?”为例，各类态度不同的群体(反对者、支持者、组织者等)带着特定的利益诉求，进入电梯加装的场域进行“表演”。或许在其他场所，他们是关系不错的邻居或者同事，见面打声招呼，偶尔还互相送送特产。但是一旦卷入牵涉自己利益的场域，则立场产生，态度分化，声音抬高。当然，并不排除这一场域下的情绪带入另一场域，深化或者缓解另一场域的情绪。

（四）探讨为什么会产生这样的社会现象(Why)

探求因果机制对于案例研究甚为关键，多问为什么能引导对事件的理解朝纵深发展。“如果要辨认意义不同的社会特征，往往必须以特有的目标问题才能挑明，顺着特定的问题把研究引向纵深发展，常常可以发现一般数据容易忽略的情况。”[②]在“为什么”引导下的案例分析呈现出一定优势：回答探索性的研究问题(Why)；通过详尽的过程了解，生发和培育新的假设性解释关系；凸显在特定条件下的因果机制及其连环作用；处理多因果生成现象(Alexander L.，2005)。

但要注意的是，在探求“为什么”的过程中，不能贪大求全，问题过多、过于分散不利于

---

① 皮埃尔·布迪厄，华康德.实践与反思：反思社会学导引[M].李猛，等，译.北京：中央编译出版社，1998：17-20.

② 张静.案例分析的目标：从故事到知识[J].中国社会科学，2018(8)：126-142，207.

对关键性影响要素的聚焦。将研究系于系统的“为什么”上，既可以帮助深度挖掘某些复杂原因，又可以避免其他“丰富性”的过度干扰。

（五）获取理解性知识——是什么（What）

看到特定条件下的行为（行动），要有意识地进行深化与联想，与概念建立起联系，其特点、内涵和意义是什么？“是什么”（What）与“为什么”（Why）的不同在于，“为什么”的重点是证明与行为相关的原因，而“是什么”的目的则是认识人类社会各种行为的特征及意义。例如费孝通的差序格局概念，阐释了中国社会关系的特征，他提供的是“是什么”的思维角度——理解中国的社会关系区别于其他关系的结构性特点，以及关系对于中国人行为的独特意义。

（六）反思社会活动的价值性——怎么样（How）

社会科学的案例分析具有广阔的空间，不仅可以在要素因果关系上发现解释性知识（Why），也可以对特定的现象或行为特征提供理解性知识（What），更可以通过反思活动寻找和更正价值性知识（How）。案例研究经常使用一些具有描述和评估双重含义的概念，这些概念既是对客观现象的描述，具有事实客观性，又是对行为特征的评估，具有价值导向性。比如自由、平等，它们都不是单指个人自由和个人平等，而是人类在社会联系与共处中所需的自由和平等。

案例研究并不是完全“客观”的，这与我们的常识和期许相悖。案例研究需要甚至掺杂研究者的价值性反思，将社会现象与人的经验、信仰与追求联系起来。在案例“一个垃圾桶的独白：哪里才是我的安身之处？”中，研究者最后提出的反思是从小培养主人翁意识，才能从根本上由“邻避设施”转变为“邻利设施”；在案例“电梯加装为何好事难办？”中，研究者通过案例反思“有为政府何以为”，以小见大提出服务型政府建设的难题与突破口。

本章小结

案例分析是案例研究中的重点和难点。与统计分析不同，案例分析没有固定的公式可以给研究者直接套用，所以相比之下，研究者灵活的思路，扎实的功底就显得尤为重要。

案例分析要遵循“三结合”的基本原则，即结合案例内容、结合案例问题、结合理论工具。案例分析的策略必须建立在案例分析的目标上，案例分析的目标不是讲故事，而是产出知识，因此需要遵循认识活动共享的一般逻辑和原则，用描述的、理论的、归纳的策略来认识现实案例。案例分析技巧——5W1H 分析法，即把握好案例分析对象、案例发生时间、案例发生地点，探讨为什么会发生此社会现象，获取理解性知识，反思社会活动的价值性。

本章测试题

一、名词解释(每小题5分,共20分)

1. 解释性调查
2. 分析单位
3. 层次谬误
4. 简化论

二、简答题(每小题10分,共40分)

1. 简述案例分析的优势。
2. 简述案例分析的基本策略。
3. 简述案例分析的基本原则。
4. 简述“生活世界和分析世界既相互联系又有所不同”的理由。

三、论述题(每小题20分,共20分)

如何评价“案例研究是一种前科学方法,因为它无须以数据为基础,也没有系统的分析方法可以遵循”这种观点。

四、材料题(每小题10分,共20分)

材料一

为加快新能源汽车产业发展,2016年8月,国家发展改革委公布《新能源汽车碳配额管理办法(征求意见稿)》提出新能源汽车产销目标不达标的企业,可通过在碳排放权交易市场购买碳配额予以抵消。同年9月,国家工业和信息化部公布《企业平均燃料消耗量与新能源汽车积分并行管理暂行办法(征求意见稿)》则允许不达标企业在汽车行业内购买新能源汽车积分。迄今为止,这两项政策均尚未正式实施,仍处于政策博弈状态。

材料二

为了抑制房价过快上涨,一些地方政府的限购政策中明确将司法拍卖房屋纳入限购范围,而司法拍卖具有强制性,这就出现了政府政策对司法拍卖的限制。2017年5月,南京市住房保障和房产局发布《住房限购政策实施意见》,规定:因司法拍卖取得不动产的,按住房限购政策执行,购房者需具有购房资格。5月31日,江苏省高院在《关于司法拍卖涉住房限购政策有关问题的通知》中对“司法拍卖房产是否受限购政策调整”这一问题进行了明确表态,重申了司法拍卖在公法上的强制性。作为回应,南京市房地产市场综合执法办公室又发布相关通知,再次强调因司法拍卖取得不动产的,按住房限购政策执行。

(资料来源:李燕,高慧,尚虎平.整合性视角下公共政策冲突研究:基于多案例的比较分析[J].中国行政管理,2020(2):108-116.)

根据上述材料回答下列问题:

1. 结合案例,具体分析上述两个案例涉及什么冲突。(10 分)
2. 从上述两个案例中选择一个案例,做出案例调研的设计思路。(10 分)

第五章

案例分析报告的撰写

学习目标

1. 理解案例分析报告的结构
2. 了解案例分析报告撰写的基本规范
3. 掌握呈现案例研究成果的方法
4. 了解案例分析报告撰写的常见问题

研究型案例是进行探索性研究的重要方法，不存在统一的撰写思路。案例分析报告的撰写易存在一些常见的问题：例如，报告结构采取"列举文献＋讲故事＋给结论"的生硬三段式，缺乏针对性的案例分析；将案例分析报告与学术论文的撰写方式混淆；案例分析没有与案例素材相结合；案例分析缺乏理论依托等。针对以上问题，为了使研究型案例的编写更加规范，在此提出研究型案例的基本内容，供案例作者参考。

第一节 标题与摘要

标题有单一式和复合式两类。单一式标题，只有一句话或一个短语，表达一种理念，做出一个判断，体现一种策略，概括一种情景，提出一个问题，点明一个内容。如《中国乡村协商民主研究》。复合式标题，除主标题外，还有副标题，"——"后对正标题的内容加以说明、补充或限制，一般起到说明案例研究对象的作用，如《治水"最后一公里"何以难通——以广州为例》。一篇好的案例报告的标题应该明确具体，凸显研究问题和方法，甚至理论视角，便于读者识别案例的特色、亮点以及主要贡献。常见标题的写法不外乎以下几种方式[①]。第一，强调概念。例如，学者应星在农民群体利益表达机制的研究中提出"草根动员"的核

① 刘洋，应瑛. 案例研究的三段旅程——构建理论、案例写作与发表[J]. 管理案例研究与评论，2015，8(2)：189-198.

心概念，其标题《草根动员与农民群体利益的表达机——四个个案的比较研究》[①]就强调了这一概念，使文章的学术贡献一目了然。第二，强调故事。例如，“如何打通进不去的三百米”一文中，就以案例分析的主线故事为标题，更能增强读者的阅读兴趣。第三，强调理论。这种方式比较常见，例如标题《政策工具视角下多元福利有效运转的逻辑——以川北S村互助式养老为个案》[②]，突出文章的主要观点及理论工具，使文章更具学术分量及严谨性。

摘要的写法灵活度较高，对案例内容进行简要总结，更为重要的是突出案例报告的主要贡献。在写作的过程中，最常遇见的问题就是摘要过于宽泛和宏大，缺乏对读者的指导意义。有些案例的摘要是报告中的某个段落或若干段落的简单拼凑，而真正有价值的摘要则应该是全文精华的浓缩。好的摘要应具备覆盖研究问题、意义、理论视角、研究方法、主要发现以及创新点等要素，例如，题为“电梯加装为何好事难办”的案例分析文本中，其摘要如下：

城市老旧社区有多层住宅楼建造时多未装电梯，随着住户年龄增长，上下楼梯极不方便，加装电梯成了这部分住户的“刚需”。但在现实推行中，电梯加装的推进却陷入了许多不同的困境：加装电梯费用分摊不均，加装电梯导致房产增值不均衡，加装电梯的需求层次不均衡，加装电梯的居民诉求渠道不通畅，多主体协调不到位，制度供给不足，等等。而如何为加装电梯“破冰”，有效推进电梯加装更好落地并持续发展，引导居民自治，推动社区“微改造”，是电梯加装政策推行的当务之急。研究者引入理查德·泰勒和卡斯·桑斯坦提出的“助推”理论、集体行动理论，以广州市Y区H街道的社区加装电梯情况为案例蓝本，采用多案例比较的研究方法，选取加装成功、加装受阻和加装失败三种不同类型的典型楼栋，系统地呈现典型案例的原貌，同时对不同案例进行原因分析，从而探索加装电梯政策的长效推行路径。

总之，标题和摘要是留给读者的第一印象。其突出了案例的核心，能使读者很快对研究的主要内容、方法和结论有一个总的了解，从而便于决定是否继续阅读整个报告的细节，对于吸引读者至关重要。

第二节 引 言

Grant 和 Pollock 调查了《美国管理学报》上最佳论文的作者后发现，让人印象深刻的引言至少应该包含以下三个方面的内容：通过引述和趋势的描述引起兴趣，通过一致性和(或)质疑加入现有文献话题，以及通过共识转移和共识创造表明贡献。[③]

引言主要表明研究问题及研究意义，往往包括研究的缘起或研究背景、研究动机，研究

① 应星.草根动员与农民群体利益的表达机制——四个个案的比较研究[J].社会学研究，2007(2)：1-23，243.

② 王辉.政策工具视角下多元福利有效运转的逻辑——以川北S村互助式养老为个案[J].公共管理学报，2015，12(4)：90-101，157-215.

③ Grant A M，Pollock T G. Pulishing in AMJ-Part3：setting thc book[J]. Academy of Management Journal，2011，54(5)：873-879.

问题及界定，研究目的及意义。需要十分明确、直接地告诉读者，打算探讨什么问题，这个问题为什么值得探讨，以及是如何探讨的，也可以通过一个具体的事例将读者带入故事中，使文章更具吸引力。

撰写研究意义时，我们可以从回答以下几个问题入手：针对研究问题，有哪些理论视角？已经进行的（实证）研究有哪些主要的发现？文献中未解决的问题、存在的争议或矛盾是什么？为什么解决这些争议或矛盾是重要的？文献中存在的争议和待解决的矛盾往往比空白和缺陷更具有重要的研究意义。紧接着我们可以回答：通过解决这个问题，我们能学到什么？该研究能从根本上改变或挑战现有的观点吗？得出的答案就是常说的创新点或潜在研究贡献（Grant & Pollock，2011）。

值得注意的是，不少论文的引言存在论证不够充分、篇幅过短、忽视理论意义、把精力全放在正文的论述上等不足，殊不知如果读者不认同研究的必要性，后面的长篇大论将没有任何价值。① 因此，引言的撰写需要将理论意义和实践意义相结合，使文章更具说服力。

第三节 理论综述

理论综述指对目前为止与本研究关键问题相关的各种理论及文献进行系统查阅和分析，以了解该领域的研究现状，向读者提供有关研究问题的另一种背景，或指出本研究所运用的理论基础。通过对相关流派的梳理，分析其学术意义和理论贡献。

撰写报告时，研究者需要考虑如何在研究报告中对这些理论进行系统评论。理论综述的撰写要进行精心的组织和安排，不能只是简单将有关文章的理论重述一遍，或逐字逐句摘抄到文章中。理论综述尤其需要重点撰写与现有文献冲突的部分，因为这意味着机会，会迫使研究人员采用更具创新性、突破性的思考模式，也能精确界定当下研究结论的适用范围（Eisenhardt，1989）。比如，在江华、张建民、周莹（2011）关于转型期中国国家与社会组织关系的研究中，提出一个以“利益契合”为核心概念的分析框架，与西方的理论概念进行对比，更强调国家在处理与社会组织关系中的策略性选择和低制度化程度，能更深入地揭示中国国家与社会组织互动关系的实质，同时也是对本土理论（如分类控制理论）的拓展与修正。

总的来说，将案例研究和现有文献相联系，有助于提高案例研究的内部效度、普适性和理论水平。

① Grant A M，Pollock T G. Pulishing in AMJ-Part3：setting the book[J]. Academy of Management Journal，2011，54(5)：873-879.

第四节 研究方法的选择

该部分主要说明研究所采用的方式方法、研究程序和工具等，其中主要包括案例研究资料收集方法和资料分析方法。若案例采用定量分析方法，还需要详细阐明分析框架，研究的总体、样本及抽样方法、抽样过程等内容。

Zhang 和 Shaw 提出了“3C”原则来指导一般实证文章方法部分的写作，“3C”原则包括完整性（Completeness）、清晰性（Clarity）和可信性（Credibility）。①

（1）完整性。研究方法的撰写需要达到三个最终目标：披露研究程序的设计，可以附录的形式呈现；评价所用研究方法的好处和缺陷，以求更加客观；保证别人可以用同样的研究方法和数据得出同样的研究结果。

（2）清晰性。研究方法的撰写一般会涉及两个常见问题：一是单纯地说明适用的概念或者来源，没能指出研究方法是如何适用于研究问题的；二是没有清楚进行变量编码的判定。因此，撰写时应将研究方法与相关信息结合，并清楚地表示变量编码及相关构成要素。

（3）可信性。为增强研究方法撰写的可信性，可以遵循以下三个建议。

一是在方法环节需要说明特殊样本的选择原因。这样便于更好地对假设进行检验，提高研究的普遍性和适用性。

二是应该解释为什么需要运用特定的操作。一种现象的衡量要素是多种多样的，但需要选取与假设相关的要素进行衡量。有时候多种衡量手段都是有效的，作者应该都予以说明，或说明为何其他衡量方式没有被选择在内。

三是识别模型和数据分析采用的方法很关键。对于某种类型的数据，多种分析方法都是存在的，作者需要说明为什么采用某种方法而不是其他。另外，有时候在决定到底选择哪种模型时，补充性的分析也是很重要的。

第五节 个案分析及研究结果

案例研究报告最难写也容易写得漂亮的部分为研究结果部分。这个部分可以划分为案例概述、案例内容的具体分析、提出可能的行动方案和原则归纳四个部分。

一、案例概述

案例概述是案例的主要部分，可从案例症结和问题鉴定两个方面进行。

---

① Zhang Y A，Shaw J D. Publishing in AMJ Part5：crafting the methods and results[J]. Academy of Management Journal，2012，55（1）：8-12.

（一）案例症结

以简明扼要的语言，描述案例中的重要情节，分析案例中问题发生的症结所在，应用自己的语言写出，尽量避免重复案例中的现成语句，使案例文本具有创意性和可读性。

案例症结的写法如下。

（1）列举要点：将案例中引起问题发生之关键性事实，按照案例内容顺序，逐条列举出来。

（2）精简内容：将案例内容加以浓缩，用段落式叙述，将重要情节表现出来。应具备“Who、What、Why、Where、When”这五大要素。

例如：“电梯加装为何好事难办？”

城市老旧社区有多层住宅楼建造时多未装电梯，随着住户年龄增长，上下楼梯极不方便，加装电梯成了这部分住户的“刚需”。但在现实推行中，电梯加装的推进却陷入了许多不同的困境：加装电梯费用分摊不均，加装电梯导致房产增值不均衡，加装电梯的需求层次不均衡，加装电梯的居民诉求渠道不通畅，多主体协调不到位，制度供给不足，等等。而如何为加装电梯“破冰”，有效推进电梯加装更好落地并持续发展，引导居民自治，推动社区“微改造”，是电梯加装政策推行的当务之急。

（二）问题鉴定

从案例中找出必须解决或应采取行动的问题。对于提问的立场，应是基于“客观研究者的立场”。

对于研究问题的研拟，要遵循以下六个原则。

（1）研究问题要加以排序。研究问题的排序分为三个层次：第一层次是概念性的问题，开始于检视案例中特定的事件、议题及人物之间的相关性；第二层次是分析性的问题，是对案例中人、事、物的背后进行检验和分析；第三层次是评估性和整体性的问题，是更深层次的分析，要求对问题加以评鉴或判断，进而提出问题的解决方案。

（2）研究问题要具有关键性。研究问题应是重要的，应解决明显的、在文献或实践中没有解决、存在重要争议的问题，或者是能够挑战现有解释的研究发现，对研究问题的回应可以反映文章的核心观点。

（3）研究问题的措辞要能鼓励思考。研究问题尽可能用常用的语言撰写，少用专业术语，措辞需具有启发性。也可以通过比喻或问答等方式来对论文的题目进行修改。(Alvesson et al.，2007；Alvesson & Sandberg，2011）这样才能吸引读者，引发读者思考。例如在“如何打通进不去的三百米”中使用连续设问的方式引发读者思考：直接推动居民态度转变的变量是什么？其背后所折射的，真正释放和充分发动民间力量参与治水这一庞大的公共工程的力量是什么？如何探寻社区水环境治理甚至社区治理的破题之策？

（4）研究问题的语气要用邀请而不是命令。研究问题的研拟需要注意语气的使用，应采用邀请式的语气，一步步把一般读者引入特定问题的正式或理论化的陈述，使读者感受到被尊重，引导读者参与研究问题思考和解答，进一步激发读者的好奇心。

（5）研究问题的题意要明确、具体。实证研究的问题可以用“什么人”、“什么事”、“在哪里”、“怎么样”和“为什么”来表示，而案例研究最适合“怎么样”和“为什么”两类研究问题(Yin，1994)。确定研究问题后，需要对研究问题进行界定，使得研究问题题意明确。研究问题应该限定在一定范围之内，不能太宽或太窄，这取决于研究的各因素，如研究的时间、地点、研究者人数、被研究者人数、研究时间的多寡、研究的方法类型等，使研究的重点和边界得以明确，这样才能清楚明确地陈述研究问题。例如在《城市低保对象求职行为的影响因素及相关制度安排研究——以上海为例》一文中，作者提出的研究问题表述：“本研究以上海市为例，以问卷调查、定性访谈和文献分析相结合的方法试图回答以下问题：哪些因素会影响低保对象的求职行为？现行低保制度安排会对低保对象的求职行为产生哪些影响？”①

(6) 研究问题要避免引导性或封闭性。研究问题的陈述能够产生不止一种回答，问题的答案表述不能单一化，这样不符合研究规范，也不利于案例研究的开展。

总之，案例概述需遵循一个重要的原则：将案例像讲故事一样具体生动地描述出来。可以用一种有趣的、引人入胜的方式来进行故事化叙述，并采用述说-归纳的逻辑，通过一个故事向人们揭示出社会中不为人知的侧面，帮助人们更好地认识其所生活的社会的多维性、特殊性和丰富性。可以通过引用研究对象、访谈对象的原话，摘录实地观察记录和田野笔记，来向读者描述实地所感知的一切，并以此来引导读者身临其境，直接感知研究对象的言谈举止、所思所想。同时，以此来说服读者，让他们接受研究者所做出的判断和得出的解释。案例描述不能杜撰，它应来源于真实的经验、现实的问题，当然必要时也可适当予以调整与改编，以更好地围绕主题并凸显问题的焦点。

二、案例内容的具体分析

案例分析是案例的关键，主要是运用理论对案例作多角度的解读，可以是对描述的情景用理论进行阐释，也可以围绕问题展开分析。案例分析中研究者必须提供足够的证据来增加结论的可信度，明确地定义案例的边界，还要特别留意对立的主张，从多个角度展现事物的正反面。② 案例分析需要按照以下四个步骤进行撰写。

(1) 确定案例分析的角度。撰写案例分析时，需要明确案例分析的方向和角度，从哪个理论视角进行分析，从案例中的哪个问题入手等，这些都需要在写作中明确。

(2) 明确表达自己的观点和立场。案例分析需要明确表达作者自己的观点和立场，不能模棱两可、含糊不清。

(3) 寻找合适的理论工具进行分析。案例分析需根据构建的理论核心概念展开，而不是单纯地叙述在研究情景中发生了什么。这些概念与研究问题密切相关，通常在研究方法部分已说明它们如何从数据收集及分析过程中涌现而出，并且与理论背景部分所引用的主要文献密切相关。

(4) 利用案例事实和相关资料佐证自己的观点。案例分析中的证据展示在案例分析

① 黄晨熹.城市低保对象求职行为的影响因素及相关制度安排研究——以上海为例[J].社会学研究，2007(1)：137-160，245.

② 孙海法，刘运国，方琳.案例研究的方法论[J].科研管理，2004(2)：107-112.

过程中，通常需要作深度描述，以体现案例研究的丰富性，这就需要向读者展示一些来自现场的证据（Eisenhardt & Graebner，2007）。这些证据通常包括访谈对象的原话、文档（内部的以及外部的）、现场观察记录等。例如“电梯加装为何好事难办？”案例中的一小段关于居委会在其中难以发挥应有作用的描述：

在与E住户的协商过程中，居委会虽有过一定程度的参与，但未取得较好的结果。电梯加装的牵头人认为居委会和政府应当积极参与到电梯加装的协商过程中，而不是向上级部门推卸责任，访谈过程中A先生也埋怨道：“居委会只是建议你们自己能搞定就搞定，我们现在都不知道下一步怎么搞了。”

这段文字通过对A先生表述的引用，不仅能使读者有身临其境的感受，更重要的是增强了文章的说服力。如果案例文本中缺少这样的引用，文章的可信度可能会降低许多。

另一类证据展示方式是集中式展示，即通过图表集中展示原始证据。即使以图表的方式集中展示证据，其中也可能包括大量访谈对象的原话。[①] 在展示这类访谈对象原话时，要注意做好访谈对象的匿名处理。

案例分析规范性上存在着一些常见问题，尤其突出地表现在以下几个方面：基于多案例的研究太少，使得研究结论缺乏坚实的论据支撑；数据收集过程的细节缺乏披露，比如经历了哪些阶段、被访人员的信息和访谈是否录音（后续数据编码的依据）等均未提及；缺乏数据分析过程，也就是如何从数据到结论，比如团队成员如何分工、如何编码等，文中都没有交代。数据收集和数据分析方法的不规范严重影响了研究结论的信度和效度。[②]

三、提出可能的行动方案

案例分析结束后，需要提出可能的行动方案，以有效解决案例研究中的问题。行动方案必须在设身处地的情况下，具体明确并择优而行。行动方案的提出需注意以下六点。

（1）行动方案要具体明确、淋漓尽致。所提出的行动方案必须有效针对案例中的问题，具体详尽，具有可行性和有效性。

（2）设定条件的案例可有数个行动方案。针对一个案例可以从不同角度来进行分析，制定多个行动方案，使其所涵盖的范围更广、更全面。

（3）择其优者而行之。针对数个行动方案，具体实施时应择优而行之。决策虽不能追求所有范围的最优解，但在数个行动方案的选择中，可以择其最优者而行之，使行动方案能更具有效性。

（4）应根据案例中的情况进行设想，不可脱离案例中的事实，做翻案文章。行动方案必须严格根据案例中的情况来拟定，切忌脱离事实进行杜撰。

（5）行动方案需具有合法性，必须符合法律规定，运用正当手段解决问题。

（6）设身处地构思行动方案，将自己比拟成案例中的当事人，具有当事人的身份、责

---

① 潘绵臻，毛基业．再探案例研究的规范性问题——中国企业管理案例论坛（2008）综述与范文分析[J]．管理世界，2009(2)：92-100，169.

② 毛基业，张霞．案例研究方法的规范性及现状评估——中国企业管理案例论坛（2007）综述[J]．管理世界，2008(4)：115-121.

任、情绪和拘束，才能提出合情合理的行动方案。在行动方案的拟定中，可以设身处地进行思考，将自己代入当事人角色，使得行动方案更具有同理心和有效性。

四、原则归纳

最后，需要将案例分析中的心得和感想，归纳成若干个原则，以作为日后处理相似问题的参考。

原则归纳需注意：

(1) 将案例得到的经验一般化，不再提案例中的特殊人物或事件；

(2) 逐条列举，不用段落式叙述；

(3) 原则归纳应与行动方案的基本立场一致，避免前后矛盾；

(4) 原则归纳必须是经由案例产生的活生生的心得和感想，并用自己的语言写出，避免穿凿附会或陈词滥调。

第六节 研究发现与讨论

案例报告需要展现自己的研究到底有什么样的理论贡献。因此，在结论和讨论部分，必须将研究结论和以往相似或者矛盾的理论进行比较，以说明所发现的研究结果及其具备的意义，从这一结果出发，还能得到什么或还能继续做什么，体现其研究价值所在。同时，也需要提及研究的局限性，包括研究的实施或资料分析过程中所包含的问题或带来的限制，以及对进一步研究的建议。[①] 举例来说，在案例"如何打通进不去的三百米"中，讨论部分以蓝宇蕴的"新村社共同体"的概念为理论基础，结合该案例"都市中的农村""重新组织起来的新型社区共同体"的特殊性，以及本案例"以扒龙舟为代表的民间传统资源，具有构建社区共同体的基础"的共性，从而引出研究发现："在共同体这一自主空间中，村民与村社各种组织在地方性意义的系统中天衣无缝地配合，达到了令人意想不到的效果。"最后进行研究的进一步思考和展望："对于存在于民间、存在于历史的积聚与转化中的宝藏，在诸多社会公共事务的资源困境中，是否也可以借鉴社区共同体的治理模式，对它们加以重新的研究与发掘？"

在研究发现的表达上，一般先给出总体的、一般性的陈述，然后才是个别的、具体细节的陈述。最好再次对读者进行研究问题的概念性陈述，接着引出问题的回答，最后用更为一般的术语来讨论这些结果。

一般论文在讨论部分最常见的错误是不停重复结果、进行闲聊式的讨论和夸大自己的

---

① 毛基业，张霞. 案例研究方法的规范性及现状评估——中国企业管理案例论坛(2007)综述[J]. 管理世界，2008(4)：11.

贡献。① 事实上,最后一个问题在文章写作过程中更为常见:案例研究的一个常被质疑的点是所得结论的概化性问题,因此在与文献比对的过程中更要小心,不要过分夸大自己的贡献,而要逻辑清晰地进行合理推断。研究的局限性上,案例研究最重要的是需要提醒读者"你呈现的只是一个难题的一小块儿,一个更大的世界中的一部分,一个方面的特写镜头"②。

第七节 结 论

在最后的研究结论中,再次对报告前面几个部分的主要内容做一个纲要式的总结,涉及研究问题的陈述、先前已有的研究结果、结果中得到的各种结论和推论,以及根据这些结论进行的广泛讨论,最好以未来研究展望或者总结全文的亮点作结,这样会给读者留下一个正面的最终印象。

本章小结

案例分析报告的撰写易存在一些常见的问题,例如:报告结构采取"列举文献+讲故事+给结论"的生硬三段式,缺乏针对性的案例分析;将案例分析报告与学术论文的撰写方式混淆;案例分析没有与案例素材相结合;案例分析缺乏理论依托等。

案例分析报告的撰写包括标题与摘要、引言、理论综述、研究方法的选择、个案分析及研究结果、研究发现与讨论、结论部分。

本章测试题

一、名词解释(每小题 5 分,共 20 分)

1. 案例症结
2. 理论综述
3. 复合式标题
4. 引言

① Geletkanycz M, Tepper B J. Publishing in AMJ-Part6: discussing the implications[J]. Academy of Management Journal, 2012, 55(2): 256-260.

② 罗伯特·C 波格丹,萨莉·诺普·比克伦. 教育研究方法:定性研究的视角[M]. 4 版. 钟周,李越,赵琳,等,译. 北京:中国人民大学出版社,2008:196.

二、简答题(每小题10分,共40分)

1. 简述研究问题研拟的六个原则。
2. 简述案例内容具体分析的步骤。
3. 简述研究方法选择的三个原则。
4. 简述标题的三种写法。

三、论述题(每小题20分,共20分)

阐述如何撰写研究意义和创新性?

四、材料题(每小题10分,共20分)

材料一

2005年3月22日,兰州的张教授在游览圆明园时偶然看到圆明园2200多亩湖底正在进行的铺设防渗膜的“宏伟工程”,其职业的直觉让他感到对圆明园的天然湖底进行如此严密的全部防渗处理无疑是在为圆明园“掘墓”。同时,在《北京青年报》上就圆明园进行湖底防渗工程之前抽干湖水,造成大量鱼类和河蚌死亡做了相关报道。此事件经过多家媒体披露之后,立即引起社会的强烈关注。3月31日,圆明园湖底防渗工程被叫停,国家环保总局表示该工程应依法补办环评审批手续。4月13日,此事件第一次公众听证会在北京环保总局进行,与会代表分两派相对而坐,对于圆明园防渗工程展开激烈争辩。支持者认为,圆明园湖内已严重缺水,防渗工程可以充分利用水源,铺膜后水生植物仍可生存。5月25日,北京市政府部门召开新闻发布会,首次回应圆明园事件。

材料二

X楼栋位于G市老城区,1楼为商户,2楼至8楼为住户。在该楼栋高层住户中,老人小孩数量较多,出行较为不便,一直存在较为强烈的电梯加装意愿。2016年3月,X楼栋在一次业主大会上正式成立了电梯加装筹备小组。

在动议过程中,两家住户提出了反对意见,随后电梯加装筹备小组便开展了协商工作,采取正式与非正式的协商形式,多次与反对户进行沟通。

反对户F为8楼住户,反对理由主要来自个人的金钱需求。协商过程中F住户的态度较为消极,拒绝与电梯加装筹备小组进行对话,敲门无人应答,电话也无法拨通。于是电梯加装筹备小组决定采取公开信的方式与其进行沟通,将公开信放入信封贴在F住户门口,希望其能提出加装电梯的意见,动之以情晓之以理,一方面叙述电梯加装的重要性,另一方面也公示出该楼栋的电梯加装出资方案,分摊系数是基于政府政策制定,并将相关文件附在公开信之后,以方便F住户更好地了解掌握有关信息。同时在公开信中也对F住户给出了相关承诺,仅需要缴纳电梯加装集资费,免去使用期间的电费、后期保养维修费,并在电梯加装后政府给予该楼栋的补贴中可拿出一部分作为补偿。最终在2016年9月,反对户F与其余业主达成共识,由其余业主共同承担F住户无法支付的加装费用。

反对户E为2楼住户。从客观层面看,E住户主要认为加装电梯影响房屋采光;而从主观层面上,E住户存在较大的不满情绪,其本身一直有出售房屋的意愿,认为加装电梯能够使高层住户的房屋升值,相对而言低层房屋对购房者吸引力下降,造成房屋的间接贬值。电梯加装筹备小组向反对户E提出免去其出资的方式,并将部分政府补贴款拿出来作为补偿,但2楼住户仍然不接受。谈来谈去,2楼住户最终说出不同意的原因——补偿的钱太少了。尽管律师在场,但沟通依然失败。电梯加装的进程也就此搁置。A先生也提到希望政府制定补偿政策时,不要笼统地给出一个补偿标准,对于反对户的补偿,最好出台一个合适的参考标准。他们加装小组认为这才是解决问题的核心。

2018年3月,X楼栋正式开展电梯加装施工。在施工阶段,由于牵头者A先生所找的电梯公司并不是很正规,施工过程中因地基桩质量问题导致打桩过程中楼栋墙体开裂,再次引发了住户的反对,加装进程被持续拖延。整个过程已经历时近3年,因此A先生也希望政府能够推荐一些有资质的电梯公司,并提供相应的电梯加装经验,促使电梯加装能够更好进行。

根据上述材料回答下列问题:

1. 根据材料一,撰写一份案例概述。(10分)
2. 根据材料二,为今后解决老旧小区电梯加装问题提出可能的行动方案。(10分)

CHAPTER 2

第二篇

案例实验与操作

第六章

“河长制还是河长治：水治理创新的困局与反思”案例分析

本章课件

学习目标

1. 了解案例分析的基本内容
2. 了解案例分析中研究方法的应用
3. 掌握案例素材的选择方法
4. 掌握案例分析中研究问题的提出

第一节 案例陈述

【摘要】河长制作为水环境治理的制度创新，自2016年实施以来，探索出不少水治理的机制与做法，建立起领导干部牵头、层层责任到人的严密管理网络。S市作为实施河长制较早的城市，河长制的相关制度体制、组织体系、运行机制等已基本建立，正逐步形成河长领治、上下同治、部门联治、全民群治、水陆共治的治水新格局，成效凸显。但在推行的实际过程中，河长制在基层的运作却陷入了许多不同的困境：河长制的目标是治官还是治水，治理主体的有组织无序乱态，权责边界不清，运动治理与长效机制的矛盾，法治与人治争辩，单一治理与多元共治的讨论等。而基层实践的困境也进一步折射出河长制的症结所在，这一协同制度设计是否真正从根本上解决了“九龙治水”的乱象，又是否真正高效顺畅地推动了水污染的治理，不禁让人心生疑问。而如何化解河长制在基层运转的困境，切实有效地聚焦于水环境治理、水生态修复等治水目标，才是完善和评价河长制创新的当务之急。本案例以S市河长制运行的状况为案例蓝本，选取典型案例将困境系统地呈现并进行原因分析，从而走出治水之困，探索从河长制走向河长治的有效路径。

【关键词】河长制　流域治理　水治理　环保

一、引 言

自改革开放以来，我国在以经济发展为中心的基本路线指引下，经济得到飞速发展，城市化进程加快，与此同时，我国的环境污染也日益恶化。2007 年，江苏太湖发生蓝藻事件，给人们敲响了流域生态警钟。无锡市政府出台《无锡市河（湖、库、荡、氿）断面水质控制目标及考核办法（试行）》，开始推行河长制，经试行效果显著。2016 年 12 月，中共中央办公厅、国务院办公厅印发了《关于全面推行河长制的意见》，开始在全国范围内推行河长制。根据中央要求，2017 年 5 月 9 日，广东省委办公厅、广东省政府办公厅印发了《广东省全面推行河长制工作方案》，要求到 2017 年年底，全省范围内河湖全面建立河长制。S 市作为实施河长制的先行地区，早在 2014 年就在全省率先构建起市-区-镇（街）-村（居）四级河长体系。中共 S 市委办公厅、S 市人民政府办公厅于 2017 年 3 月 27 日印发了《S 市全面推行河长制实施方案》。实施至今，已实现全市河湖河长制全覆盖。2017 年 9 月 9 日，S 市在全省率先推出"S 市河长 App"，开启"掌上治水"，实时掌握各级河长巡河动态以及出现的问题。S 市河长制推行至今，推动了 S 市的河道工程建设，推进了污染源的查控，水环境治理也一时声势浩大。

"河长制背景介绍"微视频

二、案例正文

（一）案例背景及问题提出

1. 案例背景

S 市作为实施河长制的先行地区，早在 2014 年就在全省率先构建起市-区-镇（街）-村（居）四级河长体系，实施至今，已实现全市河湖河长制全覆盖。在制度建设方面，2017 年，S 市先后出台了《S 市河长制实施方案》《S 市河长制考核办法》，落实河长"涌边三包、守水有责"，实现"五无"；下发了《S 市黑臭河涌整治工作任务书》，将治理任务落实到基层和各责任部门；制定了《S 市河涌管理范围内违法建设专项整治实施方案》，将全市河涌管理范围内违法建设纳入拆除重点，坚持"条块结合、以块为主"，坚决"止新"，全力"拆旧"；颁布了《S 市河道管理信息报送制度》《S 市河长制公示牌设置指引》《S 市河长巡河指导意见》《S 市河长制办公室关于开展聘请河湖"民间河长"活动的通知》《S 市河长制投诉举报受理和办理制度》《S 市河长制工作重大问题报告制度（试行）》等法规和规范，确保河长制规范管理、各级河长分管河段责任段的落实以及民众的参与及监督；制定了《S 市水环境治理责任追究工作意见》，倒逼河长制落实，提高各级河长和管理单位的履职尽责能力。目前，市、区两级建立了河长会议制度、信息报送制度、工作督查制度、考核问责制度、激励制度。

河长制实行管理属地化，跨市、区的河道管理一般是根据该水系在该市、区内流经的长度和广度来决定河长管理的职责与范围。S 市主要河流不同级别的河长分别由同级相关领导担任。由 S 市委书记担任市第一总河长，S 市长、副市长分别担任市总河长、副总河长，各区委书记担任辖区内总河长，河道流经的各区、镇（街）、村（居）的党政主要领导担任同级河长(见图 6-1)。截至 2017 年 8 月,S 全市 1484 条河道(含 1368 条主要河道和部分小微水体)、49 个湖泊、63 座山塘、324 座水库,落实四级河长共 3030 名,其中市级河长 13 名,区级河长 275 名,镇(街)级河长 1019 名,村(居)级河长 1723 名。

河长制属于一把手工程,为了加快推行河长制工作的总体设计、统筹协调、整体推进以及督促落实等工作,S 市委、市政府于 2017 年 6 月 5 日成立了 S 市全面河长制工作领导小组(见图 6-2)。领导小组下设 S 市河长办公室(简称市河长办),设在市水务局,与市水环境整治联席会议办公室合署办公。这一机制的设立就是让地方党政第一把手肩负其流域治理第一责任人的职责,其目的也是为了最大限度地整合各级政府以及相关部门的资源,弥补“九龙治水”的缺陷。

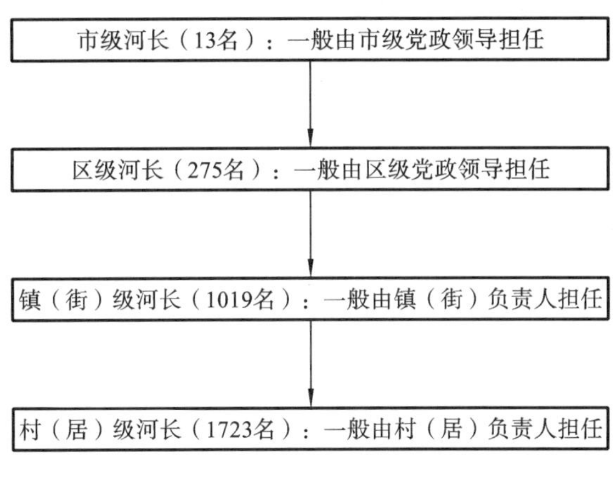

图 6-1 四级河长体系落实情况

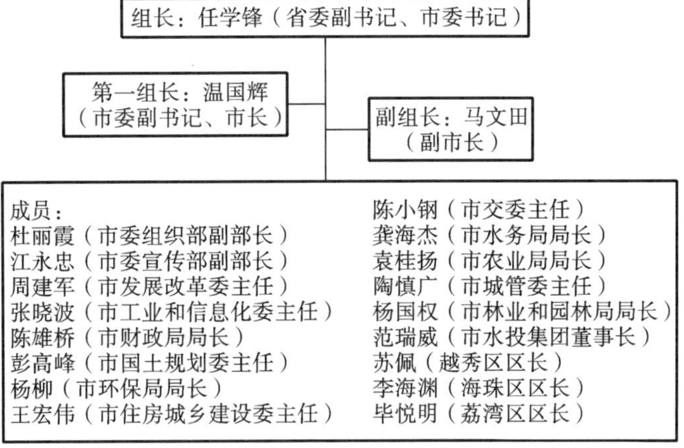

图 6-2 S 市全面河长制工作领导小组成员

河长制的考核实行刚性化,S 市针对不同层级的河长制定了不同的考核方式及内容(见图 6-3)。目前,S 市建立了覆盖 S 市本级以及所有 11 个区的考核问责制度,对于考核不及格的河长则实行追究责任制度,但是对于考核优异的河长缺乏有效的激励机制,只有 5 个区建立了相应的激励机制。

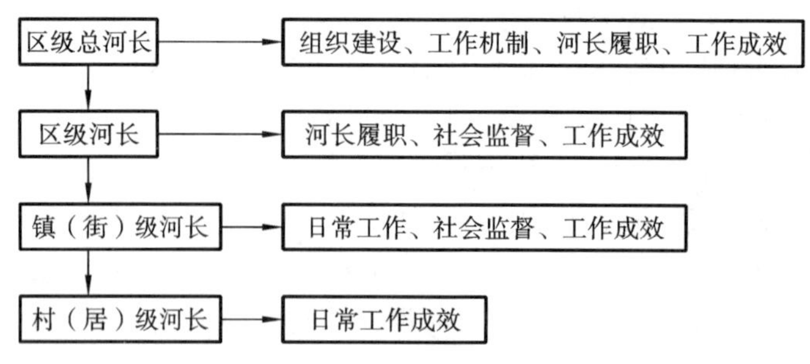

图 6-3　不同层级河长考核内容

在业务流程方面，相关文件规定要在各河道的显眼位置放置该河段河长公示牌①，同时各级河长要定期巡查，镇(街)级河长每月巡查次数不少于一次，村(居)级河长需要做到每天一巡以上，在巡河过程中积极发现污染源问题，做好巡视记录，及时上报、处置，巡查情况做到“可查询、可追溯、可问责”。以“流溪河流域管理”为例，《S 市流溪河流域保护条例》规定，S 市流溪河流域管理办公室(简称“流办”)巡查发现问题，然后报送 S 市治水办交办，市治水办再下发给区政府，区政府再下发给镇(街)级政府，镇(街)级政府再下发给村(居)级政府，以此类推，然后层层落实到基层，最后从基层实现河道治理(见图 6-4)。

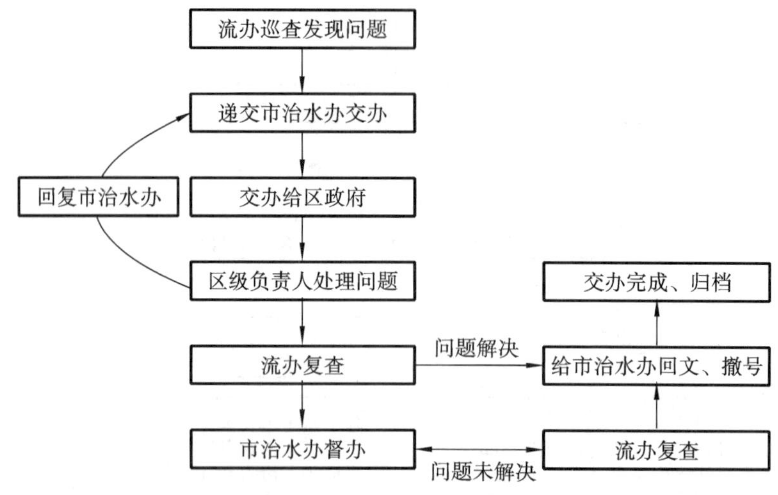

图 6-4　业务流程图

为监督记录河长巡河，2017 年 9 月，S 市推出了“S 市河长 App”(见图 6-5)，开启掌上治水，S 市的河长签到、巡河轨迹 App 都能实时记录、上传以供查询，对巡河动态信息实时进行公示，发现问题可即时上报、流转以及查询。

2. 问题的提出

河长制对强化政府水环境治理责任、统筹协调各治水单位、整合全社会资源投入水环境综合治理有积极作用，但在其推行过程中也存在质疑的声音。有人认为推行河长制治水对行政领导的过分依赖是“人治”模式；有人质疑河长制治标没治本，仅是水面环境的改善，

① S 市共安装河长公示牌 6079 块、湖长公示牌 90 块、小微水体公示牌 345 块。

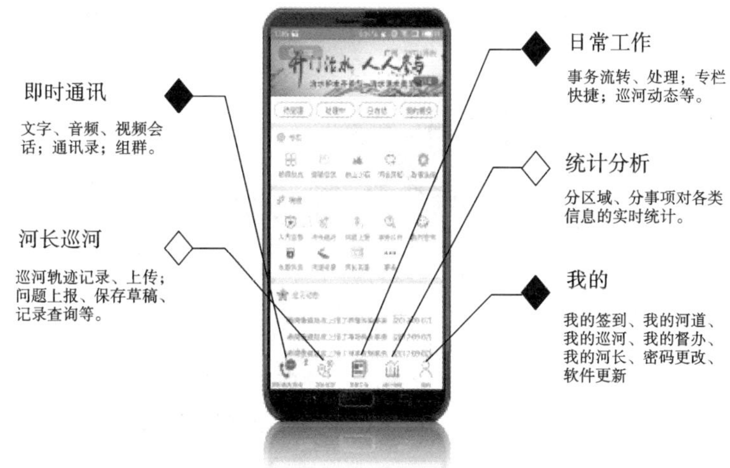

图 6-5　S 市河长 App 功能展示

并未显著降低水中的深度污染物；有人认为河长形同虚设，并未有效巡河，上报问题也不积极；更有 S 市政协委员曾说“莫把河长制当‘冠名制’”。《南方都市报》曾报道，S 市一市民向河长举报驷马涌雨中变红，却被告知“不该打电话”。2018 年 8 月，《南方日报》称 S 市 8 个月巡河达标仅 53 天，未上报任何问题。上述质疑在很大程度上反映了河长制在流域治理中所面临的种种困境，那么，河长制的治水之困具体表现在哪些方面呢？其治水之困背后的深层次原因到底是什么呢？如何走出治水之困，进一步推进流域治理的创新变革？本案例小组收集了大量与河长制相关的政府文件、工作报告、材料汇编、统计数据等，据此进行分析，对上述问题予以回应。

3. 研究方法

（1）个案研究对象选择的缘由。第一，S 市推行河长制时间较早，在 2014 年就率先构建起市-区-镇（街）-村（居）四级河长体系，发展至今制度已相对成熟；第二，S 市作为经济发达城市和南方城市，河流水系众多，河长制在基层运行中出现的问题具有一定的典型性，能够在很大程度上折射出河长制推行的普遍性问题；第三，课题组受 S 市河长办委托研究相关课题，赢得深入研究场域的机会，具有研究便利性。

（2）资料收集方法。参与式观察法：小组一成员于 2017 年 10 月至 2018 年 1 月在 S 市流溪河流域管理办公室实习，进行参与式观察。深度访谈法、实地考察法：小组于 2018 年 7—10 月对 S 市 HB 局、NY 局、CG 委员会、S 市河长办以及 TH 区、LW 区、HZ 区、BY 区、YX 区、HP 区河长办相关负责人员进行了深度访谈，对 CH、HD、BY、HP 四个区的河涌进行了实地考察，并对其镇（街）、村（居）级河长进行了访谈，共整理访谈记录 18 份超过 20 万字。问卷调查法：小组于 2018 年 10 月 22 日至 11 月 2 日，借助河长 App 平台点对点地向全市所有的镇（街）级河长和村（居）级河长进行电子问卷调查。对镇（街）级河长实发问卷

915份[①]，回收643份，回收率70.3%；对村（居）级河长实发问卷1723份，回收1472份，回收率85.4%。问卷有效率均为100%。图6-6为小组成员在派发问卷。

（3）资料分析方法：运用软件Nvivo 11对访谈资料进行编码分析，运用软件SPSS 22对问卷数据进行分析。

图6-6　小组成员在派发问卷

（二）治水困局与表现

S市河长制的广泛推行，最大限度地整合了各部门的执行力，弥补了“九龙治水”的不足，形成了全社会治水的良好氛围，流域整治确实成效显著，河道环境和水质也得到了较大改善。但在实行过程中，也存在许多被人诟病的地方，河长制的制度设计还存在着诸多漏洞，在流域治理中陷入了难以预料的困境，最终导致其实施效果不尽如人意。

1. 治官还是治水：S镇长的一天

工作日早上8点，S镇长（河长）走进办公室，开始了一天的工作。简单收拾后，他准备开车去自己负责的河流进行巡河，我们便同去体验并顺道访谈。作为全市1019名镇（街）级河长中的其中一员，S镇长是该镇境内河涌管理保护的直接责任人，主要负责落实责任河涌的整治与管理工作，具体负责削减入河污染物的排放量、清理整治涉河涌违法建筑和排污口、负责或配合河涌整治工程的征地拆迁、负责排水设施的维修养护和水面保洁以及监督村（居）级河长履责等工作。他说：“村社和街道的工作经常是远超8小时的，我们周末也经常没有休息，主要领导要在这儿亲自待班，周一到周日每天有一名分管领导24小时值班，基层工作量确实很大。现在河长制这个工作更是不干也得干，兼职还不兼薪，开自己车去巡河也是没有一点交通补贴的。”

到达河边，S镇长打开“河长App”开始巡河，“上头要求我们镇（街）级河长每周至少巡河一次，那我们是公务员，关系到我们的前程，所以是不干也得干。要求村（居）级河长每天至少巡河十分钟，但村委会主任是通过选举产生的，根本不在体制内，有些甚至都不是党员，他们不巡我们也没有办法，管不到啊”。

镇长看着App未显示出巡河路线，就举着手机去别处寻找信号。“这个App太不人性化了，少了一分钟不行，路径偏离不行，还要依靠网络信号与流量稳定，结果不符合程序设

① 镇街级河长共1019名，河长App上注册人数为915名。

定，就会被认定没有完成，多了会被通报批评。而且就算上报了问题，上级也会督办回我们这里，但是我们没有那个能力解决，所以为了省事就干脆不报了。”S镇长一边说一边不时把巡河照片发到RH镇河长微信群，看到漂浮物后还打电话协调，请城管的河道保洁员来清理。

“快到月底了，上面又该考核了。”镇长无奈地说，“像我负责分管农业的，那得抓好农业污染处置情况，考核内容还涉及手下分管的工业污染、拆违、管网建设等方面工作，自己也要一起抓，不然都得被问责。”听说市河长办在前段时间对70名在水环境治理中履职不力的官员做出了问责处理，即将到来的考核似乎让镇长睡不好觉。“问责小则约谈、通报批评，严重的要停职检查、责令辞职。但对于环境污染的历史欠债，不是一朝一夕就能解决的事，更不能让无权无钱的基层人员来买单吧？”

途经一处正在拆除的违章建筑，S镇长急忙上前询问工作进度。村(居)河长告诉镇长进度不理想：“镇长啊，我现在每天过来巡河，很耽误我时间啊，还吃力不讨好。像这些拆违，我很得罪人呀，有些问题，报了会影响到我们村的集体经济啊。”镇长继续向我们抱怨道，“我们没有这个职能和权力来拆，我们是芝麻大的权力、西瓜大的责任啊。”

在回程途中，S镇长还感叹道：“我们没日没夜干，但是责大权小、吃力不讨好，而且做得好了就是区里的口头表扬(顶多就是书面通报表扬)，做得不好了就影响到公职和升迁，其实这样蛮打击基层积极性的。”镇长不禁心存疑惑：花大力气来问责基层河长，而河长能做的只是发现问题、上报问题，最终解决问题还得依赖各个职能部门，总不能一味地把责任推到下面吧？这个河长制，到底是在治官还是治水啊？镇长的烦恼与无奈，得从上级部门找答案。

实际上，这一组成形式更像是为水治理工作建立起了部门联席会议，虽在主要领导的行政干预下能快速协同办理，但同样摆脱不了各部门间相互推诿的境况。BY区有基层河长办人员指出，诸多不合理的设置与要求，不单使基层治水出现瞒报不报，甚至有人为解决工作时间与巡河任务的冲突而临时找其他人来代为巡河。

2.“九龙治水”还是“一龙治水”

水环境综合治理是一项复杂的系统性工程。我国的涉水机构包括主管水资源和水环境的水行政主管部门和主管环境保护的行政主管部门，以及负责在相关领域进行水资源开发、利用、节约、保护工作的其他部门，长期以来形成“九龙治水”的局面。河长制统筹、协调与整合了水治理的相关部门，但并未从根本上改变现行多部门联合治水的管理体制，各部门权责不清、交叉重合，对于某些问题也尚未达成共识。

长期以来，我国的涉水机构包括以环境保护和水污染治理为主要任务的环保部门，以水资源管理和保护为主要任务的水利部门，城管、住建、农林渔业、交通、海洋等部门也承担着与水有关的分管职能。如工业污水归环保局管，河道保洁又归水利部门管，生活污水归城乡建设部门管，农业污水归农业局管等。“水利不上岸，环保不下水”的职能分割、片面治水造成了“九龙治水水不治”的尴尬。这种碎片化的治理模式导致权力的分散而无法形成绝对的管理权威。在河长办之前，协调各部门的是以市名义、以市水务局牵头成立的统筹全市治水工作办公室，但由于其权威性不够、协调力度较小，导致其治水效果不太理想。为解决权威缺失问题，统筹各部门力量，解决“九龙治水”的困局，中共中央办公厅在《关于全面推行河长制的意见》中要求县级及以上河长设置相应的河长制办公室。2017年，S市成立市河长制办公室(以下简称“市河长办”,设在市水务局),作为一种权力高度集中的政治结构,试图加强各部门之间的信息沟通与协作,最大限度整合各级党委、政府的执行力,实施决策。然而,在实际运作过程中,协调仍是困难重重。

2018年5月31日,为推进“立行立改整治黑臭水体”工作,S市河长办召集各区河长办以及各治水职能部门举行联席会议。市河长办强调:“推进黑臭水体治理,是推进中央巡视反馈意见和中央环保督察‘回头看’整改落实的重要内容,我们各部门要一起行动起来啊。”TH区河长办官员抱怨说:“河长办感觉像是统筹协调的夹心饼,责任重大,权力与能力却很小,整治黑臭水体我们很难说服其他部门来支持啊”。环保局表示:“你们河长办从各个局抽调人员,做统筹的人比我们环保部门的人还多,根据《水污染防治法》[①],我们环保部门是水污染防治的主管部门,但是你们的职能与我们有所交叉,我们俩指挥又不一样,怎么搞?”而且根据现行的《水法》和《水污染防治法》,在水质管理方面也存在着相互不协调的现象。环保局人员继续说道:“上次有条河,水务局也在测水质,我们两方的数据有冲突,他们的数据显示有好转,但是我们的显示并没有好转。”农业局也发表意见:“你们河长办人员老是流动,上次说要交什么汇报材料,你们这边的人又一问三不知,都不熟悉业务,那我们工作怎么对接?”市河长办回应道:“这些都是职责划分的问题,我们可以多多协商沟通嘛。”

会议进行到讨论治理黑臭水体(见图6-7)的关键是找准污染源,控源截污。然而各部门对于污染源的判定却是各执一词。城管委人员委屈地说:“之前河长办一看到哪条河涌里面有垃圾,就说是我们城管垃圾清理不及时,搞得河涌的水体发黑发臭。几片垃圾就能把水搞臭吗?我看是你们岸上的污水没管好吧。”水务局的官员接过话:“河面漂浮的垃圾确实不是重点,我觉得关键还是应该花大力气来整治那些散乱污。”环保局表达了反对意见:“散乱污其实很少,大量人力物力投资在这点可不行。我觉得污染源的重点还是生活污水,截污啊,污水一定要收集,现在的污水处理厂根本没有发挥作用。”农业局表示同意:“对,其实大的污染源就是生活、工业、农业,农业肯定是排最后的,最多5%,生活污染应该是最大量。农业污染对水环境的影响真的很小了,你们说养殖业污染大,但是近3年来200多万头猪都降到50多万了,农药化肥使用量已经降到3397吨了,现在呈负增长趋势了。”TH区河长办却持不同看法:“我们发现餐饮业的污染是最多的,有两个方面:一个是餐饮垃圾,没有规范,随便倒,倒到生活垃圾那里去了;二是废水,其本身污染量就大。但是现在餐饮店无所不在,管理存在缺失。”

讨论到拆除违章建筑时,城管委与水务局在范围界定、职能管辖上存在着争议。根据《水法》第六十五条:在河道管理范围内建设妨碍行洪的建筑物、构筑物,或者从事影响河势稳定、危害河岸堤防安全和其他妨碍河道行洪的活动的,由县级以上人民政府水行政主管部门或者流域管理机构依据职权,责令停止违法行为,限期拆除违法建筑物、构筑物,恢复原状。因此,城管委认为,除了水上保洁外,水面上的违建应由水务局来执法。而水务局认为违建就是城管委的责任,根据《中华人民共和国城乡规划法》第六十六条:未经批准进行临时建设的,未按照批准内容进行临时建设的,临时建筑物、构筑物超过批准期限不拆除的,由所在地城市、县人民政府城乡规划主管部门责令限期拆除。“河道那些拆违,违法建

① 《水污染防治法》第九条规定:县级以上人民政府环境保护主管部门对水污染防治实施统一监督管理。

图 6-7 油腻发黑的河涌惨不忍睹

筑归城管委来管，不是违法建筑就归住建委来管。你们说拆违属于水务局管，但是辖区违法建筑需要你们城管委来管。执法是按性质定性，是没有范围的。水务局是管水安全和排污，不是什么都管。”市河长办成员说：“河长办本属协调结构，但因挂在水务局里，很容易被其他部门认为就是水务局在布置工作，协调起来权威不足，困难较多。”

3. 河长制还是河长治

河长制作为一种探索中的环境管理新制度，要想走向河长治也是道阻且长。有人质疑，在实际的执法过程中，法治多于人治，存在着随意性的问题；有人质疑河长 App 仅仅是一种运动式打卡，没有实质性作用，对于某些问题的处理也无法用长远眼光来看待；另外，目前的治水局面基本还是政府独自承担，对于社会力量的发动还远远不够。

(1) 法治还是人治？自 2004 年始，白云区 RH 镇开始发展种植草菇，规模达 42 间草菇场，6500 多间菇房。草菇作为 RH 镇的传统特色农作物，其产量在广东市场的占有率一度超过 60%，已经成为 RH 镇村民农业致富的重要产业，且得到农业部相关补贴。自 2014 年始，广东开始实施南粤水清行动计划以及广佛跨界河涌整治计划，白云区环保局对全区污染源进行了大规模的排查，发现草菇所排放的废水偏碱性，同时 COD 含量超标严重，于是勒令整顿。然而农户表示未看到废水的检测报告，“最主要的污染就是在浸泡棉花的时候会加入一点石灰，将草菇的生长环境调至弱碱性，这个时候会使得有限的废水偏碱，但也不会是强碱性的”。一位草菇栽培技术专家也表示：“草菇的所有种植技术环节中确实不存在重污染可能，因为在强碱的环境下不可能长出草菇。”常年整治却收效甚微，高成本也导致废水处理系统难以为继，从 2017 年下半年开始，RH 镇河长办开始对辖内 42 家草菇场进行查封，相关执法部门用综治委的封条等手段强制关停，“红的黑的都上了”，土地闲置，赔偿不至，对村集体经济影响大，村民意见较多。

2016 年 5 月 18 日，环保部发布了关于征求《畜禽养殖禁养区划定技术指南(征求意见稿)》，要求依法关闭或搬迁禁养区内的畜禽养殖场(小区)和养殖专业户。BY 区的养鸽场就首当其冲成为关停对象。村民表示鸽子吃的是薏米，鸽子的粪便含有相当高的营养，会被回收种菜，因此养鸽场造成的污染是极小的，但是政府因其在禁养区范围内而要求关停。养殖户们不理解闹情绪，得到的回应是：“上面认为有污染不能在某流域范围内养殖，为了不要有漏网之鱼，还是必须关停。”法律法规的滞后性、禁养区划分范围不明确、没有划分企业的准入门槛也给管理带来压力。种植、养殖本是农民的基本收入来源，政府强制取缔后，难免会造成村民们利益受损、引发不满。

类似的事件不是少数，由于法律对于拆违范围及建筑没有一个明晰的标准，造成执法主体难办。“我们的一些法律的文书，比如说河涌管理范围内的建筑是怎么定性的，现在没有统一的标准。市里面下达任务是一刀切，到了下面来我们是很难办的，非常难办。因为有些是合法资产，你不能以硬的行政命令去实施，那是违法的。合法的和违法的交织在一起，这部分最难处理。”甚至连相关职能部门的工作人员都表示：“有时候遇到的最大的问题就是‘该不该拆’，也就是定性的问题，还有就是给予的时间，按照程序走下来，调查、取证的时间是不够的，有时候还是存在‘拍脑袋’决定。”这种疑似人治的方式还会损害到农民们的利益，但是受损者得不到相关的赔偿。“这样往往会出现这种情况，拆的时候农民往往会去告政府，法院判决我们是违法的，但不用我们赔偿。虽然要我们拆除，但我们没有完整地走程序，那就是行政违法，会败诉，老百姓告是对的，会出现这种局面。”“你拆，但人家这是合法资产，你要补偿啊。但这里没有相关的赔偿规定和专项资金。”

（2）“运动治理”还是长效机制？目前对于河长的职责要求，更多的是要求各级河长定期对所管理的河道进行巡查，特别是镇（街）、村（居）级别的河长巡查河道的频数要高于省、市、区级的河长，并且将河道的情况记录下来或者通过特定的系统上传到数据库中。但是不得不考虑的是我们当前的河长多是各级党政领导班子兼任的，其作为非专业人员，对于水质是否合格只能通过眼观、鼻闻等方式进行检查，同时也缺乏高科技手段来动态监测水质变化。在实际的河道巡查中，河长更多的是偏向于完成上级安排的巡查指标，出现每月巡查河道多少米或者多少次的“运动式打卡”。[①]

阵风式整治、关停企业也不是一项长久之计，对村集体的经济发展造成了不小的打击，不少人认为：“一刀切，什么都关停，还要求企业理解与配合。政府在治理中并没有考虑到后果，包括企业的个人损失和村社的损失，没人解决后续补偿问题。”水环境治理是一项长期的系统工程，不能单靠某一层级、某一部门一蹴而就。比如白云区 RH 镇相关人员反映：“市政主干道污水管网是市做，区的是区做，镇的是镇做，大量的截污管，不同标准与主体，应该如何对接?”污水管网需要市、区、镇的相互协调与配合，共同设计与衔接截污管道，但目前由于历史欠账太多，已经滞后于发展需要，靠运动式修补似乎无法解决根本问题，截污的长效还要看系统的规划与统一。

（3）政府独担还是社会共治？从管理到治理，从一元到多元，是目前政府治理转型的重要方向，然而从河长制的设置及运作来看，政府主导型的单边治理模式依旧存在不少问题。河长制不仅在协同内部部门间的条块问题上困难重重，在社会动员与公私合作方面似乎也难有计策，尤其是深入基层村集体一线时，由于河长制动了既得利益群体的奶酪，在动员村集体和村民配合方面也困难重重。一方面对村集体的管辖权（干预权）没有镇街居委会层面大；另一方面难以用行政约束机制去管控和问责非官员身份的村级干部。在传统管理独当一面的惯常思维与社会共治的现实需求的博弈与逼迫下，河长办官员不得不想尽办法推行河长制。

为更好地履职与推动河长制的运行，在市河长办人员的带领下，课题组到各区开展了

① 2017 年 1 月 1 日至 8 月 1 日期间（共 213 天），有河长共巡河 210 次，其中仅 47 次为有效巡河，有效巡河率仅为 22.38%。

治水情况的座谈会，了解基层治水的难题与困局。座谈会期间，市河长办的有关官员指出：“河长制归根结底还是对官员体制的人有效用，但面对大部分村(居)级河长为非官员体制或半官员体制，处罚与问责措施作用就变得很有限，阻力与怨气也比较大。”为解决难以推动的难题，L 区河长办的官员介绍自己的经验说：“可以尝试从资产审批前端倒逼村集体与村民配合整治行动，比如通过三资平台的交易审批权来禁止或暂停与河长制理念相悖的交易项目。”在座谈会上，L 区的同志自豪地介绍道：“通过将河长制的相关指标和要求直接贯穿到三资平台交易的条件中，制定在三资平台进行交易需配合的治水要求，配合完成整治任务的村社项目才准许交易，若不达标则暂停三资平台交易，目前从试行情况来看效果不错。”

然而，当被市河长办官员问及是否能向各区推广时，却遭到了一众人的质疑。H 区主管三资平台的负责人质疑说：“我们要了解一下三资平台是干什么的，职能是什么。成立这个平台是为了监管村社资产交易流程，让其交易和程序合理合法，而并不是其他。另外，这是一个公益类事业，也只是一个平台，主要是做服务的，只要合乎交易程序，是没有权力因其他原因去卡人家的经济活动的。”事实上，村集体作为基层自治单位，村集体的经济长期有其运行的方式，而作为民选村干部，也确实需要为村集体争取最大的效益。H 区负责法治办的官员则指出：“此举没有合法性，如果真要推行三资平台与治水任务相挂钩，则需要在政策上从上至下先给个依据，再将相关的依据与要求列入三资平台交易管理办法的修改议程中，待修订通过后才能进行这种挂钩。”

在多个区的座谈会上，各区河长办的官员们和基层镇(街)、村(居)负责人都讨论与细陈了河长制目前运行的难点与困局，认为这种政府部门独扛、强压基层治理的方式有许多不妥之处，向下推进工作时困难重重，症结还是在动员社会力量方面的欠缺。“有些部门在环境信息的公开方面比较保守，例如黑臭河涌的水质监测数据、违法排污量等，认为社会大众不懂，索性就不公开，造成公众无知情权，便失了参与积极性。”有街道的负责同志反映道。H 区河长办的同志则认为：“目前政府治水经费主要来自财政拨款，每个层级的河长办应该是没有专门经费的，市区两级落实河长制经费 2000 元，只是一些办公经费而已，其他的都是需要区里自己来出的。没有来自企业或是社会的资金支持，每个层级的河长办既没有正式的人员编制，也没有专门的经费，因此也很难挪出经费来进行社会宣传与组织动员活动。”L 区部分街道、居委会和村社的干部代表畅所欲言，有人认为：“关于企业与河长之间的关系，很多人还存在着认识误区，政府未对企业放开门槛，限制了市场力量的参与。可能很多人都认为企业和河长是管理和被管理的关系，这是错误的。有社会责任的企业，同样也要做好治水工作，符合环保的要求。如果从这点讲，企业和河长的目标是一致的。大家都是治水的参与者，不能说是管理和被管理的关系。但是现在倡导企业参与治水的呼声还没有，仅仅只是让企业对自己产生的污水负责。”S 镇镇长直言：“村(居)河长守土有责，但治水关系所有人的子孙后代，更是人人有责。我们区这边还需要发动人大代表、政协委员、老党员们的力量，单靠政府部门的强力推动会有很多困难，还是需要发动全民治水。有车陂涌等案例，已经在利用龙舟文化、社会环保组织、居民志愿者、河长进校园等多种形式，进行全民治水的宣传与动员，媒体报道多次，可以因地制宜去效仿。”也有人认为：“发动民间河长需要靠宣传动员，也要有奖励，没有奖励就没有动力，这也是动员社会力量要考虑的方面。”基层干部一致认为，治水还真不能用传统的行政高压，不能一味靠将治理压力转嫁到基层一线，更不能掐着基层经济命脉来整治，如不慎重，还可能造成民怨。

三、结束语

河长制作为破解我国当前水环境治理创新难题的一把“金钥匙”，其治水成效不可否认。但其作为一种未经过充分理论论证与实践检验的新生制度，在水环境治理过程中也由于自身的不完善而陷入内生困境。本案例小组通过对 S 市河长制的实施情况进行调研分析，发现其在人治与法治、治理的长效机制、河长的考核机制、部门协同与公私合作等方面还存在困境。直面治水困局后反思，推动流域治理的创新变革，我们不能一味注重短期成效，还要认清水环境治理的长期性和复杂性，需要常规化、制度化的管理，绝非一朝一夕可以改变，只有从根本上完善管理制度，建立常态化机制，动员全社会力量，才能打好水环境治理的攻坚战、持久战，才能还人们“绿水青山”。

第二节 案例问题

（1）河长制在基层运行面临着哪些困境？原因是什么？

（2）河长制是否从根本上打破了“九龙治水”的局面？

（3）河长制是流域治理的权宜之计还是长效机制？

（4）走出治水困局，路在何方？

第三节 案例解答

“河长制案例比赛决赛展示”微视频

一、河长制在基层运行面临的困境及原因

S 镇河长的一天给我们呈现了基层河长的工作现状，同时也普遍呈现出基层河长日常履职中的困境。从河长制案例中“治官还是治水”的部分我们可以看出，基层河长的履职积极性普遍不高，主要有以下五个方面的原因。

1. 河长本身的角色冲突、权责不一

各级大小“河长”非专职全职角色，而是由各级主要领导兼职，这与其原职能部门的领导角色势必存在时间、权责与内容等方面的冲突。各级条块划分存在不同标准，致使河长的权责不匹配。一是既在纵向上分级设置河长办，又在横向上设立流域管理，形成一定的条块交叉。二是仍然延续了政府“放管服”模式，将治理任务与责任层层下压，造成基层任务重、责任大，却没有实际的治理权力与能力，导致问题积压，陷入难以解决的困局。河长

的职责在于发现问题与上报。图 6-8、图 6-9 显示，63%的镇(街)级河长与 62%的村(居)级河长认为“权责不一致，责大权小”。

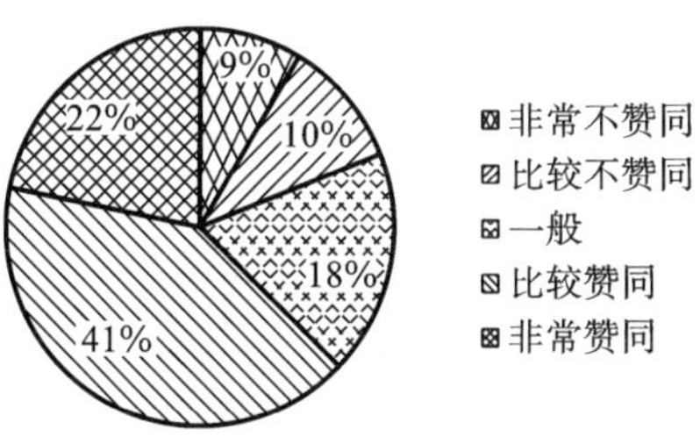

图 6-8　镇(街)级河长对“权责不一致，责大权小”的看法(*N*=643)

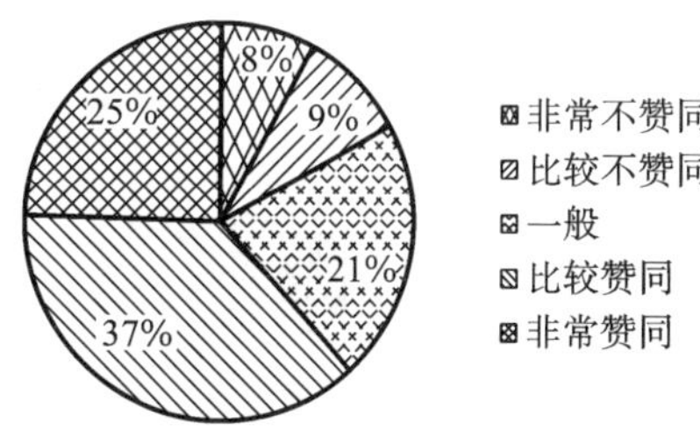

图 6-9　村(居)级河长对“权责不一致，责大权小”的看法(*N*=1472)

2. 工作负荷大，考核不合理

工作负荷大：一是巡查的时间、地点要求严苛，与基层工作时间的冲突明显，基层河长工作负荷大；二是巡河 App 对巡河时间、地点和路线的要求过于刻板。考核不合理：一是市里下达指标一刀切，超过一半的镇(街)级河长(见图 6-10)以及接近一半的村(居)级河长(见图 6-11)认为市里面下达指标一刀切，完成任务难度大，[①]81.65%的镇(街)级河长(见图 6-10)与 70.80%的村(居)级河长(见图 6-11)认为历史欠账多(整体规划不足、官网建设落后、未达到雨污分流等)，影响了治水工作；二是触及基层利益问题，基层阻力很大，超过三分之一的镇(街)级以及村(居)级河长认为河长是一个得罪人的职位，需要协调的利益主体多，关系复杂，难以完成考核目标；三是由于基层河长治理能力与责任边界的无限性，令基层河长面临上报与瞒报的两难选择(上报，问题无法解决，完成不了考核指标；瞒报，一经发现，要被问责处理)。[②]考核机制的不合理压力，导致村(居)级河长机会主义行为环生，如巡河不积极，App 上报问题不积极[③]，巡查避重就轻，对“老大难”问题虚报瞒报等。

3. 上级的问责压力大，缺乏激励机制

河长制现有的考核机制主要是自上而下的内部考核，局限于行政系统内部，缺乏公开透明的监督机制，更未引入第三方独立评价。问责力度大，问责形式多是目前河长制问责的特点，稍有不慎即被通报批评，影响工资与升迁。“有责无权”的尴尬，使得基层河长变成“光杆司令”，让责任制的落实程度大打折扣。45.31%的村(居)级河长表示河长工作是吃力不讨好的工作，且问责压力较大。而考核的正向激励缺失，造成基层河长的积极性不足。在河长制官方文件和调查中发现，考核与问责等约束机制已成体系，而正面激励机制却没有凸显，河长面临着“重问责，轻激励”的奖惩机制。由图 6-12、图 6-13 可以看出，73.25%的镇(街)级河长与 66.80%的村(居)级河长认为未落实激励机制，影响了工作积极性。

① “不赞同”包括“非常不赞同”和“比较不赞同”，“赞同”包括“比较赞同”和“非常赞同”，下同。

② 2018 年上半年，市河长办监督问责组对 70 名(包括局级干部 1 人、处级干部 34 人、科级干部 15 人、村(居)级干部 14 人、其他 6 人)在水环境治理中不履行或不正确履行职责的工作人员做出了问责处理。问责的方式包括诫勉(9 人)、责令书面检查(10 人)、通报批评(9 人)、约谈(42 人)。

③ 2018 年上半年，全市区级河长 275 人，巡河 3544 次，人均每两个月巡河 4.3 次，巡河不符合要求比例为 3.27%；全市镇(街)级河长 1019 人，巡河 45435 次，人均每周巡河 1.71 次，巡河不符合要求比例为 11.85%；全市村(居)级河长 1723 人，巡河 325045 次，人均每日巡河 1.04 次，巡河不符合要求比例为 18.03%。

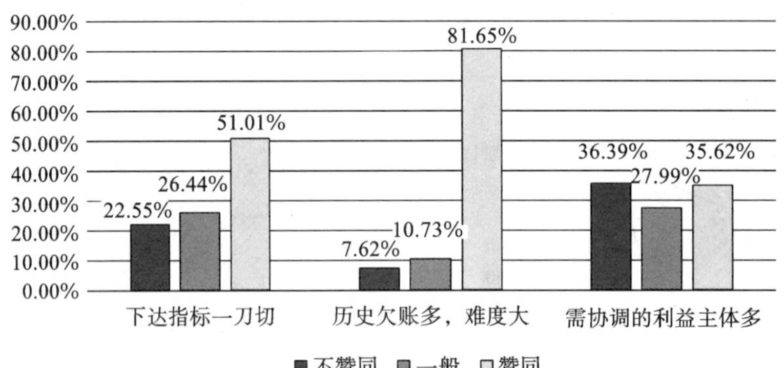

图 6-10　镇(街)级河长对考核相关问题的看法(N=643)

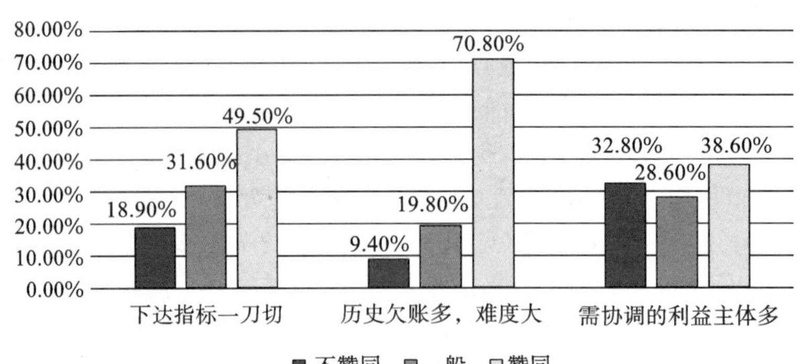

图 6-11　村(居)级河长对考核相关问题的看法(N=1472)

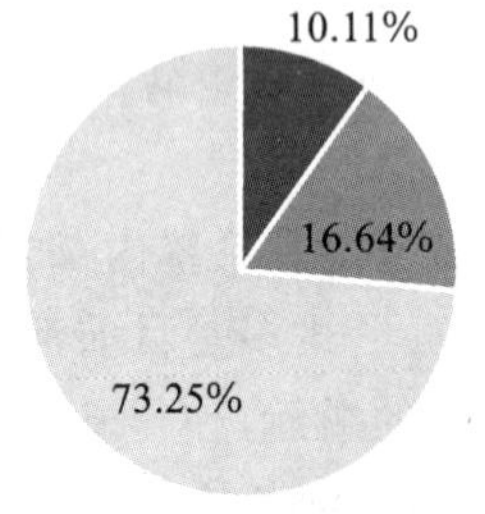

图 6-12　镇(街)级河长关于"未落实激励机制"的看法(N=643)

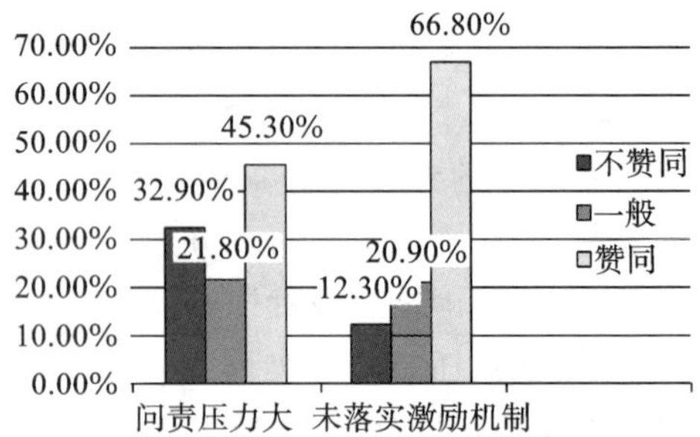

图 6-13　村(居)级河长关于"问责压力大"及"未落实激励机制"的看法(N=1472)

4. 管理体制的冲突

首先，流域划分管理与属地管理制之间存在冲突。根据相关法律法规，我国现行的水治理主要遵循属地管理的原则，如《水污染防治法》第九条规定：县级以上人民政府环境保护主管部门对水污染防治实施统一监督管理。《水法》第十三条规定：县级以上地方人民政府有关部门按照职责分工，负责本行政区域内水资源开发、利用、节约和保护的有关工作。这一属地管理原则的核心是强化地区政府的管制责任，主要以政府为主体进行水环境治理。然而，河流特别是大的流域，流经的区域众多，流域管理机构就会存在局限性，由此会产生不同行政区划之间的条块分割，导致在流域管理中重区域管理、轻流域管理，重地方利益、轻流域生态环境保护。其次，村（居）级河长制的设置与乡村治理体制之间存在冲突。乡村治理强调村民自治，重在引导村民进行自我管理与自我服务，村委会主任也多由村民选举产生。然而将村委会主任设为河长，对其上级机关负责，则是把村委会主任纳入行政体制内进行管理，也对上级河长办带来管理压力。

5. 镇（街）对于村（居）级河长管理不力，约束力不足

村（居）级河长多由村委会主任担任，而村委会主任又由村民选举产生，不属于行政体制内，因此出台的河长制水环境责任追究制对于这种非官员或是半官员体制的人没有较大的威慑力；再加上有些村委会主任甚至都不是党员，也就无法通过党规党纪向其施压，因此镇（街）对于村（居）级河长是否积极履职还没有很好的约束措施。上级部门把责权下压给镇（街），而镇（街）却无力推动村（居）级工作，形成“两头轻、中间重”的局面。调研中，39％的镇（街）级河长认为由于村（居）级河长不是公职人员，因此难以有效推动村（居）工作（见图 6-14）。

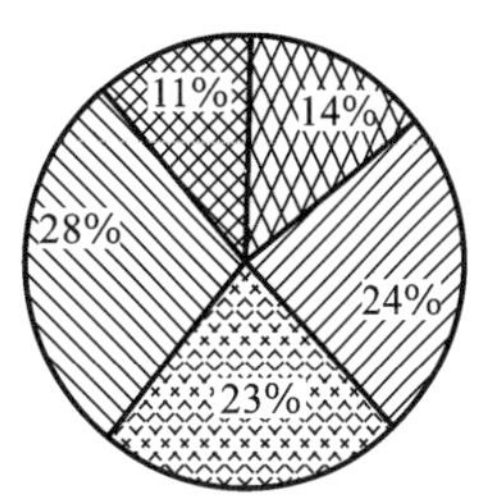

图 6-14　镇（街）级河长关于“难以有效推动村居工作”的看法（$N=643$）

河长制，治官还是治水？长期以经济为中心的发展，使资源过度使用而缺乏保护，河涌也难逃“公地悲剧”的厄运。水环境污染已成为危及子孙后代的严峻问题，从上述案例中可以看出，实施河长制本意是探索水环境治理的有效途径，其落脚点应该是聚焦如何治水与治水成效。然而，作为制度创新的河长制，在推动治水的过程中，却遭遇部门协同的合作困境。[①] 加上权责划分的不清晰，与传统条块功能的冲突等，使河长制更多地聚焦于内部协调机制、问责等官僚制管理的环节。在实施过程中，一是倚重长官意志和个人威信缺乏合法稳定的权威资源及长效机制的保障，官员精力有限，流域治理只是众多责任中的一项，兼职注定不可能全力以赴，河长办所能发挥的统筹协调作用受到局限；二是河长制 App 的功能设计只注重任务指标数据的监测，只看短期成效，对水质问题的监控与跟踪难以呈现；三是基层河长的职责与作用只是发现问题与上报问题，并不是通过抓河长的履职情况和问责就能解决问题。

二、河长制是否从根本上打破了“九龙治水”的局面

从“立行立改整治黑臭水体”的全市联席会议的案例可知，河长制通过“职位权威”与“组织权威”的叠加，在一定程度上解决了跨域河流治理中的“权威缺失”问题，提高了跨域河流治理中的整合力和执行力。然而在具体的实施过程中，却存在许多协同治理的困境。

1. 河长办机构设置的合法性与权威性依据不足，人员编制不稳定

河长制是地方政府为了应对大规模爆发的水污染问题而采取的应急措施，与政府其他的紧急任务、重大工程、重大项目习惯成立各种名目繁多的“办公室”“领导小组”“指挥部”

① 马伊里.合作困境的组织社会学分析[M].上海：上海人民出版社，2008：53.

一样，河长制的推行也并未摆脱这一窠臼。[①]

第一，河长办的机构设置与职权配置的合法性依据不足。从S市河长办设立的依据来看，目前仅有中共S市委办公厅、S市人民政府办公厅《关于成立S市全面推行河长制工作领导小组的通知》，河长办的设置既无法律的授权，也无“三定”方案明确其职能，而仅是通过市委市政府的红头文件来规定。此外，文件对于河长办的职责分工规定得非常含糊，河长办在实践中更多扮演资料收集汇总、上传下达以及信息通报等角色，离权威性的综合协调机构的设立初衷有比较大的距离。

第二，倚重长官意志和个人威信，缺乏合法稳定的权威资源及长效机制的保障，加之官员精力有限，流域治理只是众多责任中的一项，兼职注定不可能全力以赴，河长办所能发挥的统筹协调作用受限。

第三，由于河长办的临时属性，没有专门的编制人员，从各部门临时抽调人员组成队伍时并未考虑专业分工、个人意愿、职责匹配等问题。被抽调过来的人员，有些除在河长办兼职之外，还要适当处理原单位工作任务，难免有怨言。73.41%的镇(街)级河长(见图6-15)与59.30%的村(居)级河长(见图6-16)表示河长办无专门编制，人员流动性强，专业性不足。

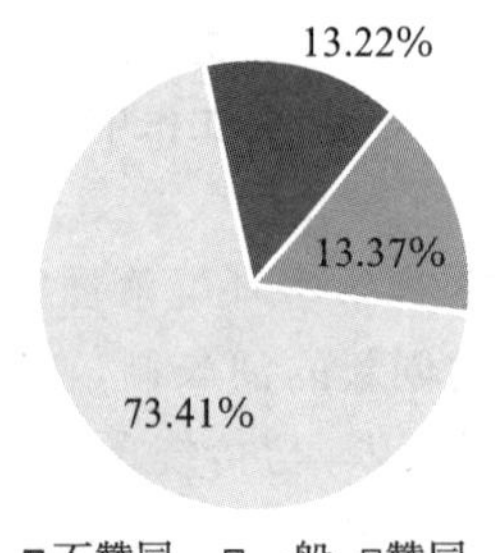

图6-15　镇(街)级河长关于“河长办人员专业性不足”的看法(N=643)

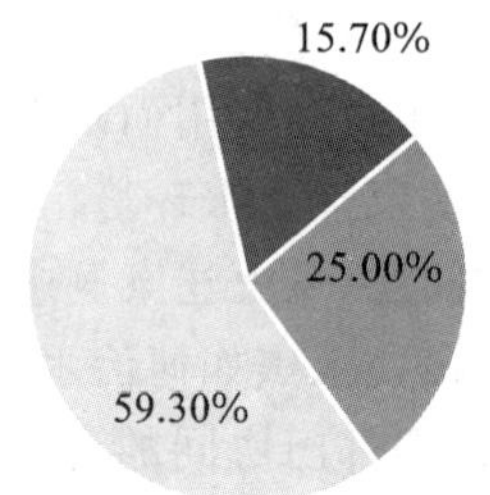

图6-16　村(居)级河长关于“河长办人员专业性不足”的看法(N=1472)

2.“河长办”与“九龙单位”之间的条块划分不清晰，角色难以定位

从纵向上看，河长制治理按照流域进行划分，依托常规科层组织体系建立了省、市、县、乡、村五级河长责任网络。如案例中S市的四级河长责任网络主要依托珠江S市河段、流溪河、白坭河等主要河道建立起来，河道流经的各区、镇(街)、村(居)的党政主要领导担任同级河长，具有典型的分段管理特征。从横向上看，河长制通过成立领导小组(即S市全面推行河长制工作领导小组)的方式把所有跟治水有关的职能部门力量都整合进来。这一制度设计的初衷是通过河长制解决跨域河流治理中的“权威缺失”问题，打破常规科层组织分工，促进跨层级、跨部门的协同治理。但由此也对原来的组织体系造成一定的冲击，河长制形成的新流域治理格局与原有的流域管理体制之间的关系，各河长与流域管理机构之间的关系，以及上下级河长之间的责权关系等一系列问题都随之产生。

“河长办”与“九龙单位”之间的条块分割问题也在实践中凸显出来。一方面，作为全面推行河长制工作领导小组常驻办公室的河长办挂驻在水务局，而水务局与其他治水相关职

① 王勇.水环境治理“河长制”的悖论及其化解[J].西部法学评论，2015(3):1-9.

能部门本来就是平级部门，不可避免地遭到有意或无意的消极抵制；另一方面，各部门虽然都被纳入了全面推行河长制工作领导小组成员单位，但都是通过临时抽调人员的方式参与到河长制工作中。这类协同网络属于典型的弱关系，协同效果不尽如人意，成员之间也往往容易从部门本位出发，各自为政，画地为牢。

3. 在部门本位主义与机会主义下，协同治理成效堪忧

在传统职能的条块分割下，各部门长期在各自的“领地”分而治之，所形成的管理理念、方式方法、价值意义等已根深蒂固，在行为上也必然几近僵化。各部门迫于问责压力配合行动，却也因怕受牵连依旧各行其是，只挑对自己有利的问题管，因此涉及多部门的大事、难题依旧饱受推诿与拖延。一是流域统筹治理的新命题对传统的专业化分工提出了新挑战。虽打破了原有的条块管辖，以河长办的组织架构重新统筹了职能范围与责任归属，但问责压力依旧悬于部门领导头顶，各部门依旧急于划清界限。二是法律制度和体制机制存在漏洞，缺乏对部门的责任处罚机制与约束，因此各部门更热衷于争利避责的投机行为，流域治理概念的解释、流域面积的划分、具体的管辖事项等均无详细规则。三是各部门专业背景与协同治水规则意义建构的矛盾。水环境治理须实现全面协同，但内部成员之间迥异的专业背景与分工，使其在协同治理的推进阶段摩擦不断。尽管河长制试图解决“环保不下水，水利不上岸”的局面，但每个部门摆脱不了自己的一套治理风格，更不可能舍弃各自的专业所长、行动规则和价值意义。因此，哪怕拧成了一条龙，也存在各自唱戏的现象。各部门之间存在着较大的数据信息差异，并呈现出不愿采纳或使用其他部门的数据和意见的情况，河长制的协同治理与不同部门的专业背景之间俨然成为不可调和的矛盾。图 6-17、图 6-18 显示，接近三分之二的基层河长表示“需协调的部门多，耗时较长”，超过一半的基层河长认为治水各成员单位权责边界不清，治理效率低下，以及信息共享机制不成熟，各成员单位数据依据不同。

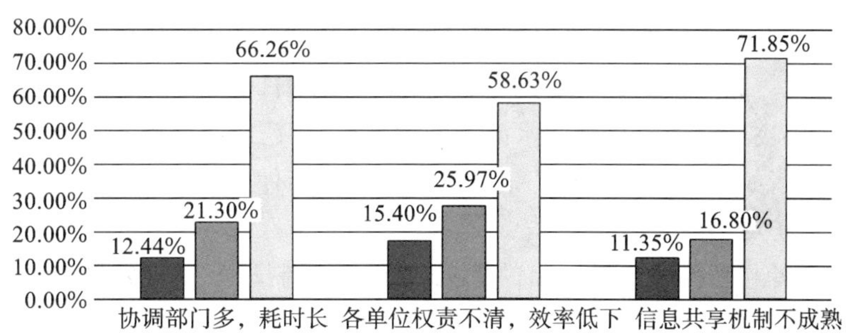

图 6-17　镇（街）级河长关于部门协同的看法（$N=643$）

三、河长制：是权宜之计还是长效机制

水环境治理原本是一项系统性工程，但过去长期是由环保、水利、住建、农业、林业、交通、渔业、海洋等多部门共同承担和管理，因此，我国水环境治理一直处于“九龙治水”的碎片化治理局面，从政策制定到水体划分，从专业分工再到权威分级，均呈现出异彩纷呈的景

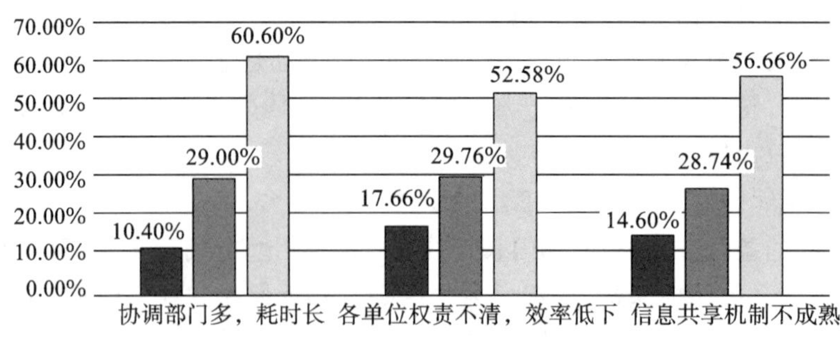

图 6-18　村(居)级河长关于部门协同的看法(N=1472)

象。水环境治理工作中权责不清、推诿塞责、监管缺位等问题时常出现。然而,“白云区RH镇草菇种植的兴与废”与“三资平台治水”的案例中折射出的是河长制在基层对经济与民生造成影响的问题,更是对“河长制”权威性与合法性的拷问。河长制到底是应付政治目标的权宜之计,还是长效的制度设计,仍值得探究。

1. 围绕法治与人治的思辨

河长制依靠行政力推动的流域治理行动,在局部水体环境改善方面取得了一定的成效,实现了水环境治理的统筹协调,体现了协同治理的设计理念,能缓解“九龙治水”的乱象。一是由各级一把手亲自兼任总河长的强行政模式,通过领导责任包干解决行动激励问题;二是“一票否决”的绩效考核机制,实现分流域分段分责任考核,确保从上到下一致重视。由此,河长制下的水环境治理效率极高,短时间内确实可见成效。

河长制不断被人诟病烙下了“人治”印记的原因,一方面是长期的行政高压使得基层治理人员苦不堪言,各级领导干部也为此不断耗费大量的行政资源;另一方面是基于一票否决的考核机制,管理者为保职位,往往不论实际影响实行一刀切,使得关系民生的经济、生产、生活受到影响。如S市BY区RH镇的草菇产业,RH镇有农业部门的技术指导与补贴。但自2014年被认定种植草菇对水源有所污染后,草菇产业被整治甚至勒令全部关停,引发村民不满。诸如此类的还有RH镇养鸽产业关停事件、JG镇J村拆违事件等,均引发小范围的群众上访与不满。

正如诸多学者与新闻评论所指出的意见一致,河长制过分依赖领导个人意志与威信,强行政短时间的高压治理,其过程本身就有着“人治”的烙印,将水环境的治理成效寄托于河长的重视程度、其拥有的行政资源及后续的监督问责力度,只看水的情况而忽视了其他相关的问题。肖显静(2009)认为,依靠河长个人的强有力的行政操作,也许能够在短期内带来暂时的效益,但这是一种长官意志与强权政治的体现,更多的是应急之举,存在着许多隐患。现代治理需要依靠优越的制度设计与优良的法律保障,而非只顾眼前成效的长官意志。而治水绩效也并不能代表社会治理绩效,加之冰冻三尺非一日之寒,水污染是长期追求经济发展的后遗症,本非一朝一夕即可扭转局面,因此,在推进水环境治理制度化和法制化时,切莫急于求成,将法治推向“人治”。

2. 运动式治理与长效机制的冲突

河长制源于政府应对大规模爆发的水污染问题而采取的应急措施,河长办实质上与紧急任务、重点工程等的“办公室”“领导小组”类似，S市为治理水环境污染，迅速划分4个层级，设立了河长办，负责统筹协调水环境治理的部门。从种种迹象看来，河长制具有“运动式”治理的特点：一是人员兼职不费编制，基本不增加办公经费，最大限度地节约了行政成本；二是高度集权的政治结构；三是没有完整的岗位说明与入职培训、在岗学习与培训等。在前述中已对河长兼职不兼薪的特点作过介绍，而在调研JH街基层河长办时了解到，许多基层一线的河长并未接受过专业的培训，更无与水环境治理相关的专业知识与技术背景；部分参加过临时性培训的河长则认为培训的内容只不过是日常工作与信息报送流程类的讲解，也与水环境治理无关。类似的内容在J镇等其他镇街也有反馈。具备这类特征的、有短平快效果的治理与运动式治理相契合。

3. 部门协同与社会动员的不足

西方学者詹姆斯·罗西瑙、埃莉诺·奥斯特罗姆以及中国学者俞可平等都曾对协同治理、多元治理等治理理论的发展做出过重要贡献，总体上形成了较为一致的理论内涵取向。治理的内涵较多引用的是全球治理委员会的定义：“公共的或私人的个人和机构管理其共同事务的诸多方式之和。它是使冲突性或多样化利益得以调和并采取合作行动的持续性过程；既包括有权强制遵守的正式制度和体制，也包括个人和机构同意或认为符合他们利益的非正式制度安排。”协同治理则要求与他人或他组织合作治理，是两个或两个以上组织基于共同规则一起工作的过程，并能实现共同利益，共享合作成果。河长制以协同治理的理念为蓝本，旨在改善“九龙治水”的乱象，在制度设计上确实为治水工作提供了部门协同治水的基础和平台。然而，在协同过程中，涉及的部门利益与治水公共性的矛盾、互动过程的信息阻碍、部门本位主义与协同目标的相悖、行动与决策的一致性与部门权力的冲突、协同产出与部门绩效的出入等问题，使河长制空有协同治理的制度设计外衣，实际跟协同治理的理念还存在较大差距。

河长制在基层的实践中，不仅呈现了内部条块协同的困难，在公私合作和社会动员方面也存在不足：一是信息公开不全面，传统思维禁锢阻碍了流域治水信息向社会公开；二是经费支持不到位，对内部条块协同的激励与保障尚没有专项资金，更别谈用于社会宣传与动员激励的公私合作经费；三是政策门槛的阻碍，使得民间环保组织、私人企业、社会团体与河涌沿岸居民等难有参与治水的途径。长此以往，让原本人人有责的水环境保护与治理成了政府一家独扛的工作，在政府治理能力存在缺陷的现实面前，是政府独担还是合作共治，是目前完善河长制亟须考虑的重要问题。

水环境治理不是迅速的“手术”可以解决。有学者指出，河长制本身就是应急策略而非长久之计。其原因在于，公共资源是有限的，对一项公共事务投入过多的资源，必然要求减少对其他领域的投入。因此，就目前的河长制实施成效来看，水污染治理是一项需要长期坚持的工作，行政强制式、运动式的治理是无法长期坚持与运作下去的。因此，在河长制的实践与创新方面，我们还应该多关注如何将河长制变为河长治。

四、走出困局：治水路在何方

河长制的广泛推行，反映了我国改善水环境治理的迫切需要，河长制的广泛推行在一定程度上弥补了我国现有水资源管理体系“九龙治水”的不足。然而河长制毕竟是新兴的制度，在实施过程中还存在不少问题，需要在实践中不断总结改进。流域治理何去何从，河长制又路在何方，是值得思考的重要议题。

1. 明确权责边界，法制保障先行

一方面，要实现从多头管水的“部门负责”向“首长负责、部门共治”转变，需要由党政一把手管河湖，部门联防、区域共治。但现行的制度设计仍是以行政授权为主，强调的是“应然”，而要实现“必然”，需进一步从法定授权源头予以解决。

另一方面，还应进一步明确各级河长、河长制办公室、各成员单位的治理权责，减少河长制在法律上的灰色地带和相互推诿问题。在基层实践与制度完善的过程中，首要明确各级河长和河长制办公室的角色定位和职责权限，减少职能部门相互推诿的行为，从法律规定上赋予地方政府及其职能部门相应的权利和手段，才能有效推进环境治理的跨区跨部门协同机制的法定化。

2. 科学决策与系统整治规划长效之道

地方党政主要领导作为流域水污染治理的主要决策者，首先，应当对区域内的河流流域的整体情况有个系统把握，重点熟知本地区的水资源及水环境状况、经济社会发展规划及人民群众对生态资源环境的要求、区域污染及主要污染物构成情况，为系统科学决策提供基础和帮助。其次，决策制定前应广泛听取各区各部门的意见建议，深入细致地开展调查研究，处理好发展与保护、现实与长远、上游与下游、政府与企业、集体与个体的利益关系，从而使决策利益得到最大限度的统一并被基层所接受和落实。最后，应保持决策的持续性和长期性。制定好水污染治理相关决策和规划后，就应形成长效机制长期贯彻执行下去，而不是朝令夕改，运动式治理，或因领导意志的变更而减少或停止，让基层干部无所适从，甚至造成行政资源的重复浪费。

3. 溯源管控与管网分流减轻末端治水压力

通过调研，我们发现S市的污染源主要有工业污染、农业污染和生活污染三大块，而生活污染在其中占了相当大的比重。现有生活污水绝大多数采用直排形式，而解决问题的最好办法就是实施截污纳管，做到雨污分离。城市污水管网建设远远跟不上城市发展的需要，制约了整体的治水成效。众多调研数据显示，生活污水是最大的污染源，短板在于管网建设。

河长制不能只停留在表面，要当作一个长期的历史任务来完成。一方面，要进行溯源控制，对生产生活污水源头进行管理是首当其冲要做的事，而在这方面应兼顾生产企业与人民群众的实际困难。对企业的环保疏导与扶持，对整改搬迁或关停转移等后续的安置问题要予以相应的解决；对群众的宣传教育和意识培养要到位，在呼吁节约用水的同时，多传授节约的妙招与方法，引导和帮助群众养成节约习惯。另一方面，治水中段的官网分流要做好规划与整治，治理要考虑基础设施、经济发展程度和文化的地区性差异，治水差异很大，需实行网格化管理，因地制宜进行截污。重点加强城中村污水处理厂和雨污管网等配套设施的建设，解决雨水污水管网漏接、错接及不到位问题，提高管网覆盖率，真正实现雨污分流。对基础设施较差且城市建设和发展相对不发达的区域，可因地制宜规划建设微型污水处理站等，使当地村(居)实现污水就地收集、就地治污、达标排放。分散的污水处理设施具有占地面积小、设备齐全、造价便宜、建设周期短、能高标准处理生活污水等优势，能满足当地村民的生活污水处理需求，实现良好的社会效益。

最后，要加强江河湖塘等水域的巡查与水质监控的末端治理，如果说前段与中段的治理要靠较高层级的实权部门介入，那么基层河长更能聚焦于治水末端的巡查与日常监测职责，而这种末端的治理应注重发现问题，实时反馈，由职能部门再溯源与介入，形成跨部门协同的合力与良性循环。

4. 流域资源关系千家万户，治水思路需走向多元与创新

要改善流域水环境质量，关键在制度执行不走样、不打折、精准落实。而精准落实的前提是精准施策，水污染治理精准施策还需要完善和健全相关的机制。

首先，要完善河长制考评和奖惩体系。河长制的考评体系包括水污染减排、水环境整治、水资源管理、水功能提升四个方面，正如前面所说，河长制的重点不应放在抓河长落实责任上，而应放在截污、管网等基础设施建设上。

其次，要形成水治理的多元参与机制。NGO（非政府组织）和民间河长在水环境治理中的参与积极性高、有时间有精力且熟悉情况，是联系政府和百姓的桥梁，能较好弥补政府治水能力不足的问题。现阶段治水虽有一定范围的公众参与，但整体参与程度并不高。多元参与还需要有效激励与引导，充分发挥 NGO 和民间河长的作用。治水不能只靠问责，全民的资源就要打人民战争，社会群体多元化，社会力量也就多元化，只有真正调动了人民参与，形成有效的公私合作，政府的治水之路才能顺畅，河长的巡河之路才不会孤单。

再次，要完善河长制信息流转与共享机制。基于互联网＋河长制开发的水体巡查信息报送与投诉的手机 App，应简化巡查与问题报送流程，完善 App 系统及功能，方便各级河长巡查与市民监督，从而提高治水效率。

5. 辅助推进生态修复工程与技术的发展

地方政府可结合实际情况，在完成管网基础设施建设和清淤的基础上，加强生态修复和技术推广，实施生态岸林植造、生态湿地恢复、河道疏浚、水生植物繁殖、坡岸生态修复等系列生态工程，将生态修复与保护紧密结合。例如，可推广利用食藻虫、沉水植物等生物的生命活动，对水中污染物进行转移、转化及降解，实现水体生态修复，解决水体污染和富营养化，抵御外源污染，构建长效自净生态系统，改善水质。南沙区和番禺区可将“海绵城市”“智慧城市”等先进理念和信息技术融入河长制的实施中。越秀、荔湾、天河、海珠等区可以将河水、河道和河长的相关信息数据集中处理，公民可通过手机 App 实时了解河流信息并向河长反映河流问题，从而提高公众参与的积极性和河长制的运行效率。

（执笔人：曾栋，王丽萍，刘泽森，邝丽欣，王思宁，张要要，刘凯华。指导老师：颜海娜）

本章小结

河长制作为水环境治理的制度创新，自 2016 年实施以来，探索出不少水治理的机制与做法，建立起领导干部牵头、层层责任到人的严密管理网络。S 市作为实施河长制较早的城市，河长制的相关制度体制、组织体系、运行机制等已基本建立，正逐步形成河长领治、上下同治、部门联治、全民群治、水陆共治的治水新格局，

成效凸显。但在推行的实际过程中，河长制在基层的运作陷入了许多不同的困境：河长制的目标是治官还是治水，治理主体的有组织无序乱态，权责边界不清，运动治理与长效机制的矛盾，法治与人治争辩，单一治理与多元共治的讨论等。而基层实践的困境也进一步折射出河长制的症结所在，这一协同制度设计是否真正从根本上解决了“九龙治水”的乱象，又是否真正高效顺畅地推动了水污染的治理，不禁让人提出疑问。而如何化解河长制在基层运转的困境，切实有效地聚焦于水环境治理、水生态修复等治水目标，才是完善和评价河长制创新的当务之急。本案例以S市河长制运行的状况为案例蓝本，选取典型案例将困境系统地呈现并进行原因分析，从而走出治水之困，探索从河长制走向河长治的有效路径。

本章测试题

测试题答案

一、名词解释(每小题5分，共20分)

1. 河长制
2. “九龙治水”
3. 协同治理
4. 社会共治

二、简答题(每小题10分，共40分)

1. 简述河长制实施过程中与法治相悖的地方。
2. 简述河长制在基层运行的困境。
3. 简述运动式治理的特点。
4. 简述水环境协同治理的基本要素。

三、论述题(每小题20分，共20分)

阐述如何实现河长制由“九龙治水”向“一龙治水”转变。

四、材料题(每小题10分，共20分)

材料一

自2013年河长制实施以来，浙江省宁波、绍兴、杭州等地，相继建立了河长制现代信息化技术平台。浙江省通过移动互联网、手机端等载体，实现各地河道数字化巡检。然而，因为开发主体及软件模块设置不同，各区域河长制管理系统受限于行政区划的限制，各成一体，没有形成全省统一的信息平台。河流水质数据和水处理进度无法实时进行共享，流域联合治水效果有限。为了有效推进河长制高效实施，消除信息孤岛，确保业务流程统一、数据完整，浙江省组织建立了完善的河长制信息管理系统，并于2017年7月上线运行，系统支持省、市、县三级管理。系统主要包括“五水”共治（治污水、防洪水、排涝水、保供水、抓节水）专题、作战指挥、综合展现、业务受理、数据管理、目标管理、考核管理、综合查询、统计分析、系统管理等功能，面向领导、工作人员、公众等三类用户分别提供电脑、PAD、手机等三种终端访问。河长制信息管理系统将成为河长巡河、公众监督、流域长效管理的利器。

材料二

广东省根据本省的特点，提出省、市、县、镇、村五级河长体系，将河长制体系延伸至村一级，力求解决河湖管护“最后一公里”问题，并实施珠三角和粤东西北地区差别化的发展政策和各有侧重的绩效考核，全面建设珠三角环保生态示范区，整治粤东西北区域的水环境污染。一是针对两个地区的不同特点，提出建立以水环境治理为主的“绿色生态水网”，以及将水污染防治作为基础的“生态水资源保护体系”。珠三角地区9市注重生态优先，实行以水污染防治、水环境治理为主的河长制，加快推动重点流域和城市黑臭水体污染整治，改善水生态环境，同时加快水资源管理、水域岸线管理保护为主的河长制，加快完善防洪减灾体系建设，提升水安全保障能力，同时结合美丽城镇和新农村建设，打造平安生态水系。二是实施“互联网＋河长制”行动计划，运用云计算、大数据、物联网等先进技术，开发建设面向全省五级河长制的信息管理平台，利用卫星通信、遥感、遥测、无人飞机、视频监控等技术手段，对河湖实施全方位的监控管理。同时，应用微信、App等新媒体和移动互联技术，及时向社会发布相关信息，引导公众参与监督管理。目前，广州市、清远市清新区和梅州市蕉岭县等多地已在河长制公示牌增设二维码，通过河道管理二维码、微信公众号等“互联网＋”手段，让公众参与治水管河，成为民间河长。三是建立河长制考核体系和激励问责机制，实施差异化绩效考核。促使河长制的实施效果被纳入当地环境保护考察的指标中。在审核离任领导干部时，必须将生态资产资源作为其考核评价的重要依据，实施生态环境的责任终身追究制。

根据上述材料回答下列问题：

1. 上述材料中，“互联网＋”是如何推动水环境治理创新的？（10分）
2. 结合上述材料及案例，如何优化水环境治理中的技术应用？（10分）

第七章

“一个垃圾桶的独白：哪里才是我的安身之处”案例分析

本章课件

学习目标

1. 了解案例分析背景的编写
2. 了解案例问题解答的过程
3. 掌握案例素材的编写
4. 掌握案例分析方法的运用

第一节 案例陈述

【摘要】垃圾分类管理是解决垃圾围城问题的关键，可以带来显著的社会、经济和生态等效益。国家发改委联合住建部等部门于 2017 年发布了《生活垃圾分类制度实施方案》，这一方案确定了我国生活垃圾分类管理将全面贯彻强制的原则。垃圾桶摆放作为垃圾分类政策执行的前端，是关系垃圾分类政策能否得到有效执行的重要环节。然而，由于垃圾桶具有负外部性等特征，导致垃圾桶摆放过程中产生邻避冲突现象，居民面对着作为生活必需品的垃圾桶，陷入了“需要”还是“不要”的困境；垃圾分类政策的末端执行主体，也面临着科层治理逻辑下的“命令控制”抑或“政社联合行动”的困境，进而使得公众面临着参与困境、认知困境，当地政府也陷入了信任危机，等等。而如何解决垃圾桶邻避冲突，密切联系广大人民群众，才是切实高效推进垃圾分类政策生根发芽的当务之急。本案例以广州市垃圾分类政策推行下小区中的垃圾桶邻避冲突为案例蓝本，选取三个不同类型的典型小区的社区邻避案例，将困境系统呈现并进行分析，从而走出垃圾桶邻避冲突之困，为高效推动垃圾分类政策打下坚实基础。

【关键词】社区邻避　垃圾桶　垃圾分类　公众参与

一、引言

近年来，垃圾分类制度已经在国内部分地市推行，垃圾分类试点工作正在如火如荼地进行。目前，全国46个重点城市垃圾分类试点工作正在进行，各地垃圾分类试点工作，在当地党委政府的有力领导和社会各界群策群力下，积极探索垃圾分类工作长效管理机制，取得了好的成效，积累了丰富的经验。从2019年起，全国地级及以上城市生活垃圾分类工作正式启动。早在2018年7月1日，广州市就正式施行了《广州市生活垃圾分类管理条例》，这是全国第一部有关城市生活垃圾分类的地方性法规。该条例施行以来，广州市垃圾分类工作一直在低调务实地持续开展。2019年7月1日，《上海市生活垃圾管理条例》生效，让上海这座拥有约2000万人口的特大城市进入强制垃圾分类时代。2019年，广州市城市管理和综合执法局发布了《广州市居民家庭生活垃圾分类投放指南》(2019年版)，把生活垃圾分为可回收物、餐厨垃圾、有害垃圾、其他垃圾四大类，并撤销楼层垃圾桶，根据居民生活习惯的规律，在固定时间(一般分别在7点至9点、19点至21点两个时段)，在合适的地点定时设置垃圾分类桶，供居民投放分类好的垃圾，进一步贯彻了“能卖拿去卖、有害单独放、干湿要分开”的原则，为广大市民提供清晰的指引。垃圾分类工作似乎颇有成效，轰轰烈烈的垃圾分类工作也正式拉开帷幕。

二、案例正文

“社区邻避案例展示”
微视频

(一) 案例背景及问题提出

1. 案例背景

社区“麻雀虽小、五脏俱全”，社区是城市治理的基本单位，社区治理也成为城市治理的落脚点和着力点，社区公共设施建设为社区治理的运转和居民日常生活提供了重要保障，而社区基础设施建设是推进老旧社区“微改造”、推进城市社区精细化管理、提升居民幸福感的重要举措，是响应以习近平同志为核心的党中央坚持以人民为中心的发展思想的抓手。然而随着我国社区建设的推进，公众围绕着政府供给的社区设施而展开的争议也日益增加，社区邻避现象时有发生，不但影响了社区基础设施建设的正常推进，更是引起了公众对于公共服务供给的不满。在有关邻避运动的研究中，有的学者认为邻避设施具有负外部性[①②]、公众参与过少往往是导致邻避现象频发的原因[③④]，为有效解决邻避问题，政府需要转变传统的自上而下的决策模式，应该提供中立的协商[⑤⑥]，在邻避设施建设决策阶段纳入

---

① 陶鹏，童星．邻避型群体性事件及其治理[J]．南京社会科学，2010(8)：63-68.

② 管在高．邻避型群体性事件产生的原因及预防对策[J]．管理学刊，2010，23(6)：58-62.

③ 邓可祝．邻避设施选址立法问题研究——以邻避冲突的预防与解决为视角[J]．法治研究，2014(7)：39-48.

④ 汤汇浩．邻避效应：公益性项目的补偿机制与公民参与[J]．中国行政管理，2011(7)：111-114.

⑤ 何艳玲．“邻避冲突”及其解决：基于一次城市集体抗争的分析[J]．公共管理研究，2006(0)：93 103.

⑥ 张向和，彭绪亚．垃圾处理设施的邻避特征及其社会冲突的解决机制[J]．求实，2010(S2)：182-185.

公民参与机制[①②]。然而在现实社区设施建设过程中，尽管推进的项目往往是与居民息息相关的惠民工程，社区居民的参与度也很高，社区邻避现象仍频繁出现。根据《2016 年中国社会群体性事件分析报告》统计，2016 年的很多邻避项目，例如垃圾焚烧场等，都面临着项目信息一公开便会遭到群众抵制的现象。有学者指出，由邻避设施引发的邻避冲突已成为城市地方冲突的某种特定形式。[③]

自改革开放以来，我国经济与社会发展水平明显提高，伴随城市化进程飞速推进，人口从农村大规模迁移至城镇，民众的物质生活水平急剧提升。人口聚集、消费水平提高导致社会消费总量扩大，生活垃圾的产生量增长迅速，垃圾围城问题日益突出。2015 年，全国 246 个大中城市的生活垃圾产生量再创新高，达到 1.86 亿吨。据报道，我国垃圾年产量增速迅猛，平均每年增速可达到 8%～10%，甚至超过国内生产总值的增速。估计有 2/3 的城市被大量垃圾所环绕包围，其中 1/4 的城市垃圾处理场无处可建，垃圾围城正在逐渐成为中国城市发展的梦魇。

习近平总书记在党的十九大报告中，将社会主义现代化奋斗目标拓展为“为把我国建设成为富强民主文明和谐美丽的社会主义现代化强国而奋斗”，同时把“加快生态文明体制改革，建设美丽中国”明确纳入新时代中国特色社会主义建设基本方略。生态文明建设作为“五位一体”总体布局的重要环节，其重要性得到空前重视，环境问题成为社会关注的重要话题。随着中国经济的快速发展和城市化水平的进一步提升，过去较为粗放的经济发展模式带来的城市生活垃圾产量急剧增加，此外，落后的垃圾处置方式更导致垃圾围城。《2017 年全国大、中城市固体废物污染环境防治年报》显示，2016 年全国 214 个大、中城市生活垃圾产生量约 18850 万吨。诸如北京、上海、杭州等经济发达、人口密度高、居民生活水平较高的城市，生活垃圾产生量更是巨大，并且仍然保持着较高的增长速度。受制于土地面积有限、处置成本高昂，这些城市的生活垃圾处置能力无法满足日益增长的处置要求，垃圾围城的隐患更加突出。在落实可持续发展的要求之下，为了城市化进程不受制约，使环境污染得到扼制，如何处置城市生活垃圾成为政府部门的重要议题。2017 年 3 月，由国务院办公厅转发国家发展改革委、住房城乡建设部的《生活垃圾分类制度实施方案》，标志着我国启动大范围的垃圾分类。方案颁布实施以来，垃圾分类已经成为全国大中城市居民生活的“新时尚”。

2019 年 7 月 1 日，上海市实施了《上海市生活垃圾管理条例》，在推进垃圾强制分类的同时，还对垃圾处理各环节开展了执法行动，掀起了一场轰轰烈烈的垃圾分类运动。面对来势汹汹的垃圾分类，最从容不迫、泰然自若的，应属广州市居民了。作为最早实施垃圾分类的城市，广州市多年来一直低调开展垃圾分类推广工作，早在 2018 年 7 月 1 日，广州市就正式施行了《广州市生活垃圾分类管理条例》。这是全国第一部有关城市生活垃圾分类的地方性法规。从全国首批生活垃圾分类试点城市，到全国首批生活垃圾分类示范城市，再到全国率先推广“定时定点”模式，再到开出全国首张垃圾分类个人罚单，可以说广州市的垃圾分类工作一直走在全国前列。《广州市生活垃圾分类管理条例》施行一周年以来的

① 陈澄.邻避现象与解决方法探析[J].淮海工学院学报(社会科学版)，2009，7(S1)：96-98.

② 张乐，童星.“邻避”冲突管理中的决策困境及其解决思路[J].中国行政管理，2014(4)：109-113.

③ 董鸿幼.邻避冲突理论及其对邻避型群体性事件治理的启示[J].上海行政学院学报，2013(2)：21-30.

数据显示，2018年7月至2019年6月，市城管执法部门共检查单位18904次，发出整改通知书2425份，行政处罚205宗，罚款金额8.68万元。继上海施行号称“史上最严垃圾分类管理规定”后，广州市也紧跟上海的步伐加大执行力度，进一步严格落实和推进垃圾分类工作。垃圾分类城市管理和综合执法局相关负责人表示，从2019年7月开始，全市全面启动整体推进城乡生活垃圾强制分类工作。9月19日，广州市在深化全国文明城市创建暨推进生活垃圾分类处理工作大会上提出将加快楼道撤桶和定时定点投放，力争9月底见成效，年底前基本完成。因为定时定点投放在一定程度上会对上班族产生一些不便，不少区域采取了垃圾定时定点投放与误时投放相结合的方法，不仅促进了垃圾分类的快速实施，也大大便利了居民对投放时间的选择。但是定时定点投放与误时投放在进行过程中也导致一些邻避问题(图7-1为邻避冲突示意图)。其中最为显著的问题就是在垃圾投放过程中垃圾桶的摆放位置，本书主要根据垃圾分类过程中由于垃圾桶摆放位置而产生的邻避问题展开研究，分析邻避问题产生的深层次原因，并试图为问题的解决寻找合理的解决办法。

图7-1 邻避冲突示意图

2. 问题的提出

自改革开放以来，伴随城市化进程飞速推进，人口大规模从农村迁移至城镇。人口聚集、消费水平提高导致社会消费总量扩大，生活垃圾的产量增长迅速，垃圾围城问题日益突出。广州市的城市垃圾治理能力明显存在缺口——2019年垃圾产量达到日均2.23万吨，广州市周边的垃圾填埋场早已不堪重负。为此，更加高效地推进垃圾分类管理，是解决垃圾围城问题的关键。

2017年，国家发改委联合住建部等部门发布了《生活垃圾分类制度实施方案》，这一方案确定了我国生活垃圾分类管理将全面贯彻强制原则的趋势。2019年，广州市城市管理和综合执法局发布了《广州市居民家庭生活垃圾分类投放指南》(2019年版)，一场轰轰烈烈的垃圾分类工作在广州市拉开帷幕。垃圾桶摆放作为垃圾分类政策执行的前端，是关系垃圾分类政策能否得到有效执行的重要环节。

然而，在政府如火如荼地推进楼道撤桶、建立定时与误时投放点的行动中，由于垃圾桶具有负外部性等特征，绝大多数居民都不希望把垃圾投放点放在自己家附近，认为把垃圾投放点放在自家楼下不仅会影响自己的生活品质，甚至会损害自己的身体健康，进而导致在垃圾桶摆放过程中产生邻避冲突，这对于垃圾分类政策的落地无疑造成了巨大阻碍。与此同时，值得关注的一个现象是，由垃圾桶摆放所导致的邻避研究内容是小范围的，公众是基于客观事实被动参与的，参与的群体往往只局限于垃圾投放点附近的几栋居民，而小区其余楼栋的居民则对此漠不关心。

经过当地政府和居委会等与反对者进行多次座谈、协商后，垃圾投放点迁移到其他地方才平息了原来的冲突，然而原来对此漠不关心的公众，开始以投诉举报、阻挠施工甚至是将垃圾倒在居委会和物业门口泄愤等方式进行反对，垃圾站桶点建设再度遭到阻碍。是什么原因使得公众不愿意在前期参与到垃圾桶摆放的议题当中，而在后期却频繁参与“阻挠”设施建设？

学界对于公众参与的研究也比较丰富。在规范层面，公众参与的作用和意义是不言而喻的，它不仅有助于减少或消除制度偏见或权力失衡，弥补政府和市场“双重失灵”的缺陷，而且可以培育公众的价值观与主体意识，还能够增强公众对政府的信任，进而维持其合法性。但在实践层面，学界对于公众在公共治理领域的实际参与状况并没有持乐观的态度。按照 Sherry Arnstein(1969)的公民参与阶梯理论，不少学者都认为我国的公众参与总体上还处于“象征性参与”或“有限参与”阶段，无论是在政治参与，还是政府预算公开参与、政府绩效评估参与、基层社会治理参与等领域，都在一定程度上存在外部参与环境不佳、参与主体力量薄弱、参与制度不健全、参与渠道不顺畅、参与广度和深度不足、参与形式大于实效等问题(蔡定剑，2009；李永胜，2014)。那么，在城市社区垃圾分类改革推行中的社区邻避冲突方面，影响公众参与的因素是什么，值得去探讨。

3. *研究方法*

1) 研究工具的选择——案例研究法

本研究采用案例研究法，主要探究垃圾分类背景下，作为政策执行前端的垃圾桶摆放为什么屡屡遭到居民的反对以及垃圾桶邻避冲突背后的逻辑是什么的问题。基于此，本案例研究小组拟通过挖掘垃圾分类背景下广州市不同类型小区之间的多方主体是如何参与到垃圾桶摆放冲突中的案例，尝试找出作为社区邻避冲突的垃圾桶摆放的背后逻辑。其次，案例研究法适合研究正在发生的事件，而本研究主要关注目前全国各地都在大力推行的垃圾分类政策背景下，为响应号召，如何更好推动垃圾分类政策发挥更大的成效。最后，案例研究法由于无法控制研究对象，能客观地呈现事实①，而广州市各种类型小区的居民、街道、居委会以及物业对于作为邻避设施的垃圾桶是如何行动的，我们无法进行控制。

本研究采取了案例研究中多案例比较的研究策略。在理想条件下，多案例比较不仅可以通过逐项复制和差别复制鉴别出原因的影响，还能通过过程分析等实现对结果所出现的原因的把握，属于比较全面的研究策略。② 相较于单案例研究，部分学者认为，从多个案例中推导出的结论往往更具说服力和推广性。在有条件和资源的条件下，应该尽可能选择多案例研究而非单案例研究，以提高内在效度和外在效度。③④ 因此，整个研究就常常被认为更能经得起推敲。另外，多案例研究能够更全面地了解和反映案例的不同方面，它可以指向同一个证据，或者为相互的结论提供支持，从而形成更完整的理论。在垃圾分类背景下，S 市垃圾分类的单元是以小区为基础的，在进行垃圾桶摆放中，有的小区属于商业型住宅小区，其包含了街道、商家、物业、居委会、居民等多方主体；有的属于封闭式住宅小区，涉及的主体较为单一，包括街道、物业、居委会以及居民等；有的属于典型的单位房住宅小区，包含了街道、物业、业委会、居委会、居民等主体(见表 7-1)。简而言之，各类型的小区在进行

---

① 罗伯特·K.殷.案例研究：设计与方法[M].周海涛，史少杰，译.重庆：重庆大学出版社，2004.

② Eisenhardt K M. Better stories and better constructs: the case for rigor and comparative logic[J]. Academy of Management Review, 1991, 16(3).

③ Eisenhardt K M. Better stories and better constructs: the case for rigor and comparative logic[J]. Academy of Management Review, 1991, 16(3).

④ 罗伯特·K.殷.案例研究：设计与方法[M].周海涛，史少杰，译.重庆：重庆大学出版社，2004.

垃圾桶摆放过程中会产生不一样的行为现象。所以本研究采取多案例比较研究方法进行分析，分析不同类型小区的多方主体面对垃圾桶摆放是如何行动的以及其背后的逻辑是什么。

表 7-1　小区类型划分表

序号	小区	小区类型	涉及主体
1	L 小区	商业型住宅小区	街道、商家、物业、居委会、居民等
2	XJ 小区	封闭式住宅小区	街道、物业、居委会、居民等
3	SY 小区	单位房住宅小区	街道、物业、居委会、业委会、居民等

2）资料收集方法

本案例主要采用实证研究方法中的访谈法，具体研究方法主要包括参与式观察法、访谈法和实地考察法。

（1）参与式观察法。课题组一成员自 2019 年 6 月至 9 月在越秀区 HL 街道办进行参与式观察，另外，课题组老师居住在相关小区中，并且全程参与小区争论垃圾桶摆放问题，课题组成员亦加入了垃圾桶放置争端处理微信群，采集了大量图片、视频和关键人物发言，这为本小组提供了较好的佐证材料以及实践参观场域。

（2）访谈法。访谈法是研究者与被调查对象面对面进行直接交谈收集资料的一种方式。本研究的访谈分为两个阶段：第一阶段，对政府部门（如街道办事处、街道城管科、居委会等）行政人员的访谈，了解垃圾分类的相关运行情况以及关于垃圾桶社区邻避冲突的状况；第二阶段，对公众包括业委会、普通公众等进行访谈。图 7-2 为小组成员深入小区了解情况。

图 7-2　小组成员深入小区了解情况

（3）实地考察法。本研究已经在广州市 3 个区 6 个街道 10 余个小区进行实地考察，覆盖商业型住宅小区、封闭式住宅小区、单位房住宅小区。

（二）垃圾桶邻避冲突的困局与表现

1. 商业型住宅小区的垃圾桶之争

广州市 O 街道位于广东省广州市 T 区中西部，街道下辖 22 个社区居委会和 1 个撤村改制公司，全街面积 4.3 平方公里，总人口 177198 人(2010 年)。道路交通四通八达，全街有主干道 10 条。L 小区位于广州市 T 区 O 街道，总建筑面积 102000 平方米，总占地面积 46856 平方米，共计房屋 476 户。与一般商品房社区不同，L 小区尚未建立业主委员会，小区日常事务管理主要由物业公司负责，该物业公司自小区建立后由房地产公司组建，至今为小区服务十余年，长期与小区居委会合作。同时，该小区为典型的商住两用小区，楼上为普通住宅，楼下店铺较多，主要为饮食餐饮类店铺，并开设于小区内。自广州市推行垃圾分类以来，L 小区一直积极配合垃圾分类工作。小区居委会与小区物业为响应上级号召，撤走楼道垃圾桶，并准备在小区设立垃圾定时定点投放点与误时投放点以进一步推进垃圾分类工作。对于小区居民和业主而言，此举不仅响应了垃圾分类的号召，也有利于进一步优化小区周边环境。但由于垃圾站选址不当、后续工作存在一系列问题，最终引发居民不满，加剧邻避冲突。

1) 风波初起：居民求助媒体曝光垃圾桶点

2019 年 10 月 11 日，L 小区 2 号楼李某联系了一家媒体对该小区垃圾站设置进行举报，经调查发现 L 小区的垃圾站位于小区主干道边正南面，居民楼正下方，小区的出入口。由于该小区是商业型住宅小区，大量餐饮店的厨余垃圾被扔入小区垃圾站中，致使小区内臭气熏天，雨天污水横流，蚊虫滋生，老鼠繁殖众多，损害居民健康。而且每天清晨 6 点是垃圾车的收运时间，垃圾车进入小区噪声巨大，严重影响周围居民休息。居民多次向居委会和物业反映以上问题，但是居委会和物业始终没有给出解决问题的方案，居民无法忍受这样的现状，不得已才求助媒体，希望通过媒体的曝光能够给居委会和物业带来一定的压力，进而解决问题。

2) 领导回应：方便全小区投放垃圾

居委会领导接受媒体采访时表示，垃圾点放在全小区中心，就能方便全小区居民投放垃圾。对于商业垃圾的问题，因为餐饮店也交了管理费，所以物业允许垃圾投入小区，他答应居民会及时清理垃圾。关于当前垃圾点是否需要搬离，可以过段时间通过全小区投票来决定。而在垃圾投放时间上，垃圾只能在晚上 6 点到 9 点清倒，其他时间不接收垃圾，特别是餐饮垃圾，会有执法队严格执行，这样就能严格控制垃圾的堆积时间，减少气味。

3) 风波持续：垃圾桶不能只放在我家楼下

对于居委会对记者的回复，居民表示不满。首先，即便是再投票决定垃圾误时投放点的位置，也要考虑到垃圾站在原位置存在了 17 年，这是附近 100 多户居民对整个小区的贡献，所以再次选址的时候，应该考虑到这一点。其次，2 号楼(现在垃圾站所在的楼)李某表示，这不是多数人欺负少数人吗？2 号楼居民作为受垃圾影响的少部分人，相对于不受垃圾站影响的绝大部分人来说，在是否搬走垃圾站的投票中会处于十分不利的地位。2 号楼大部分居民抗议道："垃圾是全小区的垃圾，凭什么总放在我们家楼下。为什么不把误时投放点轮流安排，这样大家才公平。""大不了全小区都不设误时投放点，让原垃圾点变成我们的定时投放点。"

4) 再次回应：居委会让步，撤掉垃圾桶

针对居民的不满，10 月 19 日，在居委会牵头的调节会上，居委会主任传达区委书记的指示：垃圾房要拆，但是误时投放点的设置处需要大家一起讨论。2 号楼居民对此表示出不信任的态度。有其他楼的居民表示现在不管把垃圾点放在哪里，大家都不会同意，还不如就放在现在的2号楼那里。这引起了2号楼代表的集体反对,2号楼李某提出禁止误时投放点出现在小区内。居民为此展开讨论,场面一度陷入混乱,垃圾桶如一只皮球般被各栋居民踢来踢去,谁都不想让垃圾桶放在自己家附近,对于垃圾桶选址莫衷一是。最后调节会草草了之,居民的不满情绪并没有得到疏解。10月21日,为消除居民的不满情绪,居委会通知垃圾站将在10月31日撤掉。

5)争论再起:垃圾桶为什么不放在原来的地方

垃圾站撤掉后的一个星期,路过的居民发现L小区A1楼路边堆满垃圾,居委会主任解释说小区垃圾集中在A1楼路边是为了方便收运垃圾。却引发A1楼居民的愤怒,认为垃圾在A1楼停放久的话,会使A1楼成为变相的垃圾站,居委会是在欺骗A1楼的居民,虽然把原来的垃圾房拆了,但是变相把污染源放这边,并开始把矛头指向2号楼,认为就是他们从中作梗,让垃圾桶搬迁到他们楼下。愤怒之下,A1楼业主把垃圾桶拉到了2号楼楼下。

与A1楼的态度不同,2号楼、4号楼居民在微信群里表示:居民内讧没意义,因为谁都不想把垃圾堆放在自家附近,我们要一致向外,把矛头对准居委会和物业。11月8日,2号楼居民将楼下的垃圾桶放在居委会和物业楼下。

6)战火未熄,垃圾站何去何从

11月8日,居民们扔完垃圾桶后,居委会主任回复说:“以后原垃圾站上午8点到10点会有垃圾集中,其他时间不会有垃圾车。但是这两个小时内,垃圾还是放在原来的位置,其余的时间,垃圾分散到各个定时投放点。”但是2号楼居民坚决不允许垃圾放在自己家楼下,两个小时也不行,“我们确实需要垃圾桶,但是我们就是不允许它放在我们家楼下”。

11月9日,清洁员把管理处和居委会的垃圾全部清走了,垃圾最终还是弄到2号楼下集中。居委会主任说,目前较好的方案是购置垃圾车:垃圾先分散到各家楼下,等垃圾车统一收运,11月中旬就会有垃圾车了,至于垃圾集中点的位置,要等业委会成立后再定。

在商品房社区的日常事务中,垃圾桶作为一类公共卫生设施,尽管在社区日常中,其摆放属于琐碎细微的工作,但由于其特殊的负外部性,在商品房社区这一强调住房财产以及产权利益的情形下,所有居民都将为自身维权而战。由于商品房社区居民间联系较少,居民争取共同利益维护的方式只取决于是否能达成利益共同体;若在同一居民群体中无法达成利益的一致,则可能引发不同群体间的利益冲突乃至相互倾轧,继而加剧垃圾桶的邻避冲突。在案例中也能发现,受限于居民与居委会、居民与物业的沟通缺乏,社区居民往往将二者只看作社区公共服务的供给者,在居委会和物业存在服务质量不相匹配或者存在举措过失的情形下,居民往往会倾向于选择迁怒于二者,认为二者的服务供给不当是导致一系列邻避冲突的根本原因,这使得居委会和物业在邻避冲突过程中反而处于弱势一方,以求通过“改进服务”或者终止、延缓垃圾桶设置的方式来降低邻避冲突的烈度。

由此可看出,在商品房社区中,围绕“利益”,邻避冲突由此产生。在商品房社区,尽管社会关系淡漠,但由于社区事务中一个个为维护自身权益而产生的利益诉求者聚成团体,使得原子化的个体在邻避冲突中由微小走向壮大。不同群体间利益的高度分化,使得邻避冲突成为易燃的火药桶,随时可能因不可调和而爆炸。

2.封闭式住宅小区的垃圾桶之争

XJ花园小区坐落于广州市BY区H街道。XJ花园小区由五个分区组成——中央庭院、雍翠园、A 区、B 区、C 区，小区内有占地面积约 3 万平方米的体育公园，小区配套有体育公园、肉菜市场、小学、幼儿园、银行、超市等，有多路公交车直达小区。整个 XJ 花园小区只有一个业委会，分别由中央庭院、雍翠园、A 区、B 区、C 区的业主代表组成。但是由于小区组成的多样性，各代表仅仅代表本小区的利益，人数少的小区代表少，往往处于劣势，因而其代表性受到质疑。2019 年 6 月，BY 区政府审议通过了《BY 区生活垃圾分类工作方案》，该方案指出，要进一步加大垃圾分类宣传力度，重点加强对实行垃圾分类重要性和必要性、居民分类习惯养成等方面的宣传。2019 年 10 月 8 日，XJ 花园小区管理处发布通知，从 10 月 10 日开始实施全小区垃圾分类工作，清洁工不再上楼收垃圾并撤除在楼道内的垃圾桶，住户需要根据《居民家庭生活垃圾分类类别索引》分类，在 7:00 至 9:00 或者 18:00 至 21:00 时间段，将垃圾拿到定时投放点准确分类投放。在 XJ 花园小区的五个分区中，中央庭院属于较高端小区，位于整个 XJ 花园小区的中心，建有围墙，大概有 200 户业主，业主对生活环境的要求较高，每栋楼的业主都不愿意把垃圾桶摆放在自己的楼门口，由此引发了关于垃圾分类后垃圾桶摆放地点的争论。

1）小范围:我不想开窗就看见垃圾桶

在 XJ 花园小区开始实行垃圾分类后，中央庭院的部分业主就开始讨论垃圾桶的摆放地点。最初，只有少数人针对垃圾桶的摆放地点提出了质疑，并在业主微信群进行讨论，其中受影响最大的、住在低层的业主反应最强烈，他们大多数人表示“不想推开窗户就看见垃圾桶”，并且垃圾的气味会影响日常生活。住在高层的用户则表示不在意垃圾桶摆放的地点。“其实我无所谓啦，因为我住在高层，垃圾桶放在哪里对我影响都不大，但是我也能理解低层住户。”一位住在 15 楼的业主说。因此，在垃圾桶摆放争论前期，只有少部分业主在业主微信群投票选择垃圾桶摆放地点，通过大概 60 户业主的投票，暂时把垃圾桶的摆放地点放在了各栋楼的中心，也就是小花园内，但是由于整个小区面积较小，垃圾桶放在小区中央就会影响相近的四栋楼，这就引起了这四栋楼业主的不满。在社区人地关系紧张的情况下，居民不大愿意将自己的休闲空间让渡给公共空间，用于臭烘烘的垃圾点。此外，还有其他楼栋的业主有在花园散步的习惯，认为小花园是整个小区居民的活动场所，垃圾桶放在小花园中央不仅会影响业主的日常活动，也不利于小区的整体环境。由此，垃圾分类后垃圾桶的摆放地点开始成为业主关注的焦点。

2）大范围:我花那么多钱买的不是垃圾场

之后，越来越多的业主参与到垃圾桶摆放地点的争论中，业主微信群里 200 多户业主针对垃圾桶摆放地点问题展开了激烈讨论，截止到 10 月 26 日，这种争论已经持续了半个多月，但一直没有争论出合理的解决方案。大家散步都要经过小花园中间，与其影响大家，还不如先找个角落暂时安放垃圾桶。之后，垃圾桶摆放地点由小区的中央暂时转移到了小区进门左侧的空地上，立刻遭到了垃圾投放点附近的居民特别是住在低层的居民的强烈抗议，虽然垃圾点到该楼的距离有十余米，但是低楼层业主表示“在家里甚至好像都能闻到垃圾的气味，而且凭什么要我一开窗就看到垃圾桶”。

此外，在业主微信群内，有业主提出了一个新的问题，那就是垃圾分类后的“二次污染”问题，起因是工作人员在垃圾点分拣垃圾时会对垃圾进行破袋，破袋后垃圾及污水就会流得满地都是，且很难清理，这让业主更不愿意让垃圾桶放在自己家附近。业主对此提出了质疑，因为清洁人员的行为对小区的环境造成了不好的影响，推而广之，便产生了对垃圾分类的质疑。有业主认为实行垃圾分类后小区环境并没有得到较好的改善，反而还增加了业主的负担，业主交了远高于普通小区的物业费却没有得到相应的服务，甚至有业主认为该小区应该恢复垃圾分类之前由清洁人员上楼收集垃圾的惯例。

3）回到原点：自己制造的垃圾自己买账

经过半个多月时间的争吵，其中产生了垃圾桶可能会摆放的 N 个地方的方案都被各楼栋的业主一一否决了。就在局面僵持不下的情况下，挨着垃圾桶最近的住户倡议将垃圾桶的摆放点变回垃圾分类前的地点，亦即将垃圾桶放回到各楼栋的楼道处，建议得到了众多业主的同意。一夜之间，所有垃圾桶由集中的垃圾点搬回去了各楼道下面，业主的微信群也归于平静。垃圾分类好像什么都没有发生过，只有几个不同颜色的垃圾桶安静地躺在楼道下面，但也好像发生了很多事情，小区的面貌发生了较大变化。

3. 单位房住宅小区的垃圾桶之争

SY 小区系非封闭式管理小区，建于 1999 年，位于广州市天河龙口西路，多栋楼坐落在马路两边，属于石牌街道辖区，主要作为市直机关单位宿舍楼。SY 小区归广州市人民政府办公厅主管，是典型的单位房住宅小区，人员相对集中，小区规划相对合理。全小区由 9 栋 30 层高的楼宇组成，小区共有约 1800 户业主，其中 4 栋楼宇的住户为公职人员。作为广州市垃圾分类样板小区，SY 小区率先达到了垃圾分类的相关工作要求。每栋楼或者每两栋楼下都配置了 1 个智能定时垃圾投放点，全小区设置 1 个智能误时垃圾投放点，各楼栋楼道垃圾桶也全部撤出。小区里随处可见关于垃圾分类的宣传，连外围的草坪上都插上了关于垃圾分类的标语，居民的垃圾分类意识也较强。此外，每天 7:00 至 9:00 和 19:00 至 21:00，石牌街道组织的垃圾分类志愿者都来到定时投放点前指导居民，定时投放点可以处理全小区 70%～80%的垃圾。而石牌街道也在实践中总结出了“党建引领、居民自治、资源全回收、垃圾专收专运”的宝贵经验，针对工作中发现的难题，摸索出了可供借鉴、值得推广的创新做法。无论是硬件配置，还是软件配套，SY 小区都走在广州市多数小区前面。

1）建设初期：单位制的包容性消弭摩擦

作为公务员聚集的单位房住宅小区，SY 小区的垃圾分类工作受到机关干部的高度重视。市政府副秘书长古石阳曾多次到 SY 小区督导垃圾分类工作，要求政府机关干部积极响应市委市政府的号召，率先垂范，从政府公寓做起，起到良好的带头作用。为推进 SY 小区的垃圾分类工作，石牌街道还专门成立了由街道分类办、居委会和物业公司组成的垃圾分类领导小组。在政治任务的推动下，整体素质较高的“单位人”表示理解并积极响应号召，自觉进行垃圾分类。对于楼道撤桶，楼下多了几个定时投放点，居民并没有表现出太大的异议。即便有，也因为在同质性较高的熟人社区中，居民相互之间通过交流、互动，将不和谐的声音逐渐弱化。由此，在单位制惯习约束、居民整体较高素质和政府强大资源投放力度的共同作用下，SY 小区在垃圾分类、垃圾桶布局重置初期呈现一片祥和。

2）定时垃圾桶不定时：“就因为你们乱扔在我家楼下”

然而，在垃圾分类运行一段时间后，垃圾桶的邻避效应逐渐显现。“为什么要扔在我家楼下？”是在 SY 小区 D 栋住户反对 C 栋住户把垃圾扔到他们楼下的声音。由于 C 栋跟 D 栋挨得比较近，所以两栋楼共享一个定时智能垃圾点。

在建设定时智能垃圾点的时候，D 栋居民对此表示理解与支持，因为他们楼栋下面原先就有一个垃圾点，只不过是将其升级成定时智能垃圾站点。但是，不知道从什么时候起，本该定时出现的定时垃圾点变得不那么定时了，一切皆因部分居民的公德意识不强，看到垃圾点就把垃圾扔到地上，不管有没有垃圾桶，也不管有没有到垃圾投放时间。不仅增加了垃圾量，而且堆积在地上、污水横流的垃圾吸引了虫蚊聚集。D栋居民因此感到不满，"凭什么他们的垃圾要扔在我家楼下?"出于减少垃圾乱扔行为的考虑，定时垃圾点已非"定时"，晚上7点才开始放置的垃圾桶提前两个小时就在原处，让居民愈感不忿："这样不就让垃圾在我们楼下堆放的时间更长了吗?"于是D栋的业主开始建群拉人，壮大自己的声势，向居委会声讨。居委会在无奈之下，组织多方协商无果，最后采取的办法就是在C栋楼下亦增设一个定时投放点。但是垃圾乱扔、定时垃圾点不定时等问题依旧没有得到解决。

3）垃圾站负外部性增强："难以忍受的二次分类"

如果说，垃圾桶是居民不满的导火索，那么垃圾中转站就是邻避运动的爆发点。垃圾分类对于居民的垃圾投放目标就是要"投放精准"，然而当下垃圾分类推行的时间很短，部分居民仍未养成分类习惯，在居民投放环节要实现精准分类比较困难，所以不难见到部分居民混装乱扔的现象。为此，这些投放不精准的垃圾需要靠二次分类来兜底。在SY这一样板小区，二次分类已成常态，各个定时定点投放点距离二次分类收集点普遍超过100米。清洁工在早上6点半开始，就要将垃圾桶从收集点运往分布在小区各处的投放点，9点钟后，再将各个投放点的垃圾桶运回收集点。SY整个小区只有一个误时投放点以及一个垃圾中转站，该站大概能放30个垃圾桶，全小区总共约有80个垃圾桶，垃圾堆放数量巨大。为了方便，清洁工在垃圾站外二次分拣完之后，才将垃圾桶拉进垃圾站里。原先垃圾桶一拉到投放点就运走，但是二次分类让垃圾逗留的时间更长，而且破袋易让气味散发。这引发附近居民不满："为什么让我一出门就闻到这么臭的垃圾桶?"

4）居民是否要为政府规划买单

SY小区建于1999年，虽然至今已有20年的楼龄，但是经过多次社区微改造以及设施升级，在小区规划方面还是较周围小区先进，却依旧面临着规划不科学等质疑。在误时垃圾投放点建设前，有少部分业主是持反对意见的，因此他们通过投诉、新闻媒体曝光等方式向街道反映，但是街道与居委会跟持反对意见的业主谈判时，为了尽快落实垃圾分类政策，没有将小区每日产生垃圾的实际情况、垃圾中转站能存放的量、误时垃圾投放点的运行后果等主动告诉业主，所以业主的反对在得到街道和居委会的误时垃圾投放点建设样板图展示下以及调解后消停了。但是误时垃圾投放点完工并运行一段时间后，居民发现事实不如自己所愿。全部小区的垃圾都被扔到这个误时垃圾投放点中，而且垃圾中转站已经处于饱和状态，清洁工只能在一旁破袋做垃圾分拣工作，堵塞道路，引发恶臭。居民对此表示强烈不满："为什么政府不能提前将误时垃圾投放点设置在离居民区有一定距离的公共区域中呢?"政府没有提前规划好垃圾投放点与居民区的距离，让居民承担环境损失，岂是公平之举?

在单位房住宅小区中的垃圾桶摆放邻避运动可以归纳如下：在单位制惯习约束、居民整体素质较高和政府资源投放力度强大的共同作用下，居民在初期并不反感垃圾桶摆放的现有布局，但是由于垃圾桶这一邻避设施所固有的负外部性和利益分配的不均衡性，再加上物业、居委会并没有及时采取措施消弭矛盾，导致后期产生邻避运动。

卢梭认为：在不同的意志中，哪个更集中，哪个就更活跃，因此公意总是最弱的，个人意志是最强的。[①] 垃圾桶邻避产生的问题无法消弭在共同体意识强烈的单位房住宅小区中，其背后的原因引人深思。

第二节 案例问题

（1）垃圾分类背景下垃圾桶邻避之争的原因是什么？

（2）垃圾桶邻避本质之困："需要"还是"不要"？

（3）垃圾桶邻避的内在逻辑："权力"还是"权利"？

（4）走出垃圾桶邻避之争：路在何方？

第三节 案例解答

一、垃圾桶邻避之争的困境反思

"社区邻避案例大赛现场答辩"微视频

（一）理论基础："期望-手段-效价"理论分析框架

期望理论作为概述动机的一个过程型激励理论，由爱德华·托尔曼开创，心理学家维克多·弗劳尔完善，并于1964年提出，期望理论研究了激励过程的相关变量因素，并具体分析了激励力量的大小与各因素之间的函数关系，解释了为什么个人选择一种行为选项而不是其他行为选项。期望理论指出人们之所以有做某事的动机，是因为他们认为其行为会产生所期望的结果（Redmond，2009）。同时，期望理论提出，工作动机取决于绩效和结果之间的感知关联，而个人根据对预期结果的计算来修改其行为（Chen & Fang，2008）。换句话说，期望理论有助于解释一个人在特定水平上的表现。虽然该理论并不能"包罗万象"，但它为领导者提供了一个基础，并且在此基础上能更好地了解、激励下属（AETC，2008）。

同时，期望理论被归类为动机的过程理论，因为它强调个人对环境的看法以及个人期望所产生的后续相互作用。该理论指出，个人有不同的目标集，如果他们认为努力与绩效之间存在正相关关系，良好的表现将产生理想的奖励，奖励将满足一个重要的需要，满足需求的愿望足够强烈，那么就足以使这种努力变得有价值（L. Vroom，2009），亦即如维克多·弗劳尔所指出的：激励力（MF）＝期望值×工具性×效价。

1. 期望值E-P

努力与绩效之间的关系称为E-P链接（Isaac，2001），期望理论的期望值部分是相信一

① 卢梭.社会契约论[M].李平沤，译.北京：商务印书馆，2018.

个人的努力(E)将实现预期绩效(P)目标(Scholl,2002)。期望值被定为“VIE 理论”(期望理论)的第一个组成部分,说明为了有效地激励一个人,个人需要认识到,他们的个人努力支出将会产生他们可接受的绩效水平。感知的概念在整个理论中非常重要,因为它得出结论,为了让一个人能够被激励去努力完成一项任务,他们只需要相信他们的努力会产生一定的业绩,或者业绩目标是可以实现的。维克多·弗劳尔明确有一些变量会影响个人的期望值,这些变量包括自我效能(一个人相信自己成功执行的能力)、目标难度(目标能实现多少)和控制(这个人是否真正控制了预期的结果)。

2. 工具性 P-O

期望理论方程中的第二个要素是工具性。工具性是认为给定绩效水平与给定结果相关的看法,换句话说,一个人相信给定的产出将促进给定的奖励(结果),亦即一个人只有在相信绩效会产生给定的表达结果时,激励才会达到一定水平,这种关系以 P-O 联系表示(Isaac,2001),期望理论的工具性部分是人们的信念,如果他们能达到绩效预期,他们将获得“巨大的奖励”(Scholl,2002)。期望理论工具性的一个例子是,“如果我完成的工作比其他人多,我会在升职之前得到晋升吗?”。影响工具性的变量是信任(领导者)、控制以及政策(肖尔,2002)。如果某物以其他事物为条件,或被认为直接导致特定结果,则它被视为工具(Redmond,2010)。人们相信的结果可能不是他们的表现所产生的实际结果,但如果人们没有看到他们的绩效水平与可能的结果之间的联系,则他们不太可能被激励(Redmond,2010)。

3. 效价 R

效价是“VIE 理论”(期望理论)的最后组成部分,其特点是一个人对给定结果或奖励的重视程度。但需要注意的是,效价不是个人从结果中获得的实际满意水平,而是个人从特定结果中获得的预期满意度(Redmond,2010)。而效价“值”高低是基于个体差异,因为一个人对预期结果或奖励的价值跟他是什么身份直接相关,包括他们的需求、目标、价值观/偏好,这种主观价值基于个人的看法、态度和信仰,因此个人对结果的价值评估水平被描述为效价(Gerhart,Minkoff,Olsen,1995)。效价可以包括从积极结果到负面结果的范围,消极的结果是一个人认为会导致不满的结果,如果一个人认为它是好的,并且它比预期的其他结果更有价值,就会出现积极的结果。

期望理论在实践中主要被应用于企业、公务员、教育以及公众等方面,如在企业的应用中包括了企业文化认同感、薪酬制度改革、企业人才队伍建设、农民工培训等;在教育行业则包括教师自我身份认同感、青年教师激励、学生就业激励等;在对公众的研究中主要包括志愿服务的激励、消费行为动机、遵守规章制度。这些领域为我们研究城市社区垃圾分类改革推行中社区邻避的公众参与提供了很多有益的借鉴(见图 7-3)。

(二) 公共服务产品(邻避设施)在社区供给中面临的困境与原因

1. 信任困境

1) 政府对居民的不信任:排斥公众参与

政府是邻避设施决策过程中的重要主体,也是期望理论中构成“工具”要素的重要构成主体。在邻避设施决策中,政府的行政理念和行政行为是公众参与邻避冲突过程中的重要

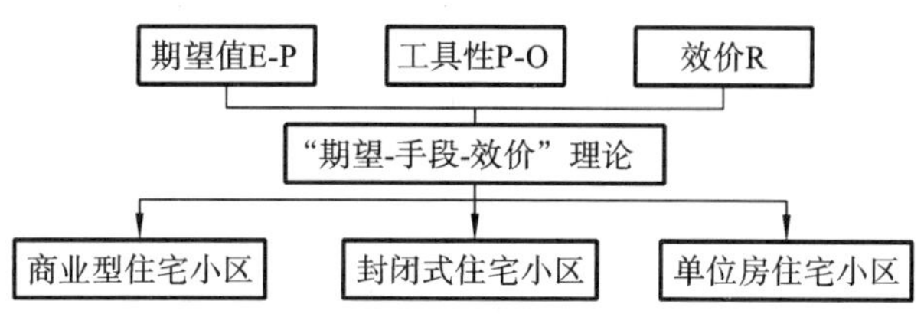

图 7-3 “期望-手段-效价”理论分析框架图

情境因素，然而在实际情况中，基于“大政府，小社会”的社会现实和官方话语体系中对“社会抗争”的污名化认识，政府往往对公众持不信任态度，排斥公众参与，由此对“工具”要素的充分发挥起到消极作用。在环境领域，《中华人民共和国环境保护法》规定，我国公民依法享有获取环境信息、参与和监督环境保护的权利。但在实际情况中，邻避设施的建设信息和环境风险信息主要由政府主导和控制。[①]

目前一些地方政府在主导邻避设施生产中为了降低成本和减少阻力，往往采用封闭式决策模式和单选主义推行模式，在邻避设施选址决策中刻意回避与选址所在地居民的沟通，以致在邻避设施筹建过程中受到阻挠。现有的一些执行方案虽然规定了政府公布的信息所要覆盖的范围等，政府在立项阶段公布或宣传环境信息往往只出现在政府官方网站这样公众不常接触的地方，使得信息变得相对隐蔽，难以在短时间内覆盖大部分选址附近的民众[②]，公众在设施建设初期难以获得真实的价值感知。例如 L 小区垃圾站未按原公示图设置引发居民不满，当邻避冲突不断升级物业和居委会面临强大的压力时才转而放弃强硬的态度开始与反对者进行沟通。但在邻避冲突升级之后，居民的反对情绪已经得到充分动员，同时诉求表达已经从单纯的反对设施本身升级为对邻避设施生产程序的抗拒。此时被动的沟通协商显然无法展现政府应有的诚意，沟通协商的有效性难以保证，导致工具性激励的失效。沟通失效后政府往往迫于维稳压力停建邻避设施，但邻避设施生产中的矛盾冲突并未真正化解，城市发展对邻避设施的需求并未真正得到满足，邻避设施陷入政策滞后的困境。图 7-4 为邻避困境思维导图。

2）居民对政府的不信任：对风险评估方案的怀疑

公众对政府的信任，包括具体和一般两个层面。具体层面就邻避风险来说，包括公众对政府和专家做出的风险评估结论的信任等，一般层面则包括公众对政府行政理念和行政行为的信任。[③] 对于前者，由于环境风险的基本特征是具有科学上的不确定性，这种不确定性是科学技术的客观属性，无法通过主观认识加以克服。对于公众而言，政府和专家的风险评估并不足以带来支持邻避建设开展的工具性激励，这是因为邻避项目的技术信息是否能够充分获得本身存在较大的不确定性，即使获得完全信息，仍存在损害后果的客观不确定性，这也产生居民对政府不信任心理的基础。对于后者，在逐利性背景下，是否能获取更大利益成为某些官员决定邻避设施建不建的重要依据，公共利益价值的偏离极其容易导致行政行为的失范，比如对于是否兴建邻避设施，政府实行单独决策，不遵守相关程序，不公开甚至隐瞒相关重要信息，等等。而凡此种种失范行为，必然引发公众的质疑甚至抗拒。

① 肖悦．浅析邻避设施的环境风险沟通困境[J]．新西部（理论版），2016，(1)：63-65.

② 肖悦．浅析邻避设施的环境风险沟通困境[J]．新西部（理论版），2016，(1)：63 65.

③ 吴家清，刘亚娟．邻避冲突的化解：基于信任的利益平衡[J]．求是学刊，2018，45(6)：87-94.

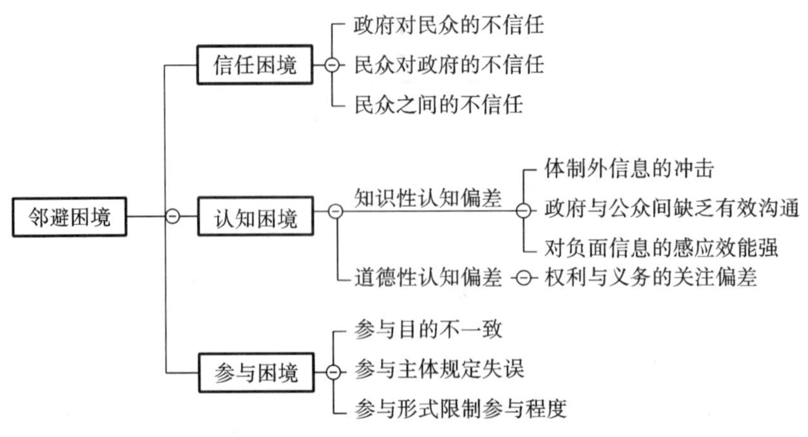

图 7-4 邻避困境思维导图

基于“信任具有易毁难建的不对称法则”，一旦被破坏，再建立就需要付出更大的代价，甚至可能无法再建。[①] 最终使得政府深陷“塔西佗陷阱”，即政府公信力的削弱使得政府无论说的是真话还是假话，公众都倾向于认为政府在撒谎，使得政府对于推动居民参与民主协商的工具性激励失效。由此建立在不信任的基础上，居民往往选择屏蔽或异化政府的信息，为协商推动邻避问题的解决带来阻碍。

3）居民对第三方组织（居委会、物业等）的不信任

政府与第三方组织（居委会、物业等）最大的区别在于，由于第三方组织在介入居民日常物业管理的过程中与居民直接接触且接触频繁，同时在邻避设施推进过程中，尽管常受到行政指令要求推动建设，但第三方组织往往只充当协商和辅助的作用。因此，尽管第三方组织在邻避设施中发挥着推动居民公众参与的工具性作用，但其立场态度常呈中立乃至对居民的邻避抗争表示同情，对居民公众参与的信任程度相比政府而言也更高。尽管第三方组织对居民表示信任，并乐于让居民通过公众参与的方式解决邻避问题，但这一信任并不足以使居民对于第三方组织所展现的工具性期望表示信任。这是由于在当前基层社会治理中，在第三方组织（尤其是居委会等部门）行政化日益严重的大背景下，居民往往容易将第三方组织与政府等同。近年来，各级政府为实现社区基本公共服务的普遍化与高效施行，将大量公共服务供给与公共事务管理职能以委托形式交由社区第三方负责，形成了当今“上面千条线，下面一根针”的基层治理局面。在这一背景下，居民易于把以居委会为代表的一系列第三方组织视为扎根于社区的“小政府”，各项事务都习惯于找居委会“做主”。在这种长期习惯的积淀下，当居民发现自身的邻避期望与居委会受上级委托而建议的指导性政策不符时，则更愿意相信居委会立场倾向于政府，并作为潜在难度目标施以抗争；部分第三方组织长期的不作为、乱作为也会影响其在居民之中的评价，使得居民不愿意将其纳入公众参与范围之内。

4）居民之间的不信任：单一利益体居民与整体利益体居民之间的矛盾

由于邻避设施影响的范围有限，社区居民内部往往会形成两个利益团体——单一利益体居民与整体利益体居民，单一利益体居民关心邻避设施的建设与改址，而利益范围之外

① 保罗·斯洛维奇.风险的感知[M].赵延东，林土垚，冯欣，等，译.北京：北京出版社，2007.

的居民则往往漠不关心。一般情况下，社区利益的整体实现在一定程度上会损害少数人的利益，为了享受权益并防止邻避设施改址殃及自身，多数群体往往默许并促成少数人的牺牲。于是在民主协商、居民投票的社区事务管理机制中，利益受损人群由于其人数少、话语权不大而被“民主”，那么就会对其他居民或居民代表者报以不信任态度。在社区协商场域内，居民间的相互扯皮、责任的推脱使决策无法顺利推进，或者以“回归原点”的结果草草收场（见图 7-5）。

图 7-5　某些公共环境项目往往会陷入“怪圈”

2. 认知偏差困境

1）知识性认知偏差困境

知识性认知偏差是指对自身或客观事物的认识出现偏差，具体到邻避事件而言，主要是公众和政府对邻避设施的风险认识以及对对方的目的、意见和认识出现偏差，而这也直接影响到公众参与中政府与民众的自我效价。产生此类认知偏差的原因如下。

一是体制外信息的传播。政府的公信力低下为体制外的信息传播创造了机会。信息技术突飞猛进的发展使得信息种类和传播渠道多元化，体制内的风险信息权威在民众心目中受到其他多元化的信息来源冲击。不相信政府及其所请专家的民众更倾向于获取体制外的信息，例如网络上的信息，并由此建立起自我效价。当居民意识到自我效价及官方运用工具性激励所展现的效价存在差异时，居民对政府的不信任感使其倾向于反对政府决策。由此不难看出，公众大量获取体制外的信息虽然可以弥补其信息摄取的不足，但各种各样的信息可能会加深公众和政府之间的隔阂。

二是政府缺乏与公众的沟通。邻避设施的选址、改址或停建往往涉及多方多元利益。政府若不能完整、全面地听取各方诉求，就容易做出与公众真正利益相悖，或损害“弱者”利益的决定，由此导致部分公众效价降低，对于此类公众参与协商不抱有希望。建立在意见不对等基础上的协商更易产生新的不平等，这也是部分公众诉诸邻避抗争的重要原因。

三是对负面信息的过分关注。心理学家保罗·斯洛维奇认为：“消极的事件更容易引起人们的关注，并保有更大权重。”[①]从期望理论视角看，消极信息更容易引发公众关注及自我期望，继而激发公众的自我效能和控制。当一些媒体对邻避设施、政府及其所请专家的负面信息不断报道或大肆渲染，抑或是公众亲身了解到越来越多关于邻避设施、政府及其

① 保罗·斯洛维奇.风险的感知[M].赵延东，林土垚，冯欣，等，译.北京：北京出版社，2007.

所请专家的负面信息时，公众更期望于能通过公众自身而非提议建设邻避设施的政府及其所请专家来解决邻避困境，并可能将政府所推崇并主导的理性民主协商排除之外。

2）道德性认知偏差困境：环境权利维护与公民责任外推

邻避运动作为以追求环境权利为主要诉求的社会运动，是地方社区对环境不公平的一种反应和反抗实践，更是个体居民对环境权利及其延伸利益的诉求过程。[①] 但是在权利背后是公众对公民责任的外推。公众需要设施却不同意建在自己附近的共识困境一直困扰着城市建设。对发起和参与邻避运动的社区和个体而言，他们是在反抗不公和追求环境正义；对政府而言，却是当地居民借助环境权利而对公民责任进行有意或无意的掩饰与推辞。基于不同的利益诉求，居民关注环境正义的权利，而政府可能会更加关注公民义务。权利与义务不均等的矛盾集中在邻避设施上，使得邻避问题的推进进入窘境。

3. 参与困境

在邻避设施建设过程中，由于一系列主客观因素，公众在参与民主协商过程中普遍陷入公众参与困境，这具体表现在以下几个方面。

从公众参与目的层面分析，以上案例表现了政府主导社区公共服务的背景下，政府有关部门对公众参与现实目的的理解不足。在案例中，政府最终选择让公众参与民主协商决策的目的，是通过引入公众参与要素，促成邻避设施建设中政府与公众、公众与公众间的利益协商，以此减少邻避设施建设阻力，更好完成市政建设推进任务。然而，公众选择参与邻避设施的民主协商的目的，更多的是为了解决社区生活现实问题、维护自身合法权益。在政府的行为逻辑中，邻避设施建设往往意味着“上级要求”“科学决策”“居民的长远利益”，在政府眼中具有基于科学决策与居民长远利益考虑的“科学正义”，基于国家政策施行、上级行政要求的“政策正义”，对政府而言，公众参与是实现对邻避设施建设公众层面的工具性期望控制。因此，政府对于邻避设施建设中开展公众参与，往往侧重于让公众了解并理解邻避设施，促使公众科学理解邻避设施，意图通过科学话语体系令公众支持邻避设施建设。例如，在现实的公众参与实践中，由居委会主导的社区调解会成为社区开展邻避设施建设公众参与的主要途径，居委会召集居民参与社区调解会，主要进行下列工作：①公示或重申邻避设施的相关政策、建设任务、建设区位、建设时间等信息；②对邻避设施当前建设情况进行详细汇报，并针对现阶段工程建设需要，对居民做出提醒或建议；③对于居民对邻避建设提出的异议，做出统一回复。居委会开展调解会以公示或汇报相关信息、回应公众对于邻避设施建设的疑问为主要目的，但对于邻避设施建设的合理性问题、邻避设施建设能否解决居民现实问题等方面则相对忽略，但这些往往是居民关心的核心议题，这也是公众参与热情不高的一大原因。

从公众参与主体层面分析，在邻避设施建设的公众参与过程中，公众参与主体范围主观或客观的划定错误可能会导致核心利益群体的参与缺位以及核心利益群体参与带来的决策干扰，最终导致公众参与往无效化或极端化方向发展。从案例来看，公众参与中的参与声音及话语权的大小与代表利益的大小间并不存在直接关系，相反，过多的非核心利益群体参与可能会导致核心利益群体的呼声被掩盖或被忽视，使得公众参与的期望和效价被

① 孙旭友.邻避冲突治理：权利困境及其超越——基于环境公民权视角[J].吉首大学学报(社会科学版)，2016，37(2)：81-86.

降低，加剧邻避设施建设问题的解决难度和决策风险。由于社区历史规划问题，L 小区垃圾站不合理地放置于某居民楼下多年，使得该楼栋居民长期苦不堪言。在社区即将推行垃圾分类政策时，尽管该楼栋居民竭力希望居委会及其他居民重新重视这一问题，但大多数居民出于自身利益考虑，对于此类未涉及自身核心利益的议题保持沉默，选择默认“不如就放在原来的位置”，居委会同样受此影响而搁置议题，这使得该楼栋居民的诉求无果而终，最后迁怒于居委会的不作为。在垃圾分类实施过程中，由于事先未通过有效方式将某居民楼纳入社区垃圾分类的参与决策，也未曾告知居民小区垃圾集中投放地点，致使居民在发现小区垃圾集中投放点放置于居民楼楼下后，才得知这一过程已通过各楼栋代表在楼长微信群里协商达成，而事先他们甚至不了解该微信群的建立。尽管居委会主任在事后做出详细解释，证明该公众决策的科学性，尝试打消居民的疑虑以及不安情绪，但该楼栋居民已因此表现出对居委会强烈的不信任感。之后由于实际运行效果出现问题，最终激发居民的不满情绪，居民选择自发组织将垃圾桶倒至居委会门内，以集体抗争反对决策。

从公众参与程度层面和公众参与形式分析，公众参与的目的与形式的局限性限制了公众参与程度的进一步发展，在客观上设置了目标难度，使得公众在参与邻避设施建设的民主决策时，往往只能处于较低层次的参与阶段。尽管当前公众参与形式众多，涵盖了信访、网络、新闻媒体、调解会/听证会，但从实际情况来看，由于公众实际参与过少，真正对邻避设施建设提出异议及建议的人群往往集中于少数，邻避设施建设的相关信息传达因此往往依赖于公示、居民代表传达等单一渠道进行。除由双向参与转变为单向参与外，公众参与层次也因此受到一定限制，公众参与范围及参与程度难以得到根本性提升。从以上案例不难看出，公众参与是在邻避设施建设已形成最终决策及公示的情况下进行的，这是由政府主导下公众参与的初衷决定的。从政府主体来看，引入公众参与要素的核心目的并不在于向公众征询建议，而在于通过倾听公众诉求以进行公众利益协调的尝试，从而减少因公众反对而导致的设施建设阻力。因此，政府与公众的参与互动均集中于以下三个方面：①向公众公示邻避设施建设有关信息，并告知居民建设相关事宜，建议居民响应号召；②开放政府信息反馈渠道，公众可以通过信访、网络、调解会等形式对政府有关部门提出质询、疑问和建议；③针对邻避抗争较为剧烈的情况，政府选择主动让步，通过听取公众参与方建议对实施方案进行修改乃至终止，尽管该程度的居民参与能直接影响到政府对于邻避设施建议的决策，但建设决定权仍然归政府所有，政府的科学话语体系也不会因此而发生动摇，更多将其归咎于“过激民意”引发的被迫让步。根据 Sherry Arnstein(1969)提出的阶梯理论模型可知，以上三种类型的互动参与均属于象征性参与的范畴。在当前居民公众意识不断崛起、维权意识不断加强的时代大背景下，参与互动中过多的限制使得公众的参与期望不断下降，象征性的公众参与难以真正得到参与公众（尤其核心利益群体）的认可，加剧公众与政府间的不信任与矛盾冲突。

4. 垃圾桶邻避本质之困：“需要”还是“不要”

1）政府的惯性思维：我觉得你需要

制定邻避设施规划的公共政策需要公众参与虽然已经是学术研究中的共识，但公共行政实践依然以封闭式决策为主。① 政府或专家与公众对风险的认知存在差异，进而导致地方政府“自上而下”的单线式回应逻辑，以封闭式的决策过程推进邻避设施的建设，以教育、劝说、通知等单向的信息传递作为沟通的主要手段，且只有面对居民大规模集中反对时，才被动地采用协商、听证等方式同公众对话。在邻避设施建设初期，政府甚至会营造出一套“不怕”的风险认知体系来保证项目的顺利进行，他们往往会通过“技术支持”来论证项目的安全性和合理性，并通过“依法行政”和“民心工程”来保证其合法性。由于地方政府很难跳出“决定—宣布—辩护” 的行政逻辑，进而在解决邻避设施问题的过程中会经常出现一种“我觉得你需要”的想法，从政府服务供给角度出发给予居民工具性期望以期实现对邻避设施建设的控制，而没有真正考虑到居民是否真正需要，并且在居民提出质疑时不能提出合理的解决方案，而是一味推诿扯皮，所以导致我国邻避现象往往会演化为大规模的邻避冲突。对于公众而言，尤其是前期给予了政府充分信任和政策支持，当单向信息传递的工具性期望因现实效价被打破时，公众对于改善社区良好环境、通过社区公众参与共力共建的期望即被打破，此时“我觉得你需要”在公众眼中即成为阻碍其进行社区环境治理的公众参与障碍。

自广州市实行垃圾分类以来，L 小区居民一直认为垃圾分类的推行是一件好事，一直积极配合物业和居委会完成“楼道撤桶”等相关工作，但 L 小区物业和居委会未经居民同意，把垃圾站设在了与原来公示图不同的地方，遭到了居民的强烈反对，居民多次向物业和居委会投诉，均未得到合理解决。在此后垃圾站的几次搬迁中，L 小区物业和居委会均没有充分考虑大多数居民的意见，这才引发了居民很大的不满，居民甚至把垃圾桶放到了物业管理处来表达不满。这也反映出政府相关部门在做出垃圾分类决策时，没有考虑到垃圾站的负外部性，政府在做出决策之前没有充分了解民意民情、没有充分了解公众的需求，垃圾分类虽然是大势所趋，但垃圾站的负面效应不应该由没有决策权的居民来承担。

2）公众内心的矛盾：需要但不要建在我家楼下

情感具有对象性，即“一个人不会无缘无故地愤怒、恐惧或自豪，他必然是因为某个对象而愤怒、恐惧或自豪”。在环境邻避事件外显行动的背后，是与其具有高度相关性的内隐情感，情感则源于受影响群体某种权利的受损，即环境安全受损、环境权利受损以及经济权利受损，而环境安全受损是其中更为基础的诱因。在滕尼斯看来，社区是一个充满爱的共同体，社区情感体现为居民对社区的归属感，乐于参与社区活动，愿意为社区提供志愿性服务，关注或参与社区的建设和发展等方面。居民个体要素会对个人的社区情感产生影响，其中性别、年龄、教育、收入、心理观念等均会对居民反对邻避设施的态度或强度产生影响。当邻避设施的建立在一定程度上损害了居民的利益时，居民往往会表现出强烈的反对，对邻避设施秉持着“我不要”的态度，并结合自身考虑形成改变不良现状的期望。往往这种“我不要”的情感态度和期望会一直持续到邻避问题的解决方案实现效价等同为止，但在大多数情况下，这种效价只能适用于居民整体而非小部分利益受损的居民，而这也成为受损居民强烈反对乃至对抗公众参与和民主协商的诱因。邻避设施的坏处和好处在空间上是分离的，即好处大家共享，坏处却被少数人承担，而承担坏处的人就会思考：“为什么会建在

① 赵晖. 服务供给、公众诉求与邻避冲突后期治理——基于双案例的比较研究[J]. 江苏社会科学，2019(5)：107-113.

我家后院？”“我真的需要它吗？”因此，无论是L小区还是XJ小区，在垃圾站的设置问题上，居民都明确表示了“我不要”态度。居民普遍认为垃圾站设置在自家楼下，会破坏自家楼下的环境，垃圾的摆放导致臭气熏天，影响日常生活，同时垃圾滋生蚊虫鼠蚁，也会导致楼层居民的健康受到威胁，所以三个案例中的小区居民争论的焦点也是“垃圾站到底该建在哪里”。在L小区案例中，2号楼居民甚至与物业和居委会产生了激烈冲突，他们把垃圾桶放到了物业的门口，以此来表示对“垃圾桶放在自家楼下”的不满；XJ小区的居民也因垃圾桶摆放和垃圾“二次污染”问题在业主微信群展开激烈讨论，垃圾桶的摆放也经历了从小区中央转移到小区门口旁的过程。究其原因，是居民对政府构建的“不怕”风险认知体系提出了质疑，他们对风险的感知使他们觉得垃圾桶放在自家楼下会对自己造成不好的影响，进而拒绝垃圾站的建设，同时也一并反对或试图改变不利于自身权益维护的公众参与。

在三个小区“垃圾站设置”的案例中，由于政府和公众对风险的认知存在差异，政府的“你需要”期望逻辑和居民的“我不要”期望逻辑形成了一个张力，成为影响公众参与程度及形式的一大问题。如何化解政府与居民之间的张力，对邻避设施问题的解决至关重要，邻避设施何去何从也是一个迫在眉睫的难题。

5. 垃圾桶邻避的内在逻辑：“权力”还是“权利”

1）参与权利与规制权力

在权利分配不均衡的社会中，权利分配的不均衡导致现有权利被赋予少数社会成员，被赋予权利的社会成员往往是国家权力或是政府权力的掌控者，而大多数社会成员的应有权利要求没有得到法律的认可和保障。在现代社会快速发展的大环境下，参与权利是大多数人都会选择的一种表达自己权利的方式。① 随着公众社会参与行为的扩张和延伸，公众对于自身所拥有的参与权利往往具有较高期望，并相信能通过自身的参与实现合法权益维护，并通过利益共同体的方式将一个个抱有期望的松散个体聚集起来，开展一系列具体行动。在垃圾桶邻避冲突事件中，“参与权利”和“规制权力”的冲突主要体现在，想要通过彰显“参与权利”来获得居住周边环境话语权的公众，由于他们对于垃圾桶摆放的关注以及周围参与人数的增加，抑或是对于自身居住环境、卫生健康利益的追求，迫切想参与到事件中。公众的参与期望过度，为了满足自身对于参与事件的控制期望，过激的参与行动时有发生。一方面，公众对于改进社区良好环境和维护自身合法权益表现出高度期望；另一方面，两者可能带来的风险或阻碍使他们为完成参与期望而不得不尽力解决自我期望下的“目标难度”。例如在L社区的垃圾桶邻避冲突中，居民甚至采取诸如把垃圾桶堆到居委会以及物业门口的过激行为，他们通过参与的扩大化，希望街道能够第一时间倾听他们的想法和心理，他们想要的是一种“参与式民主”，亦即通过民主参与的方式来选择垃圾桶的摆放位置。参与式民主理论认为，政治参与其实是对人行动天性的一种彰显，同样也是人对本身的自我存在的实践。② 政府不仅要权衡环境、小区垃圾点建设等信息怎样公开，怎样能使垃圾点周边居住的群众信服之类的问题，他们还要利用自身的规制权力去规范一些居民的行为以维持小区的稳定。所以对于居委会或街道来说，他们更想要达到的效果是一种“规制性稳定”。

---

① 李琮. 政府管理与边界冲突：社会冲突中的群体、组织、和制度分析[M]. 北京：新华出版社，2007：228-240.

② 董石桃. 公民政治参与权和政治发展——一种参与式民主的反思与构建[J]. 青海社会科学，2016(5)：83-89.

2）话语权利与话语权力

社会经济的高速发展导致传统意义上单方面输入的话语权模式发生变化，网络、媒体等成为社会大众表达利益诉求的工具。将“话语”发布在网络和媒体上，形成社会舆论，成为能够影响社会民众日常生活的一种“政治软力量”。不仅如此，这样的“软力量”还能通过一定的条件与现实社会群体事件遥遥相对，并且能够对冲突进程、强度和烈度产生一定影响，即成为“政治硬力量”。而话语权力，与我们所特指的政府话语权不同，它并不完全具有垄断性、强制性等特征，它作为一种在我国法律上并没有明确规定的“软权力”，其内核是“影响力”，是属于公共权力中的软权力，这样的软权力更是一种通过吸引力影响他人、群体或是团队的“同化性权力”，而非强制性权力。[①] 在L小区垃圾桶邻避事件中，“话语权利”和“话语权力”的冲突主要体现在，邻近垃圾点一方的居民大声疾呼导致街道、居委会以及物业的相对沉默。虽然在社区当中，居委会作为话语权力的掌控者一般将其作为维护自身社区治理权力的一种方式，并将此作为隐性的权力，而在垃圾桶邻避冲突中并非如此，公众往往具有较高的话语权利期望，选择运用话语权利来维护自身基本权利。公众为了捍卫自己的话语权利大声地在现实中发表自己想说的话，这样的诉求逐渐聚集形成舆论，并且结合新媒体“造势”，试图迫使相关负责部门“发声”。政府“发声缓慢”、第三方组织的沉默与公众的参与期望由此产生矛盾，加剧公众的不满，尤其是当政府缺乏工具性期望的控制手段时，邻避争议便有可能演变为抗争。

3）知情权利与公开权力

公众环境知情权，就是指社会普通群众获得关于各种环境真实信息的基本权利[②]，同时是一种自由的、新型的权利。社会普通公众不仅拥有权利去知晓、了解政府部门出台的与环境有关的各种法律法规，而且同样拥有权利知晓政府出台的与环境有关的各种宏观规划。同时，公众更有权利获悉自身所处环境的真实信息。公众的环境知情权利，就其本质而言，是一种公众对于环境事务的参与性政治权利或社会权利，是把知情权运用到环境问题这个特殊的方面。[③] 对于环境信息的“求知欲”以及对于权利的捍卫，使得公众维护自身基本权利的意识越来越强，也让居民越来越相信自身在环境治理规划中公众参与的价值期望。政府作为掌握信息公开权力的主体，有义务向公众完整地提供各种类型的信息，包括环境信息，并要保证公众对于信息的知悉。但是在垃圾桶邻避冲突中，或多或少体现出某些政府机关人员还是有一些“观念障碍”，这样的“观念障碍”导致他们依然把自己当作信息公开权力的掌控者，某些对于权力的“控制欲”使得他们不是将“公开”看作一种义务，而是看作一种职权。例如，在SY小区，对于小区的日常垃圾量、转运站的承载量等信息，政府行政人员都没有及时把信息告知居民，重点放在了“是否信息公开”上，而不是放在“为公众公开些什么”“公众真正想知道什么”上，把信息当作是一种谈判的筹码，正是由于这种不对称，给日后的垃圾桶争端埋下了伏笔。从这个意义上讲，环境知情权利可以被当作是与政府公权力相“制衡”的权利，也是公众参与克服目标难度期望的重要权利。

任何冲突都具有两面性，虽说公众权利与政府权力的冲突可能会给社会稳定带来威

① 约瑟夫·奈.硬权力与软权力[M].门洪华，译.北京：北京大学出版社，2005：10.

② 邓菲.公众环境知情权的保障与政府环境信息公开的思考[J].资源节约与环保，2016(4)：23.

③ 刘萍，陈雅芝.公众环境知情权的保障与政府环境信息公开[J].青海社会科学，2010(3)：15-18.

胁，但是，也正是因为权利与权力的冲突，才构成社会权利体系不断走向平衡、进步的基础。依据权利分配视角理论，权利平衡才是社会主义均衡型的权利分配模式的理想状态，其具体的表现形态就是公众权利与政府权力的划分、公众权利与政府权力的厘清、公众权利与政府权力的平衡。

（三）公众参与垃圾桶邻避的影响因素

公众参与垃圾桶邻避的影响因素如表 7-2 所示。

表 7-2　公众参与垃圾桶邻避的影响因素

<table>
<tr><th>一级指标</th><th colspan="2">二级指标</th><th>指标释义</th></tr>
<tr><td rowspan="3">期望</td><td colspan="2">自我效能</td><td>是否有足够的能力去改变垃圾桶的选址</td></tr>
<tr><td colspan="2">目标难度</td><td>公众参与能改变垃圾桶选址的难度有多大</td></tr>
<tr><td colspan="2">控制</td><td>公众参与最终是否能改变垃圾桶选址</td></tr>
<tr><td rowspan="3">工具性</td><td rowspan="2">信任</td><td>政府信任</td><td>是否信任政府能帮助解决垃圾桶摆放问题</td></tr>
<tr><td>第三方信任</td><td>是否信任第三方能帮助解决垃圾桶摆放问题</td></tr>
<tr><td colspan="2">控制</td><td>政府对公众参与的控制力度如何</td></tr>
<tr><td>效价</td><td colspan="2">价值感知</td><td>公众参与邻避对于改善环境（经济、生态、文化）有多重要</td></tr>
</table>

1．期望方面

在垃圾桶邻避事件中，影响个人期望值的自我效能、目标难度和控制等因素会在一定程度上激励公众努力完成一项任务。其中，邻避设施的建设往往涉及多个利益相关者，包括政府、公众等。当政府、社区以及商业利益相关者无法满足公众的诉求时，社区居民出于维护自身个体利益的需要，会主动参与其中，并采取较为极端的方式进行参与。此时，公众的自我效能较高，主观判断目标难度较小，对控制最终结果有把握。公众相信自己具有成功执行的能力，主观动机较强，期望值较高，因此，公众会积极主动地参与到社区邻避设施建设中，影响邻避设施的建设。而对于公众较为负面的参与，政府部门等利益相关者通常出于稳定的考虑，会停止相关措施的执行或是与公众进行妥协，公众由此达到维护自身利益的目的。

2．工具性方面

在城市社区垃圾分类改革推行的社区邻避公众参与中，影响公众参与的主要因素来源于公众自身以及作为垃圾桶供给方的政府与居委会、物业等第三方主体。就公众参与积极性而言，其余相关主体，包括街道、居委会、物业、业委会等，在邻避冲突中所发挥的工具性作用越大，越容易促进公众参与。工具性也可理解为“努力-绩效”关系中的变量因素，包括机会、环境等，机会在这里可理解为环境支持，包括是否拥有足够的工具、材料以及愉快的工作环境等。因此，在城市社区垃圾分类改革推行的社区邻避公众参与中，工具性主要包括政府和第三方主体通过宣传、信息公开等方式营造的愉快的外在环境以及政府和第三方主体对公众的回应。政府和第三方主体对公众的回应不仅表明了相关主体愿意听取公众意见的倾向，更加表明了相关主体对公众态度及偏好的重视。杨梦瑀（2015）提出政府对公众的信任度、政府对公众的回应度、政府的信息公开这三个因素与公众参与环境政策制定的意愿呈显著正相关。王园妮等(2019)基于湘潭市"河长助手"对公众参与河长制进行探讨,表明地方政府的信任与需求对公民参与意识具有正向促进作用,公众参与强调的是决策者与受决策影响的利益相关者的双向沟通和协商对话。换句话来说,政府和第三方主体及时给予公众以反馈以及解决问题的行动,不但可以高效解决当下公众所担忧的垃圾桶摆放问题,还可以增强公众对参与成效的预期,感知到自己在参与中的价值,使公众在心理上增加被认同、被需要的感受,为以后更广泛地推动公众参与政府开展的垃圾分类工作打下基础。

3. 效价方面

在社区邻避问题上,社区居民由于教育水平、个人利益等方面的差异性,效价的"值"高低不同,对于公共设施建设的态度表现也存在差异性。如果居民个体对于参与邻避运动的结果是一种积极的价值预想,认为参与邻避运动、拆除垃圾点对于个人而言是有利的,那么居民会积极实现公众参与;反之,如果居民个体对于参与邻避运动、拆除垃圾点是一种消极的价值预想,那么居民会以消极的态度进行公众参与,漠视并围观他者参与。社区居民对社区邻避公众参与的态度、反应受到居民个人对公共设施建设后是否存在积极价值评估的影响。公众能否感知自己在社区邻避问题上公众参与的价值,是否心理上对此具有较高的认同,决定了公众参与对于解决社区邻避问题存在积极反应还是消极反应。

4. "期望-手段-效价"下的公众参与

公众在"期望-手段-效价"的共同作用下参与到社区邻避运动中,公众具有自己的情感、认知、目标和偏好,总是尽可能追求个体利益,对于垃圾桶放置具有对公众自身产生便利性、环境的舒适性等方面的积极性影响存在"期待"。公众作为信息资源的弱势方,当信息的价值满足其"效价"要求时,便重视对信息的反馈并渴望及时得到回应。当回应不足或者无法满足其期望时,公众往往采取更激烈的参与形式。而政府和第三方(居委会、物业等)作为公众之外的相关群体,对公众参与起着工具性的作用。

5. 政府发挥"工具性"的作用

政府与公众和第三方的关系靠着基本的"信任"维持,于是产生"反馈"与"回应"的互动,但是这种"信任"往往是低度的,基于压力型体制的作用,政府以承接并完成上级任务为主要动力,而不过多承担对基层民众的回应义务,回应往往只是科层体制下的任务传达。然而,一旦地方政府回应职责空缺遇到高涨的公众参与意识,往往导致社区邻避冲突升级。

此外,某些政府官员意识中自带"控制"色彩,认为公民的过度参与会增加政治冲突,危害社会稳定和社会秩序,再加上他们不信任普通公众的参与能力、智慧和经验,也就不愿意也不重视对公众参与方面的知识进行传播,这种态度往往会引发官员不愿放弃权力而进行封闭式决策,独断决定垃圾桶摆放位置,在邻避决策前期对公众意见持消极态度,加大对公众的"控制",这在一定程度上剥夺了公众对相关问题施加影响的能力,从而也会降低其前期参与积极性。

6. 第三方发挥"工具性"的作用

第三方基于基本信任关系在政府与公众之间起着联结作用,因此会切实承上启下,向政府反馈信息,并回应公众,对公众参与起着积极作用。在垃圾桶设置的邻避问题上,第三方包括居委会、物业、业委会等社会组织,这一角色具有双重性,可以弥补政府在邻避治理中的不足。第三方可以作为公众的理性发声者,打破传统封闭式的邻避决策模式,增强公众的话语权。同时，第三方可以作为一个调节者，调节政府与公众之间的关系，推动政府与公众的协商沟通，形成良性互动。在垃圾桶摆放的邻避问题中，居委会、物业等第三方主体可以收集整合社区居民对于垃圾桶设置相关规定的意见，对于一些存在普遍争议的问题，可以向政府理性反馈社区居民的意见想法，从而促进政府宏观政策的制定或调整。

在政府、第三方和公众三者达到良性互动的时候，三者之间的相互关系形成如“齿轮”一般的运行状态，最终解决垃圾桶摆放的邻避问题(见图 7-6)。

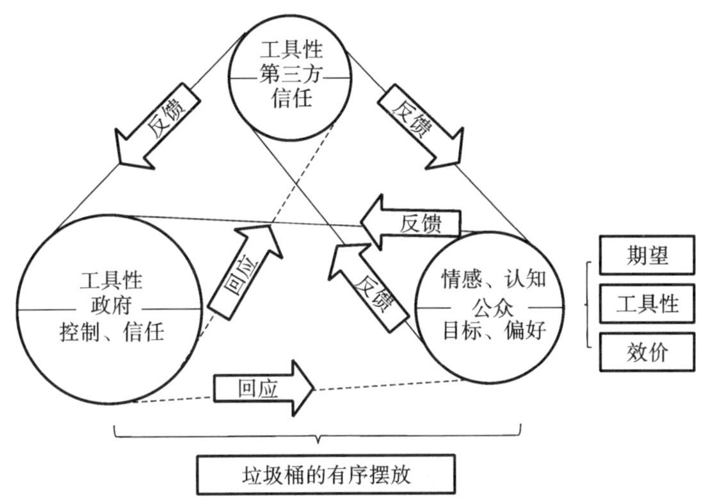

图 7-6 “期望-手段-效价”下各主体运作分析框架图

二、走出垃圾桶邻避之争：路在何方？

(一) 加强法律制度建设，发挥刚性约束作用

《上海市生活垃圾管理条例》自 2019 年 7 月 1 日正式生效至今，实施效果远超预期。过去十几年来，包括上海在内的许多城市实施了生活垃圾分类，但居民配合程度普遍较低，能自觉分类者只是少数。此次上海以最严的条例，强制推进垃圾分类，取得了良好的成效，充分说明要使公众自觉开展垃圾分类，仅依靠宣传教育或奖励是不够的，需要发挥制度的力量。条例的严格实施不仅在于严格的强制保障措施，更在于公民对于条例的理解和支持，尤其是对规则有敬畏之心。世界上成功进行生活垃圾分类的城市或国家，无不执行了具有强制力的法规。唯有严密的法制和严格的执行，才能实现大众的普遍服从，并在这种服从中形成良好的行为惯性。

而在垃圾桶的摆放上也是如此，培养居民的规则意识就必须要制定关于垃圾桶摆放的制度标准；也唯有标准，才能让居民切实建立起符合现实情形与理性认知的效价体系，从而保障公众参与的活跃及理性。但我国相关法律法规对于垃圾桶摆放的标准较为模糊，并且有“一刀切”的弊端。2013 年新出台的《环境卫生设施设置标准》对于垃圾收集点的相关距离的解释是：收集站的服务半径不宜超过 0.8 千米。收集站的规模应根据服务区域内规划人口数量产生的垃圾最大月平均日产量确定。忽略了不同社区的差异性。建议法律法规

可以将垃圾点与居民楼的距离决定权下放到街道，根据社区垃圾总量、楼栋间距离合理规划垃圾桶摆放布局。唯有进一步明确制度标准，做到“有法可依”，方可减少协调过程中不必要的推诿与争端。

（二）升级基础配套设施，从源头降低邻避风险

1. 硬件设施建设

邻避设施对附近区域环境的影响是客观存在的，受到区域内居民的抵制也是可以理解的。邻避设施项目负责人的主要职责就是在确保邻避项目达到国家专业标准的同时，努力减少项目对于环境的不利影响，提高项目的人性化设计。相较于大型的邻避设施，垃圾桶的建设成本与维护成本偏低，将其智能化、完善化，减少公众对邻避设施的风险感知，是减少邻避情绪、推进项目进程的可行之策。相对于L小区与XJ小区关于垃圾桶摆放问题的争论风波而言，SY小区则显得较为平和，通过街道、居委会与少数几个反对户之间的简单协商便基本解决争议，其中不可忽视的做法是SY小区的智能垃圾桶建设完善，在运营过程中将风险降至最低，民众后期不以垃圾桶建设在自己周围为耻，反而对此现代化设施感到新奇与骄傲。

2. 加大垃圾清运力度

垃圾桶作为邻避设施，其负外部性主要体现在气味大、不卫生。在垃圾分类政策下，垃圾桶的负外部性获得加码：其一，楼道撤桶统一设定时点、误时垃圾点集中投放都增加了同一时间下的垃圾量，堆积时间长则易增味；其二，二次分类破袋处理扩大了垃圾气味的影响范围，亦导致垃圾散落一地。这些保障垃圾分类的措施却在或多或少地增加居民对垃圾桶的厌恶情绪。然而这些问题并不是无法解决的，若能按时运走垃圾、二次分类后及时清理，对垃圾桶进行日常清洁维护，及时还给居民一片清洁美丽的公共区域，那么垃圾桶引起的邻避冲突自会减少。

3. 提升居民素质，增强居民责任意识

在垃圾桶摆放中，很多反对的声音都是居民素质不高，没有树立垃圾分类定时投放意识引起的。许多居民都是根据个人生活习惯来处理生活垃圾，但这又与居民改善社区环境的期望相矛盾。由于一些居民的不良生活习惯，在垃圾分类中，尽管居民全力支持垃圾分类政策，但“垃圾扔不准”“垃圾随地扔”等依旧频发，导致臭味熏天、垃圾挡道、虫蝇满天等乱象丛生，环境并未因此得到改善，进而引起了垃圾点周边居民的强烈反感甚至反对垃圾桶放在自家附近。

如果居民的意识跟不上，硬件建设得再好也只是一种摆设。不妨看看垃圾分类做得好的国家，其民众从小就培养环保意识，从小就学习垃圾分类知识。而且，他们从小被灌输一种意识：人应该为自己的行为买单，生活垃圾是自己产生的，所以要自己去处理好，所以他们愿意去分类，而不是止于表面，处于被动，连为什么要分可能都不知道，只知道不这样做就要受处罚。所以，从根本上解决垃圾桶邻避问题还是要“从娃娃抓起”，把垃圾分好类以及培养主人翁意识，“邻避设施”就会变成“邻利设施”了。

4. 转变政府意识，建立协商机制

随着自媒体应用的日益普及，信息传递的速度加快，无论是真实信息还是虚假信息都

会无差别扩散，同时也会让政府隐藏的信息变得无处遁形。正所谓谣言止于公开、信任基于透明，政府除了要加大对不实信息的监控力度、建立信息公开制度、确保信息公开透明以外，更重要的是将居民的知情权与话语权置于首位，特别是在社区邻避冲突中，通过政府与公众间的有效沟通来督促治理措施落于实处，方可降低风险、提高政府公信力。

同时，要建立良性、积极的协商机制。在垃圾桶邻避冲突中，居民的呼声不断，政府人员与第三方组织的沉默不作为，形成了鲜明的对比，这在一定程度上是形成“公众投诉—政府行政人员被动、应付式回应—公众再投诉或者产生过激行为”怪圈的重要原因。这意味着要建立一套完善的协商机制，政府行政人员以及物业等服务主体只有加强回应性，与公众形成良性的互动，才能赢得公众的信任，进而缓解垃圾桶邻避之困。

（执笔人：刘泽森，孙蔷薇，唐薇，王露寒，赖炯志。指导教师：颜海娜，于刚强。）

本章小结

垃圾分类管理是解决垃圾围城问题的关键，可以带来显著的社会、经济和生态等效益。国家发改委联合住建部等部门于 2017 年发布了《生活垃圾分类制度实施方案》，这一方案确定了我国生活垃圾分类管理将全面贯彻强制原则的趋势。垃圾桶摆放作为垃圾分类政策执行的前端，是关系垃圾分类政策能否得到有效执行的重要环节。然而，由于垃圾桶具有负外部性等特征，导致垃圾桶摆放过程中产生邻避冲突现象，居民面对作为生活必需品的垃圾桶，陷入了“需要”还是“不要”的困境；垃圾分类政策的末端执行主体，也面临着科层治理逻辑下的“命令控制”抑或“政社联合行动”困境，进而使得公众面临参与困境、认知困境，政府也陷入了信任危机，等等。如何解决垃圾桶邻避冲突？密切联系广大人民群众，才是切实高效推进垃圾分类政策生根发芽的当务之急。本案例以广州市垃圾分类政策推行下，小区中的垃圾桶邻避冲突为案例蓝本，选取三个不同类型的典型小区的社区邻避案例，将困境系统呈现并进行分析，从而走出垃圾桶邻避冲突之困，为高效推动垃圾分类政策打下坚实基础。

本章测试题

一、名词解释（每小题 5 分，共 20 分）

测试题答案

1. 邻避
2. 风险认知
3. 公众环境知情权
4. 公众参与

二、简答题(每小题 10 分,共 40 分)

1. 简述邻避设施的主要类型。
2. 简述邻避设施在社区供给中面临的主要困境。
3. 简述公众环境知情权对公众环境事务参与的积极作用。
4. 简述“期望-手段-效价”下影响公众参与垃圾桶邻避的因素。

三、论述题(每小题 20 分,共 20 分)

阐述政府如何降低垃圾桶邻避冲突风险。

四、材料题(每小题 10 分,共 20 分)

材料一

社区“麻雀虽小、五脏俱全”,社区是城市治理的基本单位,社区治理也成为城市治理的落脚点和着力点,社区公共设施建设为社区治理的运转和居民日常生活提供了重要保障,而社区基础设施建设是推进老旧社区“微改造”、推进城市社区精细化管理、提升居民幸福感的重要举措,是响应以习近平同志为核心的党中央坚持以人民为中心的发展思想的抓手。随着我国社区建设的推进,公众围绕着政府供给的社区设施而展开的争议也日益增加,社区邻避现象时有发生,不但影响了社区基础设施建设的正常推进,更是引起了公众对于公共服务供给的不满。在有关邻避运动的研究中,有的学者认为,邻避设施具有负外部性,公众参与过少往往是导致邻避现象频发的原因,为有效解决邻避问题,政府需要转变传统的自上而下的决策模式,应该提供中立的协商,在邻避设施建设决策阶段纳入公民参与机制。然而在现实社区设施建设过程中,尽管推进的项目往往是与居民息息相关的惠民工程,社区居民的参与度也很高,社区邻避现象仍频繁出现。根据《2016 年中国社会群体性事件分析报告》统计,2016 年的很多邻避项目,例如垃圾焚烧场等,都面临着项目信息一公开便会遭到群众抵制的现象。有学者指出,由邻避设施引发的邻避冲突已成为城市地方冲突的某种特定形式。

材料二

继上海施行“史上最严垃圾分类管理规定”后,广州紧跟上海的步伐加大执行力度,进一步严格落实和推进垃圾分类工作。2019 年 8 月 9 日,广州市城市管理和综合执法局发布了《广州市居民家庭生活垃圾分类投放指南》(2019 年版),把生活垃圾分为可回收物、餐厨垃圾、有害垃圾、其他垃圾四大类,并撤销楼层垃圾桶,根据居民生活习惯的规律,在固定时间(一般分别在 7 点至 9 点、19 点至 21 点两个时段),在合适的地点定时设置垃圾分类桶,供居民投放分类好的垃圾,进一步贯彻了“能卖拿去卖、有害单独放、干湿要分开”的原则。因为定时定点投放在一定程度上会对上班族产生一些不便,不少区域采取了垃圾定时定点投放与误时投放相结合的方法,不仅促进了垃圾分类的快速实施,也大大便利了居民对投放时间的选择。然而,在政府如火如荼地推进楼道撤桶、建立定时与误时投放点的行动中,由于垃圾桶具有负外部性等特征,绝大多数居民都不希望把垃圾投放点放在自己家附近,认为把垃圾投放点放在自家楼下不仅会影响自己的生活品质，甚至会损害自己的身体健康，进而导致在垃圾桶摆放过程中产生邻避冲突，这对于垃圾分类政策的落地无疑造成了阻碍。经过当地政府和居委会等与反对者进行多次的座谈、协商后，垃圾投放点迁移到其他地方才平息了原来的冲突。然而原来对此漠不关心的公众，开始以投诉举报、阻挠施工甚至将垃圾倒在居委会、物业门口泄愤等方式进行反对，垃圾站桶点的建设再度遭到阻碍。

根据上述材料回答下列问题：

1. 结合上述材料以及案例，邻避设施建设中公众参与存在哪些问题？
2. 结合上述材料以及案例，如何优化协商机制？

第八章

"电梯加装为何好事难办"案例分析

学习目标

1. 通过案例，了解案例的选题背景
2. 理解案例分析中问题提出的过程
3. 掌握案例分析中研究工具的选择
4. 了解多案例比较研究的优缺点

第一节 案例陈述

【摘要】城市老旧社区有多层住宅楼建造时多未装电梯，随着住户年龄增长，上下楼梯极不方便，加装电梯成了这部分住户的"刚需"。但在现实推行中，电梯加装的推进却陷入了许多不同的困境：加装电梯费用分摊不均，加装电梯导致房产增值不均衡，加装电梯的需求层次不均衡，加装电梯的居民诉求渠道不通畅，多主体协调不到位，制度供给不足，等等。而如何为加装电梯"破冰"，有效推进电梯加装更好落地并持续发展，引导居民自治，推动社区"微改造"，是电梯加装政策推行的当务之急。研究者引入理查德·泰勒和卡斯·桑斯坦提出的"助推"理论、集体行动理论，以广州市 Y 区 H 街道的社区加装电梯情况为案例蓝本，采用多案例比较的研究方法，选取加装成功、加装受阻和加装失败三种不同类型的典型楼栋，系统地呈现典型案例的原貌，同时对不同案例进行原因分析，从而探索加装电梯政策的长效推行路径。

【关键词】老旧社区　加装电梯　助推理论　公共治理

一、引言

我国大城市在 20 世纪八九十年代兴建了大量七到十层的多层住宅（最初一般用作厂区集体宿舍、单位福利房）。历经二三十年时间，随着住宅原有居民逐渐步入老龄，特别是其中居住在四楼及以上高层的长者，生活中上下楼梯极不方便，加装电梯的意愿变得尤为迫切。据《光明日报》统计，全国共有老旧社区近16万个，涉及居民超过4200万户，建筑面积约为40亿平方米。

近年来，北京、上海、厦门等城市在老旧社区加装电梯方面进行了大量积极的探索。例如，上海市于2011年5月出台了《上海市既有多层住宅增设电梯的指导意见》，以指导意见的形式列出电梯加装办理流程，并对加装完成后的产权、维修保养等有关事项做了说明。厦门市于2009年9月下发了《厦门市建设与管理局关于在老旧住宅加装电梯的若干指导意见》，给出多种筹资意见及出资方式，明确了多出面积的产权归全体业主所有等相关规定；2014年1月又下发《关于进一步明确申请老旧住宅加装电梯财政补贴有关事宜的通知》，对于加建申请补贴的条件、标准、程序及其他相关事宜做出规定。

2018年，旧楼加装电梯首次被写入国务院政府工作报告。2019年政府工作报告再次明确提出鼓励有条件的老旧社区加装电梯。为了落实政府工作报告部署，住建部会同发改委、财政部于2019年4月15日印发了《关于做好2019年城镇老旧小区改造工作的通知》，其中明确提到加装电梯是老旧小区改造的重要内容。同年6月19日召开的国务院常务会议在部署老旧小区改造时也曾明确，有条件的可加装电梯。根据中央要求，广州市政府在2016年颁布的《广州市既有住宅增设电梯办法》的基础上，于2019年8月印发《加快推进广州市老旧小区住宅加装电梯三年行动方案（2019—2021年）》，加快落实“一站式”审批和服务机制。

广州市作为积极探索老旧小区电梯加装的先行地区，早在2011年就发布了《广州市住宅加建电梯暂行办法（草案）》，明确了各项办理流程。广州市政府办公厅于2016年8月印发《广州市既有住宅增设电梯办法》，实施至今，广州市各区的老旧社区电梯加装“遍地开花”。既有住宅加装电梯政策推行至今，成为推进老旧社区“微改造”、解决老年群众出行困难问题、提升幸福感的重要举措，为社区注入了新活力。

二、案例正文

“电梯加装案例展示”
微视频

（一）案例背景及问题提出

1. 案例背景

广州市旧楼加装电梯从1999年就被提上议事日程，2003年政府部门开始接受用户的旧楼加装电梯申请，2006年前后越来越多的市民开始接触到旧楼加装电梯这个概念，也是从那时开始，老旧社区加装电梯全方位进入市民的视线。广州市于2011年发布了《广州市住宅加建电梯暂行办法（草案）》，明确各项办理流程，以四个相关附件将加建工作细分化、具体化，对于申办人给予便利；2012年4月又制定了《广州市既有住宅增设电梯试行办法》，进一步明确了相关加装申报程序；2016年8月，广州市政府正式颁布《广州市既有住宅增设电梯办法》，成为广州市老旧楼栋加装电梯的重要依据，随后，各区也相应出台了《既有住宅增设电梯财政补助经费管理规定》；2016年9月，广州市国土资源和规划委员会联合广州市质量技术监督局、广州市公安消防局印发《广州市既有住宅增设电梯技术规程》，旨在规范和指导既有住宅增设电梯的设计工作；2019年10月，广州市印发《加快推进广州市老旧小区住宅加装电梯三年行动方案(2019—2021年)》,为未来各职能部门优化提供“一站式”咨询服务,以及解决“审批难”等问题提供指引,相应地,各区也根据市文件精神,印发了各区行动方案。经过这些年的推进,据规划部门统计,截至2019年9月底,广州市加装电梯规划审批已达6153宗,建成投入使用共3781台,惠及居民70万余人,居全国第一。老旧社区加装电梯颇有“忽如一夜春风来,千树万树梨花开”的迹象。加装电梯主要包括四个阶段:业主前期协商—申请建设工程规划许可证—施工建设—设备安装。首先是业主前期协商。要想加装电梯,必须征得占建筑物总面积2/3以上的业主、占总人数2/3以上的业主同意;如果占有业主专有部分的,还需征得同意。图8-1为既有住宅增设电梯批前公示。如果低层住户不同意,可沟通协商,也可给予适当的补偿;费用分摊也由业主自行协商决定。其次,在业主也同意的情况下,可以制定设计方案并且提交政府部门审批,办理加装电梯工程的报建手续,提交设计方案及施工图、申报规划许可证。最后,在规划局初审及建设局复审通过后,就可以进行施工建设了。在竣工后,还需要提交竣工图,申请竣工验收,电梯进入试运行阶段。详细流程参见图8-2。

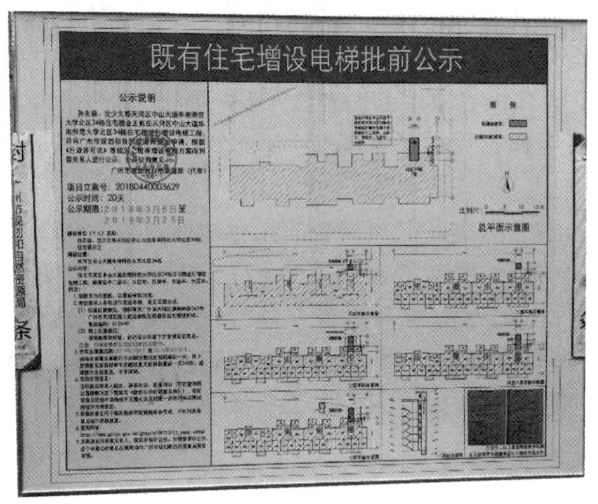

图8-1　既有住宅增设电梯批前公示

2. 问题提出

既有住宅电梯加装是基于政府工作报告中“以人为核心”的重要思想,推进老旧社区“微改造”、解决老年群众“出行难”问题、提升社区居民幸福感的重要举措。近年来,广州市及下辖各区出台了一系列推动电梯加装的政策及配套措施,使得广州市老旧社区加装电梯取得了一定的成效,不断涌现成功加装电梯的典型案例。随着老旧社区申请加装电梯的诉求增多,由此引发的纠纷也呈上升趋势,前有2011年广州市首宗由电梯加装引起的物权保护纠纷案,低层住户首先告规划局要求撤销规划许可证,其次告施工方要求拆除电梯恢复原状,结果均败诉;后有2019年5月越秀区某小区低层业主因心脏病发猝死于施工现场。

那么,现实生活中老旧社区加装电梯之困具体表现在哪些方面呢?电梯加装为何好事难办?其背后的深层原因到底是什么?如何走出加装电梯困局,进一步推进老旧社区“微改造”,创新社区共治?本案例小组收集了大量与加装电梯相关的政府文件、工作报告、材

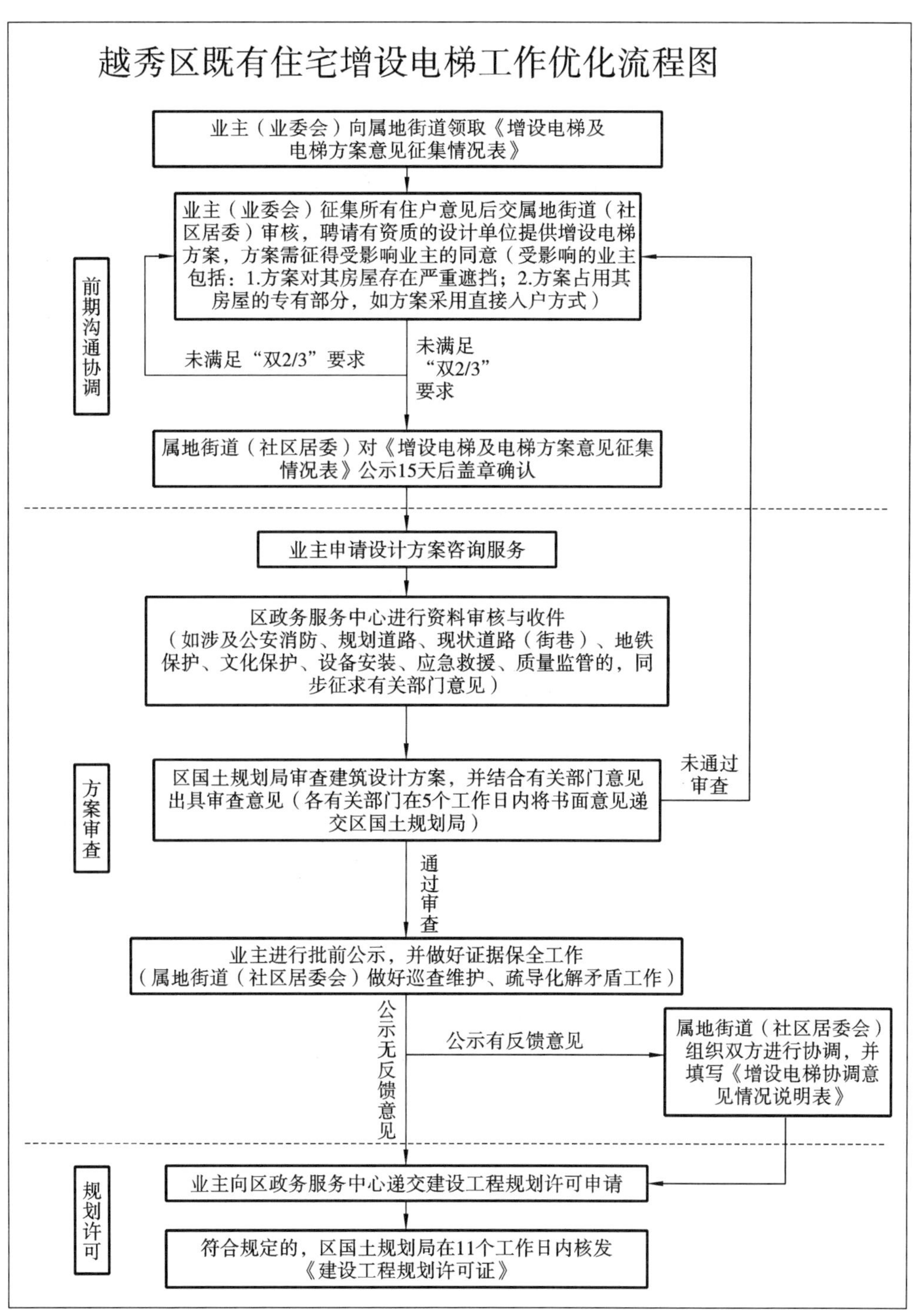

图 8-2 既有住宅加装电梯流程图

料汇编、访谈材料等，据此把加装电梯效果分为三类，即加装成功、加装受阻、加装失败，进行分析，结合助推理论，对上述问题予以回应。

3. 概念界定

首先我们结合所有调研的楼栋以及访谈材料，对加装成功、加装受阻以及加装失败进行概念界定。

(1) 加装成功：完成协商阶段并且审批程序已通过，正在施工或已完成施工。

(2) 加装受阻：由于协商不力或报建手续问题等其他因素，陷入停滞，但推动加装的意愿与行为并未完全中断，牵头小组仍然存在和活跃。

(3) 加装失败：由于组织不力或协商失败等因素，加装工作完全停止，牵头小组停止活动。

(二) 理论基础

1. 助推理论

"助推"(nudge)一词在英文中的原意为"用肘轻推以引起某人的注意"。2008 年，行为经济学家理查德·泰勒和法学家卡斯·桑斯坦正式提出助推理论。他们将人们在选择时的背景环境称为"选择架构"，而"助推"则指任何不采用禁止或明显的经济刺激方式，却能影响人们的行为向可预见方向发展的选择架构导向。也就是说，"助推"旨在影响人们的选择，而不是强制人们必须选择，因而，典型的助推只是对选择架构的改变，而人们在选择时必须有充分的自由而且能轻而易举地免受这种改变的影响。[①]

泰勒和桑斯坦提出"选择设计者"这一概念。"选择设计者"要设计出一套选择体系，在这种选择体系的任何一方面都不采用强制的方式，而是以一种预言的方式去改变人们的选择及行为，同时使副作用降到最低甚至为零。助推不同于命令，它是一种自由主义的温和专制主义。简而言之，助推通过选择设计而不是直接向他人强加自己的意志，利用人类的思维特点以非强制手段影响行为，同时尽量避免副作用。[②] 而政府的政策工具箱中并非缺乏助推手段，相反，老旧社区电梯加装政策的出台，本质上就是助推性政策。将这一经济理论用到非经济的领域，有助于对老旧社区成功加装电梯背后的推手力量进行思考。

2. 集体行动理论

作为电梯的享受者，居民是电梯加装的重要主体，居民达成一致意见进而采取集体行动，是推动电梯加装进程顺利进行的重要条件。但在如今的市场经济大背景下，个人由于追求自身利益，个人理性指导下的个体行动往往与集体利益相违背，加之集体行动的形成需要一定的组织成本，这两方面的因素阻碍了集体行动的形成，集体行动困境也成为基于理性经济人假设，一种个人理性与集体理性的零和博弈。适用于电梯加装情境下，集体行动理论体系中的囚徒窘境模型(Merrill Fleur、Melvin Drexel，1950)、公地悲剧模型(Garrett Hardin，1968)和集体行动逻辑(Mansel Olson，1995)为电梯加装案例的建构与分析提供了理论参考。

---

① 理查德·泰勒，卡斯·桑斯坦. 助推：如何做出有关健康、财富与幸福的最佳决策[M]. 刘宁，译. 北京：中信出版社，2015：3-10.

② 向华. 助推理论与政府购买公共服务政策创新[J]. 西南大学学报(社会科学版)，2017(2)：74-80.

囚徒窘境模型(见表 8-1)描述了两个合谋犯罪的嫌疑人被警察抓住后,两者在无法串供的情况下采取的不同回答策略,坦白-坦白的回答策略不仅满足了纳什均衡,对于双方也都是一种占优策略,而抗拒-抗拒的回答策略由于不满足个体理性要求,所以不满足纳什均衡。进而形象地说明了:在一次博弈的情况下,人们不遗余力地追求自身利益最大化,而博弈结果对于集体来说往往并非帕累托最优状态,因而推动集体利益实现的集体行动往往难以形成。

表 8-1 囚徒窘境模型

	囚徒 B		
囚徒 A	项目	坦白	抗拒
	坦白	−5,−5	0,−8
	抗拒	−8,0	−1,−1

注:−1、−5、−8 分别表示被判刑 1、5、8 年的得益,0 表示立刻释放的得益。

在公地悲剧模型里,哈丁构建了一个"对所有人开放"的牧场,他分析了理性的放牧者的做法:在一个有限的世界中无节制地增加他自己的牲畜。从而他得出了"公地悲剧"这个颇具象征性的词汇,它意味着追求利益最大化的理性个体终将导致共有资源被毫无节制地使用而直至消耗殆尽。

奥尔森在《集体行动的逻辑》中,首先反驳了早期研究集体行动的学者所认为的"一个具有共同利益的群体必然会为实现这个共同利益而采取集体行动"的观点,并基于完全理性假设给出了一种新的解释:因为个体利益与集体利益可能存在冲突,所以个体理性选择与集体理性选择的结果不一定具有一致性,而且由于理性个体的"搭便车"倾向,形成集体行动需要一定的组织成本,这些因素会阻碍集体行动的形成。

(三) 研究方法

1. 研究工具的选择——案例研究法

本报告采用案例研究法,主要选取 Y 区 H 街道作为研究对象。一是因为 Y 区 H 街道是 S 市较有名的老旧社区,在老旧社区加装电梯政策推行中,涌现大量楼栋加装电梯的案例,辖区自 2009 年至今共加装电梯 730 台,数量位于全市各区首位。其出现的问题具有一定的典型性和代表性。二是其参与主体多元,具有广泛的代表性,能够在一定程度上折射出加装电梯遇到的普遍性问题,比如加装电梯申报的规划审批难、业主的意见难以统一、加装电梯的钱由谁来掏等都是在加装电梯申报规程中经常遇到的问题;三是课题组指导老师受 S 市 Y 区 H 街道委托研究相关课题,且课题组成员于 2018 年 10 月至 2019 年 8 月相继于 H 街道实习,赢得深入研究场域的机会,能获取大量一手和二手政策及媒体资料,具有研究便利性。

小组采用案例研究中的多案例比较的研究策略。相较于单案例研究,部分学者认为从多个案例中推导出的结论往往更具说服力和可推广性。在有条件和资源的情况下,应该尽可能选择多案例研究而非单案例研究，以提高内在效度和外在效度。① 另外，多案例研究能够更全面地了解和反映案例的不同方面，它可以指向同一个证据，或者为相互的结论提供支持，从而形成更完整的理论。② 基于此，课题组在整理Y区H街道的所有访谈楼栋中，选取了三类电梯加装楼栋作为研究对象，分别是一个成功加装的楼栋、两个加装受阻的楼栋以及两个加装失败的楼栋。从类别上来说，通过尽可能控制其他因素的影响，这三类楼栋属于“最相似案例”。它们具有以下三大方面的共同特点：第一，政策落实的环境相同，这三类楼栋均属于H街道；在人口特质方面，这三类楼栋居民的平均年龄较大，老龄人口较多，收入水平相对平均；在公共设施上，这三类楼栋普遍缺少物业管理，房屋陈旧，电线、水管和雨污管道等基础设施老化，安全隐患多；在房屋产权上，这三类楼栋的产权结构主要是机关单位员工住房以及通过个人交易获得产权的房屋。第二，这三类楼栋均根据Y区的相关政策，为加装电梯采取了相应的行动，比如以楼栋为单位自行沟通、协商，寻求街道帮助等。第三，卷入的主体相似，主要包括电梯加装的牵头者、筹备小组、反对户、楼栋居民、居委会、街道办和相关部门等。

在案例分析的具体方法上，本文采取了过程分析法，在S市Y区推行加装电梯政策的背景下，对三类楼栋加装电梯进行过程分析。

2. 资料收集方法

(1) 参与式观察法。课题组成员于2018年10月至2019年8月在H街道实习，进行参与式观察。其次，课题组于2018年10月至今已进行多次实地调研。

(2) 深度访谈法。课题组成员基于实习期间的观察，拟定了弹性的半结构化访谈提纲，在2019年4月至8月开展了多元化、多层次的深度访谈。对H街道加装电梯“楼栋牵头人”、反对户、居委会主任、社会工作者、政府相关人员等进行全方位访谈，了解住宅电梯加装的具体实施情况和过程，各个组织在其中的参与情况；同时在访谈中遵循“共同建构”和“深入事实内部”的原则，通过开放式问答和对访谈情景的观察，获得立体化的访谈稿和备忘录，从而建构电梯加装案例的故事性。

(3) 实地考察法。课题组成员于2018年10月对Y区H街道的街道办以及H社区、YD社区、TJ社区、HY社区、BY社区的居委会和涉及的社工组织，选取了5个社区共17个楼栋进行实地调研，并通过三角验证的方法来保证访谈资料的真实性，对每个社区居委会相关负责人和楼栋的牵头者及居民进行访谈，并整理访谈记录21份，超过20万字。

3. 资料分析方法

本研究利用Nvivo 11软件对电梯加装的三种不同类型案例进行资料分析，并结合质性研究的方法，对原始资料进行编码。主要编码思路是从松散的、影响加装进程的因素中，发展出描述性、实质性电梯加装案例架构，编码过程体系包括选择性编码、主轴性编码和开放性编码(见表8-2)。

① 罗伯特·K.殷.案例研究：设计与方法[M].周海涛，史少杰，译.重庆：重庆大学出版社，2004.

② 罗伯特·K.殷.案例研究：设计与方法[M].周海涛，史少杰，译.重庆：重庆大学出版社，2004.

表 8-2 电梯加装案例编码体系实例

选择性编码	主轴性编码	开放性编码/关键词	详细描述/关键词
楼栋背景 B	硬件设施 B1	1. 楼层结构	1. 有坡度 2. 消防通道 3. 一层为公共用地 4. 一楼为公用
		2. 地基问题	1. 地质 2. 地下管网
	配套设施 B2	1. 公共设施	1. 消防栓 2. 绿化带 3. 化粪池 4. 煤气 5. 水管 6. 防火设施 7. 空调
		2. 自建设施	1. 私人物品安放处 2. 违章建筑
		3. 两栋楼共用电梯	

具体而言，首先，针对原始数据进行开放性编码，目的是将原始数据抽象化、概念化为影响加装进程的具体因素；接着，进行主轴性编码，将开放性编码获得的影响因素进行分类、比较，提炼出影响因素所属的主影响范畴；最后，采用选择性编码，通过分析不同主影响范畴之间的关系，挖掘能够统领所有主影响因素和范畴的“核心范畴”。通过逐步归纳提炼，最后获得了加装案例编码架构的核心范畴之一——“楼栋背景”，该核心范畴共获得 30 个开放性编码的支持，其中关键词多次出现重复编码，由此说明该核心范畴已经达到理论饱和，足以支撑整个案例编码架构。

而 Nvivo 11 软件不仅能够契合本研究采用的“三级编码”编码体系，而且能提高资料分析的准确度和效率。首先通过创建节点对原始材料进行细致的开放式编码，再通过对比、合并节点，将其分类并形成主轴性编码和选择性编码，然后将不同分类导入集合，最终形成整个电梯加装案例编码架构。图 8-3 为课题组中期成果展示。

（四）案例呈现

1. 加装成功的案例

案例一

一、“临危受命”任楼长

访谈者 K 先生今年 63 岁了，住在 7 楼。他原本在部队当兵。退役后在政府部门工作

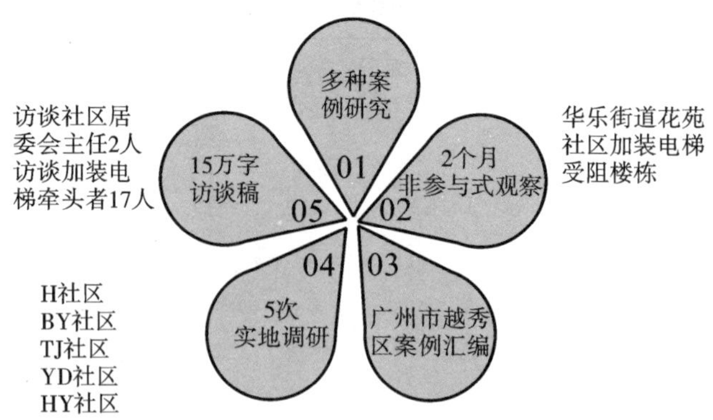

图 8-3　课题组中期成果展示

过一段时间，现在是退休人员。他有两个小孩，老大在读初中，老二在上小学。他现在是加装电梯的主要牵头者。谈到加装电梯，他有些激动："我是为了大家好，不是仅仅为了我自己，楼里那么多老人小孩，上下楼梯都很不方便，但那些有意见的户主都来针对我，说话也很难听，他们说加装电梯是'把我的幸福建立在他们的痛苦之上'。"①

"这栋楼原先是单位房，大家相互之间都是同事，感情也很好，现在大家都老了，基本都退休了。不过之前因为一些业主出售了自己的房子，这里就只剩 2/3 是原业主了。比如二楼的住户就是后面新来的业主。但是大部分邻居都希望给我们楼栋加装电梯，方便老人小孩出行。"②然而说来容易做来难，召开第一次业主大会真正需要推选业主代表的时候，有些人却纷纷开始退缩，"我家有事走不开""我不太懂""我不懂算账"等声音出来了。"那就我来吧，我不干也就再没人能干了"③，K 先生临危受命，接受了这份差事。不过好在 K 先生自己在政府部门工作过一段时间，人脉较广，认识一些熟悉办理加装电梯相关事宜的政府部门工作人员。而且他们后来成立的电梯加装筹备小组里面有一些专业人士，比如说有一个是做房地产的 F 先生，也是负责人之一。F 先生对自己的能力还是很有自信的，他说："我是做房地产的，会比较了解那些电梯公司、法律和加装流程。"④H 社区居委会的 L 主任也这样评价他："他（F 先生）对法律比较熟悉，因为他之前跟进过很多有关司法的工作。"⑤

为了更顺畅地推进电梯加装工作，H 社区 20 号楼的住户推选 K 先生为电梯加装筹备小组组长。原本 K 先生也想让低层代表也加入电梯加装筹备小组，但反对户不想理会 K 先生他们，也不参与协商工作，甚至阻挠协商工作。不过 K 先生后来也不是很在意 2 楼的不参与态度了，认为高层住户多的话工作起来也积极一些。最后电梯加装筹备小组的组成人员是 9 楼 1 个，8 楼 2 个，7 楼 1 个，5 楼 1 个，4 楼 2 个。

在电梯加装筹备小组建立之后，K 先生也顺利被推选为组长，502 房住户说道："我们都很信任 K 先生，因为他以前当过兵，做事情不拖泥带水，而且他很坚持，相信一定能带领

① 访谈记录：G 省 G 市 T 区 H 社区 20 号楼 7 楼 K 先生，2019 年 8 月 1 日。
② 访谈记录：G 省 G 市 T 区 H 社区 20 号楼 7 楼 L 主任，2019 年 8 月 2 日。
③ 访谈记录：G 省 G 市 T 区 H 社区 20 号楼 7 楼 K 先生，2019 年 8 月 1 日。
④ 访谈记录：G 省 G 市 T 区 H 社区 20 号楼 6 楼 F 先生，2019 年 8 月 2 日。
⑤ 访谈记录：G 省 G 市 T 区 H 社区 20 号楼 7 楼 L 主任，2019 年 8 月 2 日。

我们成功加装电梯。”①

电梯加装前期，电梯加装筹备小组的工作还是比较顺利的，因为这栋楼外面有足够的公共空地，不会占用消防通道，也不会破坏原有的基础设施，在审查上不会出什么问题。

二、邻里街坊“结梁子”

难协商的主要还是在反对户身上，他们反对的理由是采光和风水，而且觉得高层住户是在炒楼，加装电梯会抬高他们的房价，让低层的房子贬值。而这次加装电梯，也是2楼的业主反对声最大：“你高层的人倒是开心了，但是我们低层的人怎么办？我们的生活会受严重影响啊！”201房住户L女士说道：“家里的采光本来就不好，加装电梯后采光可能更差，甚至会挡住家里的风水。”②

每次K先生去和反对户交流的时候，都憋了一肚子的气，经常面对“脸难看、门难进，敲不开”的尴尬局面。“还好一楼是商铺，要不然我们这反对的人就更多了。”③K先生有些心力交瘁，他感受到对反对户做思想工作实在是太难了。

不过K先生觉得，有人因为风水作为反对的理由，他自己是绝对不接受的。而且楼栋全体大会已经同意了2楼及以下的住户可以免费使用电梯，他们有什么好反对的呢？

电梯加装筹备小组和反对户之间的矛盾一直没有得到根本解决，在几次无效沟通后，2层住户在意见征集中也开始不表态了，“既不提出反对意见也不表示同意”，或者每次都提出新的要求从而拖延电梯加装进度；202住户就更加强硬了，直接说“无论如何都不会同意加装电梯，更不会在文件上签名”。④

面对反对户的坚定态度，K先生一开始采取的行动是做思想工作：“我们必须坚定信心，我会让和反对户有很好私人关系的人来负责对他们做思想工作。”⑤K先生试图通过非正式关系打开电梯加装筹备小组与反对户之间的沟通渠道，然而效果不尽如人意。

在整个电梯加装协商过程中，前前后后一共经历了三次协商。

第一次协商中2楼住户提出反对意见时，电梯加装筹备小组选择了让步，“第一次公开反对我们动工的时候，我不想把事情闹大，毕竟还是觉得街坊邻居应该和平协商嘛”⑥。在第二次协商中，居委会和社工都被请来了，2楼住户又提出新的诉求，说要用观光电梯。但是K先生认为：“玻璃一个是容易破裂，另一个是以后的维护量大。如果用水泥砂浆、贴瓷砖的，永久性和安全性会更好，我们也不可能单单为了你们两户使用这么高风险、高维修成本的电梯呀。”⑦2楼住户于是又要求高额赔偿，第二次协商以失败告终。

第二次协商失败后，K先生采取了进一步的行动。他把具体请求写出来，然后交给居委会看，让居委会写意见、加盖公章，随后交给街道。街道了解完情况后，认为就算一户反对也要解决这个问题。虽然根据《广州市既有住宅增设电梯办法》第五条，对于加装电梯，

① 访谈记录：G省G市T区H社区20号楼502房住户，2019年8月2日。

② 访谈记录：G省G市T区H社区20号楼201房L女士，2019年8月5日。

③ 访谈记录：G省G市T区H社区20号楼7楼K先生，2019年8月1日。

④ 访谈记录：G省G市T区H社区20号楼202房W先生，2019年8月5日。

⑤ 访谈记录：G省G市T区H社区20号楼7楼K先生，2019年8月1日。

⑥ 访谈记录：G省G市T区H社区20号楼7楼K先生，2019年8月1日。

⑦ 访谈记录：G省G市T区H社区20号楼7楼K先生，2019年8月1日。

2/3 以上的业主同意即可，但是有一户强烈反对，涉及这个问题，业主都要协商好，而且反对户的意见，不仅是挡光的问题，还涉及补偿，业主就要继续协商，直到协商成功为止。于是电梯筹备小组求助政府部门援助也以失败告终。

在无法取得政府支持的情况下，电梯加装筹备小组坚持 2/3 原则，“我们带上楼栋 2/3 住户的签字跟街道理论”[①]。在电梯加装筹备小组的坚持不懈下，街道后来还是批准了，但是要求电梯加装安全且证明没有阻碍消防通道。电梯加装筹备小组最后提交资料给街道备案，并且联系了电梯公司来安装，也让街道来检查电梯安装，整个过程是“艰难的”。

在电梯施工的时候，2 层住户又想阻拦施工进行。“但是我态度很强硬，坚持要开始装。”K 先生说。[②] K 先生认为要让反对户认识到，加装电梯已经走到这一步了，已经到最终阶段了，一定不能被人破坏。电梯加装筹备小组打印好积极施工的标语，准备让年轻人围起来，一些人负责讲理，一些人在外围负责报警，一些人负责看守工地。

在第二次强行使用 2/3 原则通过规划局审批后，电梯加装筹备小组开始紧锣密鼓地安排电梯公司施工的时候，2 楼住户十分气愤，他们认为“就是拿着个批文压着我们”。202 住户 W 先生前去阻拦施工，把垃圾桶里的垃圾都倒到工地里，现场的电梯加装筹备小组人员立马采取行动，几个年轻人跟 202 房住户动起手来，202 房住户的母亲前来劝架却被推倒在地：“我妈来劝架，6 楼的人把我妈的腿拉住，然后把我妈拉倒了。”[③]场面一度十分混乱。最终，电梯加装筹备小组成员对 201 房、202 房住户动之以情、晓之以理，结合居委会现场的调解，“现在全国都推行老旧社区改造，这是大势所趋”；“每个人都有老的时候，照顾一下邻里的老人也是一种积德”。201 房、202 房住户最终还是在软磨硬泡下同意了电梯加装。历时 5 年，这个楼栋的电梯加装终于有了一个好结果。

2. 加装受阻的案例

案例二

X 楼栋位于 G 市老城区，1 楼为商户，2 楼至 8 楼为住户。X 楼栋中部分住户因拥有多处房产，有些仅将该楼栋房产作为学区房使用，并非常年居住。此外，还有部分住户已将房屋出租或准备出租和售卖房屋。因此，该楼栋的居民既包括原有住户，也有租户，居民结构较为复杂，邻里之间平时也就打打照面，互相不太熟悉。

在该楼栋高层住户中，老人小孩数量较多，出行较为不便，一直存在较为强烈的电梯加装意愿。牵头者 A 居住在 9 楼，当初购买这套房产时由于经济方面的原因，未能购买电梯房。而直到 2010 年，因为一次意外事故导致腿部摔伤，使其“连上 2 楼都觉得很艰难”，于是他购买了一栋电梯房，搬离了此楼栋，但依然是原房屋的业主。在 2016 年，老旧小区加装电梯成为热潮后，A 先生也萌生了加装电梯的念头，认为“加装电梯一直是我的梦想”[④]，便着手组织 X 楼栋加装电梯事项。而这也得到了大部分居民的支持，比如居民徐阿姨说：

---

① 访谈记录：G 省 G 市 T 区 H 社区 20 号楼 6 楼 F 先生，2019 年 8 月 2 日。

② 访谈记录：G 省 G 市 T 区 H 社区 20 号楼 7 楼 K 先生，2019 年 8 月 1 日。

③ 访谈记录：G 省 G 市 T 区 H 社区 20 号楼 202 房 W 先生，2019 年 8 月 5 日。

④ 访谈记录：G 省 G 市 T 区 H 社区 131 号楼电梯加装负责人 A 先生，2018 年 12 月 7 日。

“我也很需要这个电梯，真的很需要，在这里住了20多年，现在没办法，老了，脚真的走不动了。”①为推进该楼栋的电梯加装进程，2016年3月，X楼栋在一次业主大会上正式成立了电梯加装筹备小组。

在动议过程中，两家住户提出了反对意见，随后筹备小组便开展了协商工作，采取正式与非正式协商的形式，多次与反对户进行沟通。

一、经济困难齐分摊

反对户F为8楼住户，反对理由主要来自个人的金钱需求。一方面，由于个人家庭经济收入有限，根据该楼栋的电梯加装分摊方案，F住户认为其出资过高，难以支付加装电梯的费用，“8楼高一点，要分摊得多一点，我就觉得贵，就不想给那么多②”，以此为由反对加装电梯。另一方面，F住户还与相邻楼栋住户联系，将两楼栋电梯加装分摊方案进行了对比，发现两个楼栋8楼出资不一致，高于相邻楼栋，因此对电梯加装出资方案表示不满。在协商过程中，F住户的态度较为消极，拒绝与筹备小组对话，敲门无人应答，电话也无法拨通。居委会作为业主间的“桥梁与纽带”，也一起帮忙联系反对户，但成效不大，“有时候居委会打电话也遇到很多打不通的情况，有的打通了就说不是”③。于是筹备小组决定采取公开信的方式与其沟通，将公开信放入信封贴在F住户门口，希望他们能提出加装电梯方面的意见，动之以情晓之以理。一方面叙述电梯加装的重要性，请求F住户“可怜可怜”高层腿脚不便的老人，寻求F住户的支持，“我和他说，你可以不参加筹备，也不需要你交费，但你至少支持我们，把房产证交给我们去审批”④。另一方面公示该楼栋的电梯加装出资方案，分摊系数是基于政府政策。并将相关文件附在公开信之后，方便F住户更好地了解、掌握有关信息。同时在公开信中也对F住户给出了相关承诺，仅需要交纳电梯加装集资费，免去使用期间的电费、后期保养维修费，并在电梯加装后政府给予该楼栋的补贴中可拿出一部分作为补偿。⑤

不仅如此，牵头者A先生还一户户上门或通过电话的形式与其他分摊居民说明F住户的家庭经济情况，平衡各方利益。牵头者一边向各住户解释说F住户家里也有老人，存在加装电梯的需求，只是因为经济问题难以承担加装费用，各位业主“毕竟都是邻里，也不能置之不理说不让他坐”，一边表示大家为了电梯加装大局也“各退一步”：“她说她愿意承担5000元，就是说剩下的21000元是让其余业主一起承担，我说服他们（其余业主），我说如果你还嫌弃她出的5000元少，我们就得承担26000元，她无论出多少也是她的一份心意。”⑥最终在2016年9月，反对户F与其余业主达成共识，由其余业主共同承担F住户无法支付的那部分加装费用。

二、心里有道“坎”

反对户E为2楼住户。从客观层面看，E住户主要认为加装电梯影响房屋采光。而从

① 访谈记录：G省G市T区H社区131号楼7楼徐阿姨，2018年12月7日。
② 访谈记录：G省G市T区H社区131号楼8楼F住户，2018年12月7日。
③ 访谈记录：G省G市T区H社区居委会主任L主任，2018年12月7日。
④ 访谈记录：G省G市T区H社区131号楼电梯加装筹备小组成员李先生，2018年12月7日。
⑤ 《Y区既有住宅增设电梯财政补助经费管理规定》第三章第六条规定，每成功增设一台电梯，给予补助10万元。
⑥ 访谈记录：G省G市T区H社区131号楼电梯加装负责人A先生，2018年12月7日。

主观层面上，E住户存在较大的不满情绪，其本身一直有出售房屋的意愿，认为加装电梯能够使高层住户的房屋升值，相对而言低层房屋对购房者的吸引力下降，造成房屋的间接贬值，“他说买的2楼是方便，8楼（买房时）还便宜，你装了电梯还让他们增了值，2楼心里就不舒服”，因此反对加装电梯。E住户直接拒绝与筹备小组沟通协商，访谈过程中牵头者A也抱怨E住户态度十分消极：“他就是不跟你说啥，我们啥都说过了他就是不同意，他说我们同不同意你们都可以装。”协商过程中，E住户对牵头者A先生表示极大的不满与无奈，“他们就是‘枪打出头鸟’”，只能采取回避措施，让和E先生“有很好私人关系的人来负责思想工作”，于是就让筹备小组其他成员对E住户进行迂回劝说。

三、影响风水还是补偿太少？

筹备小组向反对户E提出免去其出资的方式，并将部分政府补贴款拿出来作为补偿，但2楼住户仍然不接受，其依然反对，认为加装了电梯整个2楼就会又黑又不安全，自己的利益也没有得到补偿。在沟通过程近乎停滞并且矛盾越来越激烈的情况下，筹备小组向社区申请法律援助，政府也委派了律师进社区进行调和，旨在通过与反对户签订协议，达成补偿共识，推动电梯加装进程。但谈来谈去，2楼的住户最终说出不同意的原因——补偿的钱太少了。尽管律师在场，但沟通依然失败。电梯加装进程也就此搁置。

A先生也提到希望政府制定补偿政策时，不要笼统地给出一个补偿标准，对于反对户的补偿，最好出台一个合适的参考标准。筹备小组认为这才是解决问题的核心。

同时E住户与隔壁楼栋结成了“反对户联盟”，共同抬高补偿市价。隔壁楼栋M先生在获取加装补偿时与筹备小组签订了“保密协议”，就是为了防止其与其他反对户串通，影响其余楼栋加装。但反对户M先生拿到加装补偿后，便马上告知E住户，E住户便更加坚持要拿到高额的加装补偿。

四、报建过程风波起

在与E住户的协商过程中，居委会虽有过一定程度的参与，但未取得较好结果，并倾向于让电梯加装的组织者继续向上级部门寻求帮助。但是该楼栋电梯加装的牵头人认为居委会和政府应当积极参与到电梯加装的协商过程中，而不是向上级部门推卸责任。访谈过程中，A先生抱怨道：“居委会也是建议你们自己能搞定就搞定，我们现在都不知道怎么搞了下一步……你去市调解中心要一步步上去，不是你说我直接去市政府把人带过来调解，要从居委会一直上报上去……希望居委会跟他们联系一下，还有要政府部门去谈，这样感觉信誉会好一点。”无法取得反对户E的同意，秉承着“少数服从多数——2/3”的原则，电梯加装筹备小组仍然于2017年10月向居委会递交了申请加装证明，但街道坚持需要上交100%住户同意的资料，“区街道让我们上交资料，一开始他们那边说2/3不行，一定要100%的住户同意并签名”。牵头者A表示低层住户的一票否决对高层住户不公平，坚持“不能违反国家机构的办事原则”，经过规划局等部门的论证，最后通过了“2/3同意”这一原则。此举也开了该街道老旧社区电梯加装之先河，具有里程碑意义。

五、选择公司遇“大坑”

2018年3月，X楼栋正式开展电梯加装施工。在施工阶段，由于牵头者A先生所找的电梯公司并不是很正规，“他们在楼下找到工程处……偶然碰到的，实际上我们对他们公司没有太深入的了解……这个公司挂靠一个正规公司的名义跟我们签合同，实际上并不是这家正规公司”[①]，施工过程中因地基桩质量问题导致打桩过程中楼栋墙体开裂，再次引发了住户的反对。他们只能跟电梯公司协商，而电梯公司只能做到“少打一条桩……勉强搞上去，但是质量就不是很理想”。由于质量问题导致反对户再次反对，加装进程被持续拖延，该楼栋电梯施工工作暂时停止。整个过程已经历时3年，因此A先生也希望政府能够推荐一些有资质的电梯公司，并提供相应的电梯加装经验，促使电梯加装能够更好进行。

案例三

吴先生是H社区3号楼的电梯加装牵头人，访谈当天，吴先生带领我们参观了该楼栋的内外结构，其间，他向我们讲述了3号楼在动议加装电梯后所发生的事情。

一、楼栋结构起风波

H社区3号楼原系单位宿舍，共9层36户，大部分业主已居住在此十几年，相互熟悉。出于出行需求等缘由，吴先生与其他业主于2016年12月集体动议加装电梯，同月，成立电梯加装筹备小组，吴先生被推选为组长，他说：“这几年我都在想怎么装电梯。”

在了解相关政策后，吴先生于2017年4月，将有2/3的业主签署的同意加装电梯意见书等报建材料提交规划局，每位同意加装的业主还交纳了2000元的报建费用。但是，由于提交的报建图纸出现了遮挡问题，规划局的答复函要求3号楼全栋业主通过才可成功报建。

吴先生带领我们从3号楼的正门进入楼栋内部，根据现场记录，1楼公共区域空间狭小，又因与隔壁楼栋的距离较近，故采光条件较差。但吴先生认为，可以通过加装透明玻璃电梯，或从隔壁楼栋架桥至本楼栋等方法，削弱加装电梯对采光造成的影响。吴先生说：“我曾经向街道工作人员提出过很多种方案，但街道给我的说法依然是，我们这栋楼不适用‘双2/3’要求，无论我们的方案有多完美，最终还是要拿到反对户的同意签名。”说到这里，吴先生情绪略显激动，“反对户就是揪着我们这个弱点，逼我们给他赔钱”。[②]

据吴先生描述，自动议开始，201房住户持坚决反对的态度。201房住户并非原单位员工，是购买了原业主的二手房后才搬入居住，与楼栋内其他居民较为陌生，且在居住过程中与楼内居民发生过矛盾。

2017年5月，吴先生邀请了社工，一同前往201房住户家中进行第一次正式会谈，期望可以就电梯加装问题达成共识。201房住户首先提出，要求该楼栋业主支付补偿金。吴先生：“他第一次要求我们给他30万元，这明显就是在漫天要价。我知道，有些楼栋只要补偿2万元就可以了。政府也没有给出一个明确细致的补偿方案，我知道的附近楼栋有的补2000元，有的补2万元，有的补20万元！”社工A女士向我们解释道：“我们自己对补偿款数额也没有概念，还是要靠居民自己商量，直到双方没有异议。”

第一次协商未果后，201房住户呈现不积极、不配合的态度。对于筹备小组的倡议和张贴的公告，201房住户或是不予理睬，或是直接撕掉。在后续的沟通中，201房住户采取

---

① 访谈记录：G省G市T区H社区131号楼电梯加装筹备小组成员王先生，2018年12月7日。

② 访谈记录：G省G市Y区H社区3号楼栋电梯加装负责人吴先生，2018年12月2日。

闭门不见的方式，拒绝沟通。由于反对户拒收电梯加装的相关信息，故在很长一个时期内，有关电梯加装的方案等信息并没有有效地传递至该户手中。吴先生说："就是因为这一户的问题，我们前前后后折腾了半年。有的业主也因为这样，想要拿回当初交的钱，不参与电梯加装了。规划局的具体经办人员本来说可以帮助组织者直接找反对户谈话。后来那里的工作人员又告诉我们，要求楼栋内自己解决反对户的问题。但是，靠我们居民自己去和反对户协商，总是困难重重。"该社区居委会的工作人员对我们说："我们社区会提供一个平台，让居民处理纠纷，也会派专业律师解答法律层面的问题。主要还是靠居民自主协商，达成共识。"

2017 年 10 月，在社工、筹备小组等多方参与协商下，201 房住户同意以 10 万元的补偿金作为提供同意签名的交换条件。

在获得了 201 房住户的同意后，加装方案设计、报建审批程序正式启动。由于该楼栋配套公共设施数量较多，在电梯加装的施工过程中，需要对楼栋的整体结构进行改造，涉及水管、煤气管道以及化粪池的迁移问题。"我们 1 楼地底下，正对着一个化粪池，如果要加装电梯，就要把这个化粪池挖开，移走，这又是一笔费用，都要我们业主自己掏钱。"

二、报建之路漫漫

在拿到《建筑工程规划许可证》前，筹备小组成员耗时将近一年才完成了报建程序。吴先生说："不仅报批手续烦琐，而且报上去以后得到相关部门的回复也要等待甚久，一般一次都要几个月。反复报批、反复等待大大延缓了电梯加装进程。有些住户岁数大了，还没等到电梯装成就去世了。"在访谈人员询问，为什么不让电梯公司来包办这些工作时，吴先生答道："首先，我们选的这家电梯公司只负责技术问题，而且部门审批就是需要这么长时间，我估计让谁去跑都是一样的。"吴先生还穿插讲述了一个细节："20 天公示，我们要每天买一份报纸，将报纸右上角印的日期和公示通知拍到一起，少一天都不行。刚好遇到暴雨天气，谁愿意下楼去报亭买报纸拍照？他那边就问我们为什么少了两天。意思是让我们重新计算公示期。"2018 年 9 月，该楼栋正式收到《建筑工程规划许可证》，吴先生在访谈时，给我们展示了当时业主微信群的聊天截图，从居民发出的大篇幅文字中，可以看出居民当时的心情十分激动。

三、加装工程一波三"折"

2018 年 11 月，施工队正式进入 3 号楼开始施工。半个月后，7 楼住户以对出资方案不满为由，要求返还其交纳的加装费用。与此同时，301 房住户又以加装电梯过程中产生的噪音扰民，留下沙石垃圾，电梯建成后会影响房屋风水为由，试图阻挠施工。其间，301 房住户还与施工队发生多次争吵和肢体冲突。吴先生说："曾出现三次较大的反对冲突，第一、二次反对冲突，我们采用召开业主大会的方式协商解决，但是无果而终。第三次召开业主大会时，我们小组认为，态度必须强硬，准备了四个方面的动作：年轻力壮的负责保护工地，一些人负责与反对户讲理，一些人在外面负责出现激烈冲突时第一时间电话报警。最后，我们还准备了两条维权标语，表示加装电梯是维护业主的权利，是大势所趋，已到最终施工阶段，不容破坏。"但是，301 房住户反对态度依然强烈，施工队停止施工。业主们迫于现状，只能同意以分期付款的方式补偿 301 房住户 10 万元。截至访谈当天，该楼栋业主正在进行301房住户补偿金的筹集工作，预计该笔资金到账后，施工队才可继续施工。

3. 加装失败案例

案例四

Y楼栋位于G市老城区，楼高8层，每层两户。2018年，家住该楼栋顶层的C先生考虑到随着年龄的增大，自己和老伴的腿脚也慢慢不太灵活，产生了带头倡议加装电梯的想法。据了解，Y楼栋属老旧小区，建设时间是20世纪80年代中期。目前，产权已转归私人且部分单位已经多次易手。

一、筹备联系苦无门

“我这个人一向对公共的事情比较热心，于是就抱着试一试的心态想搞一下这个事情。”①C先生对我们如是说。由于C先生是近年才从原业主手中购得该房屋，因此他和该楼栋的大多数业主并不熟悉，这使得加装过程从一开始就遇到了困难。这个单位的业主之间本身沟通就比较少，甚至连业主微信群都没有组建。C先生跟大部分人又不太熟悉，他只好打印了两张告示贴在楼栋大门口，请有意参加电梯加装发起的住户扫码加他的个人微信。一周过去，响应者只有住在他家楼下的L先生。两人讨论了一下决定拜访8楼、7楼和6楼的住户。8楼有一户是租房户，C先生辗转联系到房主，得到的反馈并不十分积极。房主认为虽然加装电梯可以提升房子的租金，但是如果加装的投入过大则得不偿失，因此并不想主动参与到加装发起小组中来。7楼有一户已经移居海外，因此也对加装电梯不感兴趣。经过受访者的多番劝说，6楼的W先生和J女士两户终于同意加入筹备小组，Y楼栋的加装“大计”开始走上正轨。

二、逐户探访听意见

通过他们的小组群聊记录可知，4名发起人此前对电梯加装的相关政策都没有具体的了解，只是在电视上看到过相关报道。讨论后，他们决定派出W先生先到居委会问一下相关情况。然而居委会的工作人员表示对此类政策不太了解，建议W先生到街道问一下。街道工作人员告诉W先生第一步首先是了解楼栋里的所有住户加装电梯的意向如何。W先生询问工作人员能否提供标准的流程图，工作人员却表示街道没有制作相关的图表。W先生只好与其他几名发起人商量先行分工联系各层住户，同时他们决定暂时先对1楼和2楼的住户保密。处于中间三层的业主对加装电梯的倡议都没有提出明确反对，但是3楼的两户对此的态度比较模糊。“他们当时主要就是说：我3楼的装不装都无所谓，我不反对，但是如果要出钱的话就不太愿意。”②

基本摸清该楼栋居民的意见后，筹备小组的J小姐提出是不是要跟1楼和2楼的住户接触一下。C先生并不同意J小姐的提议，他认为过早地跟低层住户联系可能会让加装遇到更大的困难。最终这个提议以三比一被否决了。C先生主张资金分摊等问题暂时不谈，既然大多数住户没有反对，不如先拉个群让大家筹钱找设计公司设计一个加装方案出来，之后再根据方案讨论其他问题，这个意见最后得到了大家的认可。

---

① 访谈记录：G省G市Y区H社区Y号楼C先生。

② 访谈记录：G省G市Y区H社区Y号楼W先生。

三、工程勘察引争端

4名牵头者中只有L先生认识某电梯公司的工程师，大家于是委托这家公司为楼栋设计了电梯加装方案。由于房屋设计并无预留电梯井，该公司的方案是在建筑外墙建电梯井并利用原楼道连接各楼层。电梯公司设计方案需要派出工程师对楼栋的相关参数进行测量，这些带着测量工具的外来者引起了低层住户的注意，从测量人员口中，他们得知中高层住户正在组织加装电梯。1楼住户Y先生得知这一情况马上联系了1、2楼的其他住户，商量向加装住户要求给予赔偿金。4户人家在Y先生的协调下最终决定每户统一要求7万元补偿金。Y先生主动找到几名牵头人表达了低层住户的要求，牵头人则认为补偿金太高，他们再次找到居委会求助要求协助调解。居委会回复加装电梯属于居民内部事务，主要由居民内部协商，居委会最多只能提供活动室给居民作为开会协商场地。

四、因户施策来游说

协调小组向其他中高层居民征求意见，其中一位住户分析道：1、2楼的4名住户中，2楼的两户家中也有老人难以上下楼，应该属于比较容易突破的。4名牵头者于是分别与这两户商量降低赔偿金额。这两户一开始并没有松口，同时还提出如果电梯按照现有方案安装则必须拆除装在楼道的消防栓，有一定安全隐患。其中一户在看过设计方案后注意到电梯井的边缘非常靠近他家的阳台，甚至可能需要切割掉阳台原有的围栏，户主因而更加坚持补偿金不变。小组相应提出可以出资重新修建护栏并在阳台另一边以向外突出的形式补偿阳台少了的面积，但是要降低补偿金额。C先生抓住这两户的特点强调电梯对于家中老人出行的便利。“本来这栋楼住户就少，加装电梯大家分摊的费用已经较高，如果补偿费定得太高导致装不成对大家都没有好处，难受的是腿脚不便的老人。”[①]筹备小组抓住出行便利这个点成功打动了两户老人的子女，他们同意将补偿费降为每户3万元。虽然2楼与1楼的“联盟”被打破，但Y先生与1楼另一户仍然坚持7万元的补偿费。Y先生认为电梯井虽然没有对他的房屋造成直接影响，但电梯井离其中一个窗户较近，可能影响屋内的采光和通风。另外他还表示找风水师傅看过，如果在该位置加装电梯可能会让未来的财运受到影响。

五、加装费用起矛盾

在施工方案出炉以后，筹备小组同时讨论了资金分摊方案。C先生提出的参考附近楼栋以4楼作为系数1，依次按系数随楼层递增/递减，1、2楼免交的方案得到小组成员一致赞同。这个方案公布以后即遭到3楼住户的反对，户主认为3楼也应纳入免交加装费用范围，否则将不会同意加装。牵头的C先生告诉我们：3楼的两户现在住的都是年轻人，没有太强的电梯需求，很麻烦。在1楼、3楼和其他同意加装的业主争执不下的情况下，他们都分别找到了居委会。这次居委会同意与驻点社工一起组织一场调解会，给居民一个沟通的平台。我们亲历了本次协调会，社工和居委会工作人员分别收集了双方的意见，但是还没等意见收集完，双方就吵了起来。会后以C先生为代表的筹备小组认为已经与低层住户有充分协商，即使他们不同意，居委会也应出具充分协商证明作报建之用。

---

① 访谈记录：G省G市Y区H社区Y号楼C先生。

六、小组内部现猜疑

居委会并没有同意这一请求，居委会主任对我们坦言：“现在这栋楼的居民冲突这么厉害，如果贸然开这个证明，将来出了什么事可负不起这个责任。”[①]证明开不成，筹备小组内部反而起了争端，原因是C先生到附近考察时了解到某小区加装的报价明显低于自己楼栋的报价。他怀疑L先生与电梯公司之间有利益交换，L先生坚决否认了这一指控，他说自己一片好心利用自己的关系找来了电梯公司来设计反而被人误会。C先生和L先生之间的争端没能解决，筹备小组也因此陷入停滞。Y楼栋的电梯加装工作从此停滞下来，直到今年也再无下一步推进。“现在大家提到这个事情都直摇头，闹出这么多纷争我也累了，算了。”[②]J小姐以这句结束了访谈。

案例五

位于Y区的H社区55号楼是一栋兴建于20世纪80年代的房改房。55号楼1楼为商户，2楼至7楼为住户，每楼3户，共有18家住户。之所以电梯加装进程一直停滞不前，可谓先天不足，后天失养。

一、先天不足，后天失养

55号楼建于与56号楼共用的半坡上，平时两栋楼的住户需走上半坡才能到达楼栋入口，这也导致了两栋楼的间距过近，无法满足电梯加装中电梯井与附近楼栋的间隔距离需超过6米的要求。[③] “当时建楼的时候图方便嘛，不想挖掉这个坡，而且以前也没有想到将来要装电梯，所以在设计上就没有考虑到这一点。”楼长Q女士说。这种先天不足成为反对户的首要反对理由。C女士是1楼的主要反对者，她认为“(楼栋间)空间这么小，装了(电梯)之后肯定会影响1楼的采光”[④]。2楼的住户也应声附和道：“我们查过了《S市既有住宅增设电梯办法》第15条，里面就说了，影响低层住户采光，则不适用三分之二住户同意的协商原则，需受影响的全部住户签字同意。”[⑤]由于加装电梯对低层住户影响较大，低层住户甚至建立了名为“反对者联盟”的微信群，专门用于反对电梯加装。

二、小组内部互信不足

在住户结构方面，由于迟迟未加装电梯，原有的老住户一部分仍然留下，而另一部分则选择了搬离，并将房屋变卖或出租。因而目前该楼栋的居民新老住户与租户混杂，且各个年龄层次的住户均有涉及。“要使电梯加装筹备小组团结起来非常艰难。”老住户D先生这样认为，“留下来的老住户真的不多，我们不认识新住进来的，相互之间交流也很少。”[⑥]平常不来往，就连平常开会讨论的时间也不多，筹备小组内部的意见难以达成一致。筹备小组的一些成员甚至因为采光问题也要求一定的补偿。筹备小组的一些高层住户甚至也想趁

---

① 访谈记录：G省G市Y区H社区居委会主任。

② 访谈记录：G省G市Y区H社区Y号楼J小姐。

③ 《S市既有住宅增设电梯技术规程》第2.1条规定，增设电梯方案的梯井(或连廊)与本交通单元内住宅或相邻住宅主要使用房间(卧室或起居室)窗户的正投影净距小于6米，可视为严重遮挡。

④ 访谈记录：G省G市Y区H社区55号楼C女士，2019年4月4日。

⑤ 《S市既有住宅增设电梯办法》第15条规定，严重遮挡情形下，应当取得受影响业主的书面同意意见，或者修改建筑设计方案避免出现严重遮挡情形。

⑥ 访谈记录：G省G市Y区H社区55号楼D先生，2019年4月4日。

机“捞一笔”，认为自己出资比例过高或得不到应有的补偿。位于高层的筹备小组成员 Z 先生说：“装电梯我不仅要出不少钱，还会影响我的采光，这么不划算的事情，我也应该得到些补偿吧。”①

由于 55 号楼特殊的住户结构，电梯加装的发起者和组织者主要为留守的老住户，他们多为退休老人，由于出行问题，对于电梯加装有强烈的需求。2017 年，该小组共同协商确定了一套电梯加装出资方案。在征求住户意见时，有部分住户认为其出资过高，拒绝加装电梯。筹备小组内部进行商讨后，大部分成员同意调整出资方案。但筹备小组组长未能遵循组内大多数成员的意见，否决了该方案。这一行为引起了组内成员的不满，原筹备小组成员 F 先生在访谈中提到：“明明小组内是民主协商的，凭什么你组长有权利一票否决大家同意的方案，本来大家就是为了整栋楼才来帮忙，组长这样专断，我们还有什么工作积极性。”②因此有成员退出了筹备小组，之后还有成员因搬离该楼栋而退出了筹备小组，由此筹备小组解散，变成由原筹备小组组长一人负责，组织效率大不如前。

三、大量业主选择观望策略

55 号楼部分是已搬出的又将房屋出租的业主，在 G 市拥有多套房产的 L 先生认为，自己已经不在楼栋内居住，加装电梯并未对自身产生实际利益，所以没有必要同意花钱加装。“这地方已经不是我住了，而且我也不会再住这里，除了租金可以升一两百块，装电梯其实没啥作用，我也不想费脑筋。”③另外一类业主则在电梯加装上保持中立，“最怕邻里间关系被破坏”，担心楼栋其他人的态度，要等到所有住户同意后才表态，作为最后一个人签名同意。

四、缺乏有效协商机制

在 55 号楼的加装协商过程中，组织者主要采取的协商形式是非正式协商，通常的做法是进入到反对户家中，与反对户进行面对面沟通。在前期主要是由筹备小组成员负责与反对户协商，在后期筹备小组解散后，则主要由原筹备小组组长承担协商工作。尤其是在后期，由于仅有一位组织者负责与反对者沟通协商，且要挨家挨户与住户进行沟通，确定其对电梯加装的意见，该楼栋的协商进程较为缓慢。此外，由于反对户的意见和诉求较为复杂，再加上街道和居委会未出面协助沟通，无法开展正式的、多主体参与的协商，目前该楼栋住户仍未达成一致意见，协商进程已经停止。

三类电梯加装推进情况如表 8-3 所示。

---

① 访谈记录：G 省 G 市 Y 区 H 社区 55 号楼 Z 先生，2019 年 4 月 10 日。

② 访谈记录：G 省 G 市 Y 区 H 社区 55 号楼 F 先生，2019 年 4 月 4 日。

③ 访谈记录：G 省 G 市 Y 区 H 社区 55 号楼 L 先生，2019 年 4 月 10 日。

表 8-3 三类电梯加装推进情况

类别	楼栋	楼栋背景		利益关系		协调机制			对政府的期望	加装效果
		居民构成	硬件设施	反对者利益诉求及行动策略	组织者特质	协商机制(涉及主体、如何调解)	分摊机制	补偿机制		
1类	H社区20号楼	(1)业主租户并存,原业主占多数。(2)老人小孩居多。(3)有熟悉电梯加装的社会关系。(4)有电梯加装筹备小组	(1)楼层结构:有足够公共空地。(2)公共设施:不占用消防通道和其他基础设施	(1)原因:采光和风水、房子贬值。(2)高额赔偿。(3)拒绝协商,阻碍施工	(1)退休、军人出身、有政府工作背景及房地产相关背景。(2)法律意识强。(3)组织协调能力强,拥有权威。(4)与大部分住户熟悉。(5)高层住户需要电梯	(1)政府同意2/3原则。(2)正式与非正式协商。(3)主体涉及:政府、街道、居委会、筹备小组、反对户	以4楼作为系数1,依次按系数随楼层递增/递减,1、2楼免交的方案	业主自筹,金钱补偿	(1)加大重视程度。(2)提供赔偿标准。(3)手续简化。(4)适当介入	加装成功
2类	H社区131号楼	(1)一楼为商户。(2)原住户与租户并存。(3)老人小孩较多	(1)学区房。(2)老城区	(1)原因。高层:出资过高。低层:房屋贬值且补偿金额少。(2)高层:态度消极,拒绝与筹备小组对话。低层:形成“反对户联盟”	(1)经济能力不足。(2)筹备小组内部混乱。(3)主动寻求律师帮助	(1)向社区申请法律援助。(2)与反对户签订补偿协议。(3)采取公开信的方式与反对户沟通	以4楼作为系数1,依次按系数随楼层递增/递减,1、2楼免交的方案	用政策补贴进行金钱补偿	请求居委会协助协商	加装受阻

续表

类别	楼栋	楼栋背景		利益关系		协调机制			对政府的期望	加装效果
		居民构成	硬件设施	反对者利益诉求及行动策略	组织者特质	协商机制（涉及主体、如何调解）	分摊机制	补偿机制		
2类	H社区3号楼	原业主较多	(1)楼栋入口通道极为狭窄。(2)公共区域空间狭小。(3)与隔壁楼栋的距离较近	(1)高额赔偿，漫天要价。(2)闭门不见，拒绝沟通。(3)阻碍施工	(1)领导力强。(2)多方合作精神。(3)坚持不懈，推进电梯加装	(1)邀请社工介入。(2)业主大会商议。(3)正式与非正式协商	以4楼作为系数1，依次按系数随楼层递增/递减，1、2楼免交的方案	业主自筹，金钱补偿	简化流程	加装受阻
3类	H社区Y号楼	产权已转归私人且部分单位已经多次易手	(1)楼道的消防栓需要移除。(2)非常靠近住户阳台	(1)每户统一要求7万元补偿金。(2)补偿没有被答应后扬言威胁	(1)认识某电梯公司的工程师。(2)早期便成立筹备小组，但后期发生内讧	居委会同意与驻点社工一起组织调解会，给居民一个沟通的平台	以4楼作为系数1，依次按系数随楼层递增/递减，1、2楼免交的方案	业主自筹，金钱补偿	(1)要求协助调解。(2)要求居委会开协商证明作报建之用	加装失败
	H社区55号楼	(1)该楼栋为建于20世纪80年代的房改房。(2)1楼为商户，2楼至7楼为住户，每楼3户，共有18户。(3)住户性质多元	(1)房子位于与56号楼共用的半坡上。(2)楼间距较小	(1)建立了“反对者联盟”。(2)高层住户要求少交钱款，低层住户要求高价补偿	缺乏动员能力和组织能力	未建立有效协商机制	以4楼作为系数1，依次按系数随楼层递增/递减，1、2楼免交的方案	未定	要求居委会辅助	加装失败

第二节 案例问题

(1) 电梯加装难在何处?

(2) 目前的做法是如何试图解决电梯加装困难的?

(3) 集体行动如何在“助推”中达成?

第三节 案例解答

“电梯加装组案例大赛现场答辩”微视频

一、电梯加装的反思

(一) 电梯加装难在何处

1. 需求层次不均衡

在几类案例中,我们可以看到几个共同点:在楼层方面,高层住户普遍希望尽快增设电梯,且分摊费用合理;而大多数低层住户认为,增设电梯不仅不能为他们的出行带来便利,且极有可能衍生出遮光、房屋贬值等问题,从而导致权益受损。在某种程度上,加装电梯是高层、低层住户之间的零和博弈。在住户属性方面,房屋出租或空置的原业主,或是基于房屋增值的需要,积极支持加装电梯,或是因其本人不居住在该楼栋,使用电梯的机会较少,而不愿意分摊加装费用,情况较为复杂。在年龄结构层面,老年人、行动不便的住户与较为年轻、健康的住户对于电梯加装的态度呈现出较为明显的差异。不同类型的住户对于加装电梯的需求层次及需求程度不均衡,于是在信息不对称的情况下产生利益博弈。有人趁机“搭便车”,有人趁机“敲竹杠”。[①]

2. 收益可得性与风险认知

助推理论的主要提出者理查德·泰勒指出,人们在做出判断和选择时主要运用的是直觉思维系统,它具有从熟悉事务上进行迁移和联想的感性特点。对于电梯加装来说,正如案例中所述的那样,人们既往接收到的信息很大程度上是媒体关于这类工程协商难、周期长的信息,这减少了相关楼栋住户成为加装电梯的倡议者和支出者的可能。而对于低层住户来说,电梯加装更具有风险和损失上的易感知性以及在获益上的低可得性。在评估损失时,人们就会调用直觉思维系统,通过“迁移”和感觉进行“理性”计算。比如在受访者叙述的对房价的可能损失的计算以及对可能出现的噪音、采光影响的话语中,我们更多听到的

① 胡伟强.政府在老龄化社会中如何作为——以老旧住宅楼加装电梯困局为例[J].中国法律评论,2018(1):190-193.

是“你怎么知道不会，这个东西很难讲的”，“我听说附近有一个单位……”一类的语言，体现出明显的“公众风险话语特征”①。相较于非即时性、低可得性的收益，亦即出行便利来说，居民明显表现出了“损失厌恶”的特点，更为偏向于规避风险而非争取获益。

3. 锚定法则与补偿协商

助推理论提出了三大法则，其中之一就是锚定法则。所谓锚定法则，简单来说就是一个“锚定和判断”的过程，在电梯加装的过程中有机会拿到补偿的住户的锚点主要来源于两个方面：一是从已知的地方经验出发，参考附近或其所知的其他案例的赔偿金额；另一种是将先前基于直觉思维计算出来的损失作为“心理价位”，即锚点。一旦确定锚点，此后的讨论和变化往往会在此基础上提出，因而协商的余地并不大，在客观上会削弱住户平等协商的共同基础。

4. 反对者的社会网络与身份体认同

已有的大量研究指出，集体行动的达成与潜在参与者的相关社会网络密度和强度具有显著的相关性。社会网络具有强大的社会化功能，即利用网中人对于特定议题的共同关注和共同意见创立和强化网络参与者的共同身份体认，“在身份体认的基础上还可能进一步形成他们对该事物的一套解释框架。这种社会网络在集体行动早期起“初始配置”作用的过程，就是社会化功能”②。电梯加装中的低层住户通过私人关系组织起来的讨论就起到这种效果，在讨论中他们逐渐形成“多数压迫少数的受害者”、“固定利益受损者”的身份体认，这种身份认同是造就“反对者联盟”的基础。

5. “刁民”式抗争与政治考量

根据笔者的参与式观察，结合已有的经验材料和学理讨论，本文将电梯假装过程产生的反对户分为三种类型的抗争，分别是沉默式抗争、“刁民”式抗争和“暴民”式抗争（见表8-4）。

表 8-4　反对户的抗争类型

类型	沉默式抗争	“刁民”式抗争	“暴民”式抗争
特点	“沉默的大多数”，缺乏实际维权行动，处于观望状态	“依法抗争”，通过频繁投诉和上访来维权，属于制度内抗争	“以身抗争”，通过肉体威胁并阻拦电梯的施工，属于制度外抗争

第一类是沉默式抗争，即不主动采取行动反对电梯加装。沉默的原因有很多，如不想破坏多年邻里关系的人际关系成本考虑、认为加装电梯对自身并无太大消极影响、不敢或不知道如何抗争等。这并不意味着此类型的住户就会同意电梯加装，相反，他们往往会使用“消极应对”，即“玩失踪”、“抵制协商”、拒绝与筹备小组取得联系的策略，使得筹备组、居委会等无法知悉其真实态度并与其进行协商，以此作沉默式抗争。

第二类是“刁民”式抗争，所谓“刁民”，指的是无法阻止其他住户以双 2/3 形式推动电梯加装又无法取得自己认为的合理赔偿，因而采取频繁到居委会、街道乃至国土规划部门

① 颜昌武，何巧丽．科学话语的建构与风险话语的反制——茂名“PX”项目政策过程中的地方政府与公众[J]．经济社会体制比较，2019(1)：61-69．

② 句华．助推理论与政府购买公共服务政策创新[J]．西南大学学报(社会科学版)，2017，43(2)：74-80．

“吐苦水”“讨说法”的居民。居委会的定位是自治组织，但它在某种程度上又是政府在基层的代言人。这种模糊的定位使得居委会在承接政府任务的转移上花费大量的精力，根本无法有足够的人手和精力为双方建构协商平台或者提供有效的建议和引导。但是作为群众最容易接触到的“公权力”，街道、居委会往往是加装电梯的双方最容易“找上门”的单位。在对这些抗争者的访谈中，我们发现，他们往往认为街道和居委会是筹备小组的帮凶，是支持加装的人携“公共利益”的道德高度批判反对者的帮手。从实际观察出发，我们认为居委会实际上采取的是一种“消极协商”的策略，不主动参与推动电梯加装，不拒绝提供协商请求，不负责纠纷协调。但是通过这种踩线而不越线的抗争，抗争者通过维稳风险的传导得以令街道、居委会成为可利用的资源和筹码。由于高频次投诉的“刁民”的存在，街道、居委会为其所在楼栋开具电梯加装工程批复所需要的协商完成证明时必然要考虑可能的抗争升级后果。

第三类是“暴民”式的抗争，这类抗争者比较少，但是往往能够强势达成其目标，当然此过程可能涉及违法并会对自身造成伤害。例如Y区某楼栋反对户因阻碍施工，与人发生争执，因心脏病突发不幸离世。在中国特殊的政治环境下，发生重大冲突或不幸事件的楼栋达成集体行动的可能性非常低。

（二）目前的做法是如何试图解决这些困难的

1. 集体行动中的关键群众与权威转移

“如何克服集体行动中的参与壁垒，关键群众理论认为，人们在集体行动中的决策，不仅是个人的理性决策（理性主义观点），而且受到其他集体行动参与者的影响和塑造（结构主义观点）。”[①]马维尔和奥佛利认为：“社会网络的拓扑结构、同质性以及当地联盟的形成等社会结构方面的因素，使得人们可以理性地、内生地形成‘关键群众’。其中，密集的社会网络及其同质性是‘关键群众’得以产生的重要基础”[②]在我们的观察中，“关键群众”的产生机制主要有三种：①自告奋勇；②居民推选；③由其他有社区职务（如楼长）的人兼任。无论采用何种产生方式，这些产生出来的组织者或牵头小组一般具有较强的政策解读能力、组织协调能力和资源链接能力或者具有与电梯加装工程相关的多重身份。这些关键群众都体现出明显的“权威转移”特征，即他们利用自身在社会网络中原有积累的认同和权威走上电梯加装的“领导岗位”。

2. 集体行动中的决策门槛与协商动员

集体行动的达成并不依赖于某一个体的选择，它的边际收益实际上是一个不断变化的过程，与处于同一博弈过程的其他人的选择有关。在电梯加装中集体行动的达成有一个既定门槛，即双2/3原则，只有跨过这个决策门槛才有可能实现集体行动。Roger V. G. 指出，集体行动中的模仿行为是关键。俗话说“枪打出头鸟”，但只要有人站出来了，其他参与者就可能因为从众效应而参加集体行动，因为这些“出头鸟”承担了发起成本。一个或一群有力的组织者是电梯加装的关键因素，一般而言，如果楼栋的电梯加装发起人因某种原因

---

① 洪兆平. 社会网络与集体行动研究综述[J]. 河海大学学报（哲学社会科学版），2015，17(3)：45-51，91.

② Centola D M. Homophily, networks, and critical mass: solving the start-up problem in large group collective action[J]. Rationality & Society, 2013, 25(1): 3-40.

而放弃投注精力时,楼栋的电梯加装基本上就失败了。

电梯加装较高的决策门槛决定了它在准备过程中必须考虑通过协商与潜在的反对者达成一致。现时的做法高度依赖组织者作为桥梁和“不同意见人群之间的搅拌者”进行动员,面对反对者,他们主要的应对策略是进行“分化”,即通过“个性化”的补偿许诺和(或)社会网络的重叠性进行跨组织动员。例如,依照“按闹分配”的原则,私下与反对声浪最大的个体协商,通过高于其他反对者的补偿安排实现突破,从而为其他反对者营造“连××都同意了你就同意了吧”的氛围。又或者通过人际网络请到对方的领导“做工作”进行跨组织动员。至于在公共空间(如社区居民议事厅)进行的大讨论则往往陷于无尽的争执之中,反而会进一步加剧矛盾。

(三)集体行动如何在“助推”中达成?

目前的做法虽然有部分成功案例,但从整体上看,集体行动的成功率并不高,不足也比较明显:一是高度依赖关键行动者的能力;二是单方面强调对潜在反对者的说服工作。本研究在梳理总结电梯加装的难点和现行做法的基础上,尝试结合助推理论,为破解电梯加装困局,推动老旧社区“微改造”提出若干建议。

1. 设计选项提供方案

作为工程项目,电梯加装的企业选择、方案确定是集体行动中的一项主要困难。人们往往难以抛下个人事务花费时间和精力研究各种方案的差异和特点。当前,电梯加装企业和设计方案的选择以附近楼栋介绍、筹备小组成员私人社会关系为主,企业间的竞争不充分。电梯加装的市场潜力十分广阔,政府如能引导电梯加装企业组成“加装市场”,让企业用施工方案,就居民楼电梯加装订单展开竞标,从工程施工、电梯类型、后期维护等方面推出若干个大类通用方案,将会大大降低集体行动的达成难度,推动更多有潜在需求的楼栋开展电梯加装。

2. 简化服务流程

报批建设是目前电梯加装工程的又一只拦路虎,根据现行规定,电梯加装工程采用的是审批制,主要由国土规划部门对居民报批的施工方案进行审批。但是电梯加装可能涉及更多的领域,例如电线、消防设施的迁移、小区水管、化粪池等的迁建等,审批流程多有反复。同时,政府部门在协商过程中也处于缺位的状态,没有发挥各部门的专业知识优势,主动解答居民的有关疑虑。最后在政策宣导方面也显得不足,根据访谈结果,我们认为,电梯加装政策的知晓度并不高,特别是对电梯加装中的激励措施宣传不足,对双 2/3 原则的解释不足。从长远来看,政府不但要参与到协商过程中,更要实现全流程参与、全时段在场。比如,在区级政府组成电梯加装联合工作小组,占一定比例的业主可以提出电梯加装申请诉求,经审查后形成工单,协调分配联合工作小组中的相应职能部门分别负责电梯加装从发起到后期维护全流程中涉及本部门领域的问题。申请者只需根据简短的流程图进行“傻瓜式”操作,将工作流程后台化。

3. 制造压力氛围

一方面加强楼栋住户之间的沟通交流,建立楼栋微信群,将社区工作人员、社区党员、楼栋住户拉入群聊,及时共享电梯加装的最新信息,住户在微信群及时提出意见和建议。

同时,社区工作人员也可以积极参与电梯加装业主大会,在会议中辅助协商,并帮助社区居民进行资料的整理和归档。另一方面,由社区居委会充当化解矛盾的调解者,由居委会专干、社区律师、楼长、社区党员等成立调解小组,通过“讲理”与“用情”,利用政府的权威性,帮助有疑惑的居民住户分析问题、解决问题,最终达成加装电梯的共识。同时,街道或居委会可以成为电梯加装过程中的“信息提供者”,邀请有成功加装电梯经验的“过来人”组建“旧楼加装电梯智囊团”。街道搭建起沟通平台,居民需要咨询时可以随时通过社区居委会联系智囊团成员,街道、社区适时开展座谈会、经验交流会等,让智囊团成员向居民分享经验并解答疑难。

4. 推送关键信息

政府应该担任“制度的供给者”和“规则的制定者”,对加装工作提供服务型信息、政策条文、指导意见、原则标准等一系列指导和帮助(重点在于双 2/3 原则的合理界定以及补偿规则的制定),并积极对电梯加装相关信息和服务进行宣传,确保加装工作从申报到加装全过程能够高效、持续发展。此外,政府应该成为“项目的监管者”,严格把守电梯加装资格审查等安全性环节,监督社会资本方对公益性的保障,维护居民权益。最后,政府应该加强对居民的责任性和回应性,在居民自行协商的基础上,也要强化政府协调,委派专人相互配合、相互协商,切实实现政策落实效率和效益“双赢”。

5. 发送失误预警

针对人们偏向于短期考虑的特点,主动推送有关电梯加装极大便利楼栋住户特别是中老年住户的案例信息,帮助低层住户改变“利益受损者”的固有认知,让老旧小区居民充分认识到一部小小电梯带来的大大改变。

6. 风险话语化解与分摊标准

制定明确的损失评估标准,让不确定、不可量化的损失转化为确定、可量化的数据。针对通风、采光、电梯安全、楼房结构等电梯加装过程中常见的风险点出台测量标准,实现损失的可评估。相应出台与评估结果挂钩的补偿规定,让低层住户有确定的补偿期望,也让中高层住户有足够的补偿意愿和依据。结合补偿资金和电梯安装资金确定的分摊系数具有明显的锚定效应,政府出台相应的参考分摊系数,居民制定分摊标准时往往以政府的参考标准作为起始坐标点,能够为资金分摊的协商构建一个原始的讨论框架。图 8-4 为案例分析框架。

二、讨论与思考

所谓服务型政府,是指在公众本位、社会本位理念指导下,通过法定程序组建的,以为公众服务为宗旨并承担服务责任的政府。[①] 但是,涉及观念更新、政府职能转变、民主与法制建设、政治文明建设等诸多方面的服务型政府建设[②],原来长期的创新实践在压力型体制下变成了短期的政治任务。因此,简政放权反而促进了政府“撒手不管”的行为,过去诸多依靠政府牵头的公共服务供给如今在一夜之间变成了居民自主供给。尽管部分非正式组

① 彭向刚,王郅强.服务型政府:当代中国政府改革的目标模式[J].吉林大学社会科学学报,2004(4):122-128.

② 谢庆奎.服务型政府建设的基本途径:政府创新[J].北京大学学报(哲学社会科学版),2005(1):126-132.

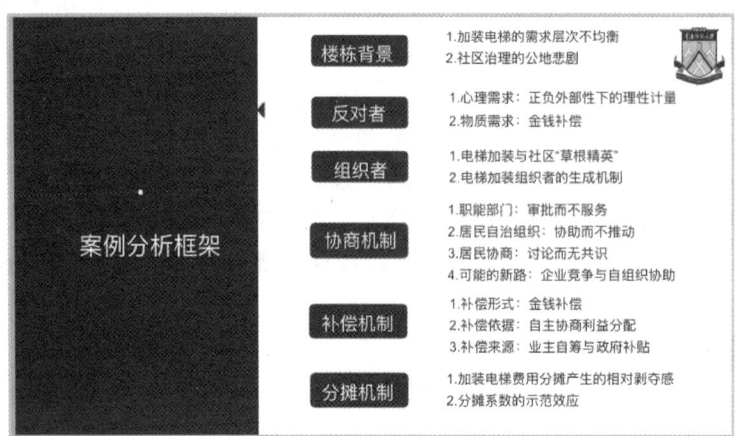

图 8-4　案例分析框架

织可以在某种程度上替代政府提供公共物品[①]，但过去多年以纵向管理为特征的"行政化连接"的政策介入，在客观上淡化了居民间横向的人际互信关系，长期以来的"强政府"下的"弱社会"根本无法在短时间内承受政府转移的诸多社会事务。在国家治理体系和治理能力现代化的大背景下，政府如何扮演好社区自治的"助推"角色，实现公共物品的有效供给和社会的有效治理，仍有很大的探索空间。

（执笔人：邝丽欣，黎嘉宏，吴玮莹，吴泳钊，林心宜，邵沛仪，邱沛禹。指导教师：颜海娜，于刚强）

本章小结

城市老旧社区有多层住宅楼建造时多未装电梯，随着住户年龄增长，上下楼梯极不方便，加装电梯成了这部分住户的"刚需"。但在现实推行中，电梯加装的推进却陷入了许多不同的困境：加装电梯费用分摊不均，加装电梯导致房产增值不均衡，加装电梯的需求层次不均衡，加装电梯的居民诉求渠道不通畅，多主体协调不到位，制度供给不足，等等。而如何为加装电梯"破冰"，有效推进电梯加装更好落地并持续发展，引导居民自治，推动社区"微改造"，是电梯加装政策推行的当务之急。研究者引入理查德·泰勒和卡斯·桑斯坦提出的"助推"理论、集体行动理论，以广州市 Y 区 H 街道的社区加装电梯情况为案例蓝本，采用多案例比较的研究方法，选取加装成功、加装受阻和加装失败三种不同类型的典型楼栋，系统地呈现典型案例的原貌，同时对不同案例进行原因分析，从而探索加装电梯政策的长效推行路径。

① 蔡晓莉，刘丽．中国乡村公共品的提供：连带团体的作用[J]．经济社会体制比较，2006(2)：104-112．

本章测试题

测试题答案

一、名词解释(每小题 5 分,共 20 分)

1. 集体行动理论
2. 决策门槛
3. 权威转移
4. 社会网络

二、简答题(每小题 10 分,共 40 分)

1. 简述电梯加装中需求层次的不均衡体现在何处。
2. 简述“关键群众”产生的机制。
3. 简述锚定法则与集体行动协商的关系。
4. 简述电梯加装过程中反对者的主要抗争方式。

三、论述题(每小题 20 分,共 20 分)

阐述助推理论如何帮助集体行动达成。

四、材料题(每小题 20 分,共 20 分)

材料:2017 年 5 月,某市三环路 10 号大院 3 号楼下,施工队正进行电梯加装围蔽施工,该楼低层住户李某强行阻挠施工。其间,李某与施工人员发生冲突,结果李某左腿骨折,一名施工人员患轻微脑震荡。据了解,该楼栋是一栋 8 层楼的老旧住宅,共有 40 户居民,系某职能部门的职工宿舍房改而来。本楼栋共有 40 户表决是否同意加装电梯,同意加装电梯的有 30 户,符合双 2/3 原则。申请报建前,所在居委会于 2016 年 12 月简单组织召开了一次电梯加装协调会,会上低层住户刘某表示要求补偿人民币 10 万元,电梯加装小组认为其要求不合理而拒绝补偿,社区和原单位均以人手不足为由未安排调解。

根据上述材料回答下列问题:

结合材料中电梯加装的例子谈谈社区公共物品供给面临的困境以及可能的解决办法。

第九章

“如何打通进不去的三百米”案例分析

学习目标

1. 通过案例，了解案例撰写的基本结构和基本规范
2. 理解案例分析的过程
3. 了解单案例研究的优缺点

第一节 案例陈述

【摘要】自 2016 年全面推行河长制以来，水环境治理在全国各地取得的成效有目共睹。然而，随着水环境治理工作的深入，其有效治理无法单靠自上而下行政力量的推动来实现。尤其在面对居民利益高度交错复合的社区时，如何有效实施水环境治理更成为一个难题。本文通过对 S 市村社共同体中 S 涌截污管道铺设工程中“最后三百米”被打通的案例进行系统呈现和分析，揭示了在 S 村这一社区中，村民享受着龙舟文化浸润，但面对一项有利于水环境改善的工程时却不肯配合，情愿在“臭水沟里瞎折腾”的矛盾，并探寻矛盾得以打破的关键，据此回答水环境治理面临现代治理困境时的破局之策。在本案例中，推动 S 村居民由反对到支持的态度改变，并发动其主动维护和促进社区水环境改善的，除了有第三方主体的积极介入与推动外，更根源于借助当地传统文化。S 村建立起龙舟文化的物质载体和利益表达平台——龙舟文化促进会，由乡贤带领进行社区重塑，并在社区重塑过程中培育了连接社区成员的社会资本。这种独特的社会资本给予了社区成员可视的、正向的激励，促使其有足够动力投身到社区水环境治理中。

【关键词】水环境治理　龙舟文化　社会资本　社会组织

一、引言

党的十八大以来，习近平总书记把治水提升到国家战略高度。水环境治理工作尤其具有系统性与长期性的突出特点，旧有的政府管理模式因过于强调“精英治水”，已难以适应生态文明建设新战略所提出的要求。人们通常认为，政府作为公共领域的管理者更具有有效的治理手段和治理效率，能够更好地推动环境治理。因此，在很多情况下，环境治理主要依靠政府颁布行政命令，进行环境执法等手段来达成。在过去的水环境治理议题的探讨中，人们也更多的是考虑水环境治理的制度设定、机构职权、流域治理、官员激励等问题。然而，水环境治理作为社会治理的一部分，探索其有效治理的内在逻辑，明确社会治理创新在水环境治理中的功能，同样具有重要的现实意义。怎样结合倡导共治共建共享的现代治理背景，在基层社会实现水环境有效治理，成为一个重要课题。党的十九大报告提出，要构建政府为主导、企业为主体、社会组织和公众共同参与的环境治理体系。2020 年 3 月，中共中央办公厅、国务院办公厅印发《关于构建现代环境治理体系的指导意见》(以下简称《意见》)，《意见》明确，环境治理体系建设的基本原则之一为坚持多方共治。要明晰政府、企业、公众等各类主体的权责，畅通参与渠道，形成全社会共同推进环境治理的良好格局。如今，在政府主导的基础上引入市场与社会的力量，形成多元主体的协同治理模式，已成为治水行动转向的必由之路。治水领域的工作正体现着“共治共享”的发展趋势。

面对全新的生态环境保护形势，S 市全面打响水环境治理攻坚战，对黑臭水体治理工作进行了多项部署，治水行动如火如荼。但在 S 市的治水实践中，我们也看到了水环境治理的短板。在蓝宇蕴(2005)提出的新村社共同体的概念中，她指出，新村社共同体是与传统小农村社共同体相对应的概念，特指在我国农村城市化过程中，一些村社区在自身的非农化转型中，由于种种特定条件而延续或者重新组织起来的新型社区共同体。[①] 在这样一种特殊的共同体中，居民的利益高度交错复合，农村社会的无组织化、治理空心化和原子化日趋加重(李志强，2015)[②]，农村社会正面临新的治理危机，依靠政府行政力量的强制干预难以有效推动治理。

水环境治理应结合特定社区的特点，按照社区的需求来组织实施，从提升治理能力的理念入手。推动水环境治理领域形成科学有效的治理体制，确保社会环境朝着既充满活力又和谐有序的目标前进。本案例以 S 市现阶段水环境治理工作状况为蓝本，选取黑臭河涌整治工作中 S 涌范围内的截污管道工程前期铺设遭阻这一事件进行分析。S 村作为村改制后的特殊农村社区，其享受着千百年来龙舟文化的浸润，居民的传统文化仰赖良好的水文环境，然而面对一项有利于水环境改善的治水工程，却予以阻挠，不肯配合。治水工作在其中推行的困难源于哪里？由最初施工队打通最后三百米的困难重重、民众争论激烈到后来和平收场、圆满完工，不断推动整个社区的治理，S 涌也从黑臭河涌榜首被撤下，恢复水清岸美的景象。S 涌的改观当然离不开治水工程的推进，治水工程推进中的最大阻碍——个人的阻挠力量又是如何消退的？由注重个体利益到愿意为公共利益做出改变，配合政府工作，主动投入治水工作，直接推动居民态度转变的变量是什么？其背后所折射的，真正释放和充分发动民间力量参与治水这一庞大的公共工程的力量是什么？如何探寻社区水环境治理乃至社区治理的破题之策？本课题小组通过实地走访调研，收集了大量与 S 市民间治水实践相关的各类材料，发掘 S 村的水环境治理故事，并进行系统呈现与分析，试图回应上述问题。

---

① 蓝宇蕴.都市里的村庄：一个“新村社共同体”的实地研究[M].北京：生活·读书·新知三联书店，2005.

② 李志强.转型期农村社会组织：理论阐释与现实建构[D].长春：吉林大学，2015.

“龙舟文化案例展示”
微视频

二、案例正文

（一）案例背景

1. 引子

建筑鳞次栉比、污水肆意横流、管网交错纵横、臭气浓烈逼人……这些都曾经真真切切地发生在S涌的身上。

“最后这三百米，无论如何一定要打进去！”2017年2月的羊城，天还很冷。虽然农历新年刚过，红色喜庆的气氛依旧弥漫在空气中，但在S涌，有一群人的脸上却充满着冷涩。

人群中的S先生也显得并不轻松。作为土生土长在S村的一代，S先生对这条河涌有着特殊的感情。每年五月五，S村龙舟赛（见图9-1）鼓声如约响起，就这样响遍了十里八乡，响彻了百余年。但印象中里的龙舟水，却越来越浑浊；印象中的龙舟赛，则越来越像逢场作戏。“每年的龙舟赛大家都捂着鼻子，很多人不愿意下水。”“出征”的游龙在鼓声中激起了千层浪，围观的群众表示“激起的更像是绿豆沙”。炎炎夏日、锣鼓喧天、鞭炮连连，顶着室外37 ℃的高温，“扒仔”们都赤膊上阵，热情也感染了赶来观看龙舟赛的群众，但污浊的河涌却凉了群众的心，也凉了S先生这般心系家乡的有为青年的心。

图9-1　五月初五S村龙舟赛

对于这条油腻发臭、黑点泛滥的S涌，政府已经下达文件，明令在S涌铺设截污管道。在S涌的下游旁，河长办的工作人员正在和众人共同商讨截污工程因居民反对而暂停的解决办法。对于S涌来说，未来仍是个未知数。河长办的负责人忧心忡忡地看向身旁的这条河涌，无奈地叹了一口气，继而转向众人：“大家都清楚这条河涌现在的情况，我们没理由不继续打进去。阻力的确很大，但这条黑臭涌要想翻身，最后这三百米，无论如何一定要打进去！”S先生明白这番话的含义，他看着面前这群同源同祖的人，仿佛想到了什么……

2. 案例背景

改革开放以来，在城市规模扩大和人口膨胀的过程中，珠江、河涌俱受污染。从1999

年开始，一场关于河涌截污的战役在S市建设“山水城市”的蓝图中占据重要地位，从源头截污到末端污水处理，一系列工程启动，目标是使“水清、岸绿、堤固”的河涌成为S市的一道风景。S市，这个伴水而生、因水而兴的城市，治城先治水成为其环境工作的重点。在这样的背景下，S市政府加大对治水的重视力度。

S涌，是S市无数条河涌中的一条，其主涌全长18.6千米，流域面积约80平方千米，包括9个城中村，居住人口超过60万。S村历史文化源远流长，早在宋末元初时，S村的先祖们陆续迁到S涌两侧择地而居，逐渐在两岸形成村落。这里居住着苏东坡的后人，还曾经举办过清朝官方指定的龙舟日。

经过千百年的发展，相对封闭的生产生活方式使得凝聚力成为S涌居民的一个重要特色。以行政村庄为边界，S村在非农产业经济基础之上的非农化过程中依赖自身的经济、历史、文化和社会心理等资源进一步凝聚起来，属于典型的村社共同体。作为有着“龙舟之乡”美称的S村，在外界看来，具有独特的生命力。据可考的史料，S村龙舟活动至少已盛行150余年，村民从小浸润在龙舟文化的氛围中，将龙舟文化代代传承，龙舟文化兴盛带来S村的“一呼百应”，蕴含着一股团结起来就能攻坚的特殊气质。

伴随城市化的发展，龙舟文化赖以生长的水环境却在不断恶化。据官方发布的数据，2017年上半年，S涌日均污水排入总量约18.3万吨，其中，城中村排污占45%，沿线生活小区排污占30%，院校及餐饮业排污占25%。S涌因为其黑臭水体而臭名昭著，自带引人注目的特质。2017年的S涌，整条涌里凡裸露的淤泥，均呈现出一股淡淡的红色。河涌的两岸，每隔约5米便有一个直径约半米的涵洞，几乎每个涵洞，都排出一股淡黄色的水。不仅如此，涌的两岸均是布满苔藓的石头，上面落满各色各样的废物垃圾，远远望去就像一块简陋的染色布，周边居民“闻涌色变”。尽管中间有过管控工作，但S涌的状况仍不容乐观。由于历史遗留原因，一部分工厂没有按照合法章程建造，从而导致S涌边工厂横七竖八的现象；据S市水务部门发布的数据，S涌上的违法建筑共有111宗，其中涉及村社集体物业66宗，私人物业45宗，约有2/3的建筑用于经营餐饮店。S涌承受着地区发展带来的人口增长和污染增长的压力，脆弱的自我调节能力已经无法拯救岌岌可危的生态环境，治水工程任重道远。

2017年，S市政府常务会议通过了一个“意见”，提出要按时完成35条黑臭河涌的整治，到2020年底基本消除黑臭。在政府公布的名单里，S涌位列榜首。无论是对当地的居民生活还是对政府形象来说，这都是一件非同小可的事。对政府来说，更是意味着其环保工作的缺位。

（二）进不去的三百米案例呈现

1. 风波初起：居民与生意人的担忧与反对

在政府改变污水乱排、管网混接现象的决心之下，一项拆违截污的大工程轰轰烈烈地开始了。但是随着工程的深入，事情变得越来越复杂，S先生越来越发现，围绕着S涌的这项工程并不是政府一厢情愿就能完成的。S村居民的团结攻坚气质并未被运用到助推政府治水工程上。

首先站出来反对的是居民。对于此次施工，在S涌片区居住的居民有着各不相同的看法。有的居民抱怨道：“我在这里都住了这么久了，不管河流再如何变如何搞，都已经习惯了。反正我们几个街坊都觉得搞这些工程不切实际，一方面浪费钱，另一方面不知道有没有成效。”有的居民认为施工对其生活造成了影响：“每次施工工程都太吵了，平时不在家还好，在家的时候听着真的很不舒服。加上这样的工程的工程量又大、时间又长，对生活肯定有影响。”另外，有一部分居民尽管没有反对，却说出了一个合理的担心：这样的施工会不会影响到房屋质量，导致本就老化的房屋加速开裂，威胁居住环境。反对的声音越来越大，居民的不理解日益增加。

不和谐的声音越来越大。当施工文件下达后，一听说关系到自身工厂时，不少生意人马上就不干了。在规划中，一部分工厂需要被改造，一部分工厂需要被拆除。改造，则意味着乱接管道的现象不再，排污的费用将会上升，也意味着利润空间的压缩；拆除，从根本上说，意味着直接触动了立身根基。无论哪一种情况，对于生意人来说都是某种程度上的打击。“现在搞这个我们肯定觉得不好的嘛，你看看现在有多少工厂是真正乖乖按照流程走的，大部分工厂的排污管都在乱接。”“我辛苦经营这么久的工厂不可能说拆就拆，我们的工人还要等饭吃。”生意人也加入了反对阵营，民间与官方的矛盾愈演愈烈。当地民众用各种方式阻碍工程进行，更有甚者直接将车子停在工地上以示阻挠。

在四面八方压力的围攻下，工程进入了瓶颈期……

“他们完全不理解政府的做法，为什么就只看到了这个工程对自己的影响，却没有看到对我们村长远发展的帮助呢?”S先生看着S村中停滞的工程，陷入了困惑。

2. 风浪之间：官方的决心与疑惑

在政府有关部门举办的座谈会上，围绕最新出台的“意见”，官员间引发了热烈的讨论。面对全新的生态环境保护形势，S市全面打响水环境治理攻坚战，对黑臭水体治理工作进行了多项部署，治水行动如火如荼。但与此同时，黑臭河涌整治工作中S涌范围内的截污管道工程却迟迟无法动工。居民与工程施工方的僵持关系，使得政府的治水工程卡在了最后三百米，无法如期推进。

S涌工地计划在汛期前完工，但进场十多天，工程进度还不到十米，工地负责人抱怨道：“S涌的居民不是每年都划龙舟吗？这么臭的河涌他们也受得了？政府帮他们治水都不愿意，我觉得还是为了补偿，他们多方阻挡，说什么工地占用停车位，离房子太近威胁房子安全，等等。”面对居民的激烈抗议，水务局方面表示：“生态治理本不是易事，而城市水环境治理工作更具有系统性与长期性的突出特点，正因为如此，绝不能因为少数人的不理解与不支持而轻易放弃治水事业。”事实上，2012年亚运会结束后，S市水环境治理前期工作的反复性与片面性问题已逐渐凸显，影响着生态的可持续发展，新一轮的水环境治理工作的展开刻不容缓。S市治水办公布的数据也显示，S涌的水质高居污染首位，达到了重度黑臭标准。同时，工程方也强烈表示对S涌截污管道铺设工程进展停滞的不满：“这工程我们是经过程序审批的，合法合理合规的呀，怎么到了S涌这就推不下去了？难道我的人还要负责处理居民纠纷吗？照我看，之前说的什么龙舟文化都是假的!”按情理，每年都举办盛大龙舟赛事的S涌承载着S社区居民共同的文化情怀，他们以龙舟为豪，以水为根。河涌周边居民应该是喜欢一条干净清澈的河涌的。官员们纷纷表示：“刚开始三百米工程就要顾这看那，那S村两岸数千米的拦污工程如何开展？整个S涌的拦污工程如何开展?”这时，列席会议的民间代表，S村社区社会组织联合会的会长S先生发言了：“村社地区的水环境治理确实不像在S市其他地区一样容易，势必涉及很多利益，单纯靠行政手段，强硬进入可能事与愿违。居民也有自己的苦衷,他们也在意自己的产权,也希望有个稳定的环境。他们不清楚家门口的施工最终会对他们造成什么样的改变,仅仅看到了一纸工程告示,自然认为自身利益受损,容易做出过激反应。”

显然,S 村居民对截污管道最后的铺设工作的抗议造成了不少施工困难。现场的媒体看到这种局面也面面相觑:不久后便是端午了,到时他们作为记者将再次来到现场,可看这河涌的水质状况,怕是很难有合适的照片登报。水务部门早前便说在 2017 年年底,S 涌等主要中心城区河涌要摆脱黑臭,可现实是,到现在连一个三百米的工程也难以推进。

3. 扭结始解:第三方力量介入助推官民交流

如前所述,政府也会遭遇无法推进工作的局面。当政府难以推动工程的实施,民众又不肯予以配合,第三方力量的介入便显得尤为必要。政府面对自身资源不足时,开始借助社会组织发挥作用。在发现这推不进的三百米后,官方主动找上专注河涌治理与保护的环保组织——新生活环保促进会(以下简称“新生活”)。

“他们找到我们,那我们就在 2 月底到现场去看了一次,当时现场居民就说你们不要来了。3 月份(我们)写了篇文章,将这个舆情曝光出来。”新生活前秘书长这样回忆当时的介入场景。J 女士作为新生活的成员,全程参与跟进 S 涌的治理工作,对于 S 涌治理“推不进的三百米”背后的利益问题,她将自己的看法发表于 2017 年 3 月份的《南方都市报》上。

“在骑行 S 涌中上游段时,里面的河水都是黑臭的,还有排污口排污到 S 涌及其支流,而且截污工程难以进入园区,另外 S 涌规划好的绿道也被园区阻断无法通行。华南植物园是植物科学与生态科学的著名国家级研究机构,华南农业大学有工程学院也有环境学院,对近在咫尺的黑臭 S 涌竟然熟视无睹,也未见应对和促进治理,实在让人费解和失望。亚运会治水没有把 S 村的截污做完,截污管道剩下近三百米难点没有接上,截污施工地点离商铺和居民的住房太接近,居民的担心和抗拒实属正常。”

在联合实地了解过程中,我们得知按预期只是两个月的工程期,也得知街道、居委会做了很多居民协商工作,但仍觉得宣传和告知的工作还是有所欠缺,现有的一纸冷冰冰的工程告示还远远不够。

S 涌不仅要面对下水道的偷排泥浆、排洪排涝,还要面对地区城市化带来的人口增长和污染增长。S 涌流域广,上下游社区结构复杂,区域内管理部门多,进一步加大了河涌的治理难度。J 女士认为,这类治理情况复杂的河流,需要让流域内的各方充分参与到其中,进行有效的协调促进,才能把难点逐一落实解决。新生活利用了媒体具有快速资讯承载、议题传播的特性,助力“推不进的三百米”事件上报,迅速将这一信息推向公共议程。表面上仅是不同民众对于治水态度的僵持局面背后,隐藏的是公共利益与民众诉求间的博弈,也隐藏着政府对河涌的管理、与民众的沟通中所存在的问题。

随着这“最后的三百米”困境被曝光,官方层面为此频繁召开座谈会进行研究。政府部门作为官方,需要站在宏观的立场上进行深度考量,而村民作为直接的利益相关方,又有独特的个体诉求,若政府部门与村民之间不能展开有效对话,那么治水工程的推进必然出现“上热下冷”的局面,甚至在“下”遭遇抵触和排斥。在如今的背景下,村民应当拥有足够的话语权以共建共治“自家门前事”,传统“强拆强建”的执法模式已无法进行,但“考核又在那里”,负责工程的水务局“也很着急”。为解决当下矛盾,水务部门考虑让已介入 S 涌治水且作为官方—民间沟通桥梁的社会组织——新生活环保促进会组织一场官民对话。

新生活长期扎根水环保领域，在领域内具有足够的专业性，能够发挥一定的力量作用。“他（政府官员）知道你们并不能协调解决居民的利益问题。”新生活一负责人谈起他们被邀请组织座谈的契机时如此说道。但“我们能作为中介，创造对话机会，居民对我们，肯定是比对政府信任的”。在新生活的努力下，村里祠堂内，十几个人围坐一圈。河长办官员、市河涌管理中心工作人员、S街党工委书记、政协委员相约而来，与以S先生为代表的民众开展了一次难得的“面对面交流”活动。

在这场官民“为河交流会”上，T涌民间治水团队因组织民众治水取得了较好成效而被邀请参加，该团队的负责人M叔认为，沟通不畅很可能是居民对整治过程产生意见的重要原因。一方面，治水工程应有足够的承诺，管制开工的期限和影响，毕竟一朝开工长年不走的工程案例在S市频发；另一方面，在龙舟文化如此有名的地方，为何有利于龙舟文化发展的治水工程会频频受阻，这其中的原因究竟是什么？居民担忧的点何在？此类问题值得重点探讨。官方又是否让附近居民了解到工程的目的，了解到治理后的好处和前景？

组织这场活动的环保组织负责人认为：“官方应当把这项工程完成之后的大概样子，给一个美好的东西，再加强一下宣传，比如说明工程对龙舟文化发展的好处，让居民知道把这里搞漂亮了，可能发展各方面都会更好，绝不是更糟。”

事实上，在S涌截污工程的铺设上，政府确实存在宣传，公示不够的问题，铺什么，怎么铺，铺了后又有什么影响？民众无从了解。S先生目睹事件始末，指出了居民的真切感受：“如果真就是放一个A4纸说我在几号几号进场，然后几号又要开工做什么工作，简简单单，什么都不宣传，居民肯定会有反响的，他们不知道接下来会发生什么。”通过这场特别的交流会，民众的声音为官方所闻，政府的无奈也传达至当地民众。新生活负责人表示：“他们开始觉得能看到一个希望了，我感觉就是给了这个天平一点点力，一下子就让这个天平翘到另外一边。”通过这第一次对话空间的创设，当地治水新局面就此打开。

在这场“为河交流会”结束后，政府官员还和新生活有关负责人、民众代表S先生一同前往巡河，双方对于面前这条黑臭河涌的治理希望开始一点点浮现。水务局领导直接表示接下来会改变治理策略，新生活也尝试在该地寻找突破口。而S涌这里，又有什么样的东西能够将大家联结起来互相让步呢？在S涌土生土长的S先生给出了“灵丹妙药”——傍水而生的龙舟文化就是S涌社区最大的精神底色。回顾S涌的历史，“龙舟鼓一响，大家不都跟着行动了吗？”

在S涌社区，龙舟代表的是一种生活方式，是留住社区文化记忆的重要载体，作为S涌社区新时代年轻人的代表，S先生还有另外一个身份——S村村委负责人。目睹社区变迁的他这样说道：“那时候污染太重了，S涌变成了黑臭河涌。每年的龙舟比赛大家都捂着鼻子，很多人不愿意下水。”因而，当地人并不愿村旁承载着龙舟文化记忆的河涌由原先的清澈转为现下的污浊，也期待能够有一个清澈的水环境为龙舟比赛的开展做保障。了解到这一点后，新生活仿佛找到了进入这一治理领域的抓手，何不就利用当地特有的文化，来激活这个本应很有“生命力”的社区？作为外来社会组织的新生活随即打算策划一场“同划龙舟”活动，承担起组织者角色，撬动S社区的水环境治理。

4. 何以长治：第三方力量重构文化共同体

通过策划共划龙舟这一事件并让媒体积极介入报道，官方得以进入这一场域，参与到S涌传统文化活动中，了解这里的龙舟文化，体会属于这个社区独特的生命力和内在需求。

居民也因这一事件，重新燃起了发扬龙舟文化的热情，慢慢意识到治水的迫切性和必要性。新生活的负责人如此评价此次同划龙舟事件：“我们做这个体验，打破了传统观念，对官方而言是一种压力，对民众而言是一种参与感。起码当天的水不能太差。的确官方有点如临大敌，因为截污还没做完，就尽量去控制上游的一些污水。当天的水其实水质也不咋的，但是这个事情做完之后，大家都很激动。媒体也觉得很有亮点。”

由于这是S市第一次举行官民同划龙舟的活动，引起了不少关注，坐在龙舟上的记者们扛着摄像机，随着村民一起泛舟S涌，兴奋之情一点也不比村民弱。眼见如此契机，本就心系龙舟文化传承的村民们更加卖命，跟着口令整齐划桨，号子声响彻云霄。看着这热火朝天的场景，村民张叔感慨道：“现在算是找回一点当时的感觉了。”生于斯长于斯的村民当然很有感触，外来人员也不例外，竟也慢慢萌发主动融入社区的想法。

S社区里人们骤然提起对本地龙舟文化的重新关注，其注意力也渐渐由龙舟聚焦到其所依附的河涌上，“这么脏乱臭的河，怎么推动得了龙舟文化发展啊？”保护、改善河涌的声音渐渐盖过先前对截污工程的担忧和反对声，“河涌治好了，龙舟文化就更好传承了嘛”，“弘扬优秀传统文化势在必行，恢复良好的生态环境也迫在眉睫”，“阻挠治水工程实施实不应该”，诸如此类的声音此起彼伏。抓住这一契机，在村委会的大力支持下，S村自己的公益组织“S涌龙舟文化促进会”在S先生的带领下应运而生，该会成立的第一件要事，便是打好龙舟文化发展的基础——改善水质。以“一水同舟，守望相助”为号召，各种治水小分队开始如雨后春笋般在S社区生长起来，通过协同民间河长，守望者计划每个月固定发动4次常态化巡涌、1次联合大型巡涌。并与文化进校园活动结合，招募500名小小河长，让河涌保育从娃娃抓起。结合扒龙舟活动，组织每年1次大型世界河流日亲水体验，6次小型亲水体验。传统龙舟文化与河涌水环境治理相结合的概念点燃了S社区民众的热情。“以前只是在臭水沟里瞎折腾，如今保护好河涌，却也不仅是为了龙舟文化，也有利于咱们社区生活环境的改善啊。”社区经过治理后的直接效益被当地居民看在眼里，为有高质量的龙舟庆祝体验，在地方龙舟文化认同与文化继承使命感的推动下，当地群众治水热情被充分调动起来，渐渐地，居民反对的声音少了，S涌治理工程最后三百米被打通了。加上彼时政府投入了巨大的资金用以治理黑臭水体，居民巡涌护涌热情高涨，慢慢地，“黑龙江”不黑也不臭了。当时有新闻如此报道：“时隔四十年，S涌重现萤火虫。”可见河涌生态恢复之良好。经过整治实现“华丽转身”，S涌成为S市T区引领公众参与治水的典范。

S社区组织龙舟文化促进会，将社区环境改善和民俗文化保育同步进行，加强龙舟文化的传承与再创新。以“S涌扒龙舟”为品牌核心，举办一系列龙舟文化活动，包括建起全国首个社区龙舟文化展馆，举办历时超过半年的国际龙舟文化节。文化节从5月持续到12月，有传统龙舟赛、特邀宗祠剧、龙舟戏剧嘉年华、龙船饭体验、粤港澳国际龙舟赛等系列活动，举办期间现场参观人数近30万，有近200万人在线观看了直播。端午节当天，“扒龙舟”系列活动更加吸引了来自全球22个国家的180多名游客参观体验。社区氛围红红火火，以全民振兴传统民俗文化为目标。S村逐步扩大S涌龙舟文化的影响力和社会效应，2017年，“S村扒龙舟”成功申报为S市第六批非物质文化遗产代表性项目。2019年，龙舟文化促进会公益项目获由S市社会创新中心颁发的第四届S市社会创新榜“最佳社会共融项目”。

传统龙舟文化保育活动，直接营造了居民对社区生态环保共建共治共享的公益氛围，借由龙舟文化促进会这一平台，真正达成组织“让社区水更清，人更善，景更美”的愿景。

第二节
案 例 问 题

(1) 龙舟文化浸润下的村民为何不愿配合治水工程的开展？
(2) 第三方力量如何利用龙舟文化介入“三百米”事件并推动社区水环境治理？
(3) 对龙舟文化的利用何以能打通社区水环境乃至社区治理的最后“三百米”？

第三节
案 例 解 答

一、S 涌治理的反思

(一) 传统资源失效：龙舟文化浸润下的村民为何不愿配合治水工程的开展

S 村有着近千年的建村史，其龙舟文化相传已有约 300 年历史。S 村有 50 多条传统龙舟，龙舟保有量居全市各村之冠。每年的农历四月廿九，村中都将准时上演 12 支龙船会赛龙舟；到了农历五月初三，则是声势浩大的“S 景”，四里八乡超过 200 条龙舟在 S 涌游弋，锣鼓喧天，鞭炮轰鸣，这样的景象被称为“羊城龙舟第一景”。然而，这样的“第一景”却一直饱受黑臭河涌的困扰。村民们不得不每年忍受在黑臭河涌中扒龙舟的痛苦，却依然年复一年地坚持着，这也能从侧面说明文化传承的力量。截污是城市黑臭水体治理的首要措施，S 涌的截污工程正是改善 S 涌黑臭状况的重要工程，良好的水质无疑是龙舟文化传承最基本的利好条件，然而这时，矛盾显现了：这样一项出于维护公共利益目的的工程，为何会在“最后三百米”处受阻呢？村民们为什么一边在黑臭河涌中艰难传承龙舟文化，一边又不肯做出改善河涌环境的努力呢？

从公共价值视角看，这一事件反映的是公共价值中两种价值的既有矛盾。既有研究将公共价值分为结果导向的公共价值与共识导向的工具价值，前者是政务治理者、政策制定者偏好的社会价值，主要依靠政治系统和社会系统协调来提供公共价值，是自上而下的价值创造模式；后者则是在合法合理过程中公民集体偏好形成的公共价值，是自下而上生成的公共价值创造模式。[①] 一般而言，结果导向的公共价值具有实现过程（损失过程）上的长久性，实现愿景（损失现实）上的难感知性，以及利益分配（风险承担）上的分散性；而共识导向的工具价值关乎每个单一的公民个体，其往往具有实现过程（损失过程）上的即时性、实

① 钟俊弛，马永驰．基于邻避型群体性事件的“价值—过程”框架构建与验证：来自公共价值视角的分析[J]．中国软科学，2019(11)：64-73.

现愿景(损失现实)上的易感知性,以及利益分配(风险承担)上的集中性。因此,结果导向的公共价值对共识导向的工具价值具有“挤出效应”,即在实现前者的过程中往往对后者产生“挤出”作用,直接导致公共价值在供需上存在不平衡,因此往往可能酝酿冲突(见表9-1)。

表 9-1 价值性质对比

项目	实现过程/损失过程	实现愿景/损失现实	利益分配/风险承担
结果导向的公共价值	长久性	难感知性	分散性
共识导向的工具价值	即时性	易感知性	集中性

在本案例中,整体环境的优良是政务治理者和政策制定者的政绩证明,是其偏好的社会价值,因此属于结果导向的公共价值。而居民所担忧的房屋安全、暂时性的环境破坏和经济损失等,则属于自下而上生成的公共价值创造模式,是共识导向的工具价值。受工程影响的居民长期在黑臭的S涌边进行生活与生产活动,龙舟文化也日渐衰微,他们对这种状况已经“习惯成自然”。对他们而言,不论是环境的改善还是文化的传承,都只存在于模糊的想象中。这样的公共价值,其实现过程是长久的,实现愿景是不可见的,利益分配是分散的,从而使得他们既无动力,也无信心,更无意识去为公共利益的实现付出努力。然而,房屋安全、经济利益等关乎个人的价值,其损失过程是即时的,损失现实是可见的,风险承担是集中的,从而使得他们有着强烈的动力、决心和意识为个人利益的维护而行动。正是由于两种价值截然不同的特性,在缺乏激励机制和核心力量统合与领导的情况下,受影响的居民在两者的博弈中站在了维护个人利益的一边。

从行为动机角度看,这一事件反映了集体行动的典型困境。美国经济学家曼柯·奥尔逊于1965年发表的《集体行动的逻辑:公共利益和团体理论》描述了集体行动的“搭便车”困境。他认为,理性的、自利的个人不会积极主动地发动集体行动、提供集体物品以满足所属集团或组织的需要,必须对集团成员实施选择性激励才能提高成员提供集体物品的可能性。此外,他特别指出,在“相互依赖”的情境下,导致“搭便车”行为产生的原因包括:一些人隐藏偏好,以期免费获得物品;一些人认为他人承担的成本太低,产生了不公平感;利益共同体中的人们地位平等,无权相互要求对方自律等。在本案例中,截污工程是具有非排他性、非竞争性的公共物品,其供给需要社区居民的共同支持才能完成,然而,对截污工程的支持是需要部分居民承担一定成本的,比如生意受影响、房屋受损以及暂时性的出行不便等。按照“搭便车”困境的理论,良好的S涌环境当然也符合被截污工程所影响的居民们的利益,然而,若是有机会不承担成本,他们自然会选择不承担成本而免费获得这一公共产品;其次,他们所承担的成本确实高于其他人,这不可避免地使他们产生了一种不公平感;再次,其他无须承担成本的居民也无权要求他们出于公心而放弃对个人利益的追求;另外,在工程推进前,政府部门没有及时进行全面细致的动员与宣传,也没有对受影响居民的利益做出一定保障性承诺,缺乏制度性激励。在这种情况下,出于理性人利益最大化的考量以及“搭便车”的心态,被截污工程所影响的居民虽明知截污工程符合S社区的公共利益,也不愿承担必要的成本来完成这一公共物品的供给,便不足为奇了。

政府实施截污工程的根本目的是改善居民的生活环境,其本质上是一个符合公共利益的“皆大欢喜”的工程。但是,在促进公共利益实现的过程中,应当看到公共价值实现中,不同价值具有根本不同的特性,也必须充分认识到公共物品供给过程中可能遭遇的困境。那么,这一困境的"扭结"究竟在哪里呢?值得注意的是,在本案例中,政府偏好的公共价值和居民偏好的公共价值并非毫无重叠之处。事实上,正如前文所述,环境优良与文化传承二者联系密切,和居民的生活息息相关。而且,截污工程建设的反对者都是常住居民,而非流动人口,他们作为S村社共同体中较重要的治理主体,由于经济社会与历史文化等原因,本应凝聚成一个相对牢固的共同体,并对内形成较强属地意识与认同意识,以推动其集体愿景的实现。然而,当这些居民个体面对个人利益和集体利益的冲突时,还是表现出了分散的原子化个人的特性。这一问题背后的关键原因,就在于本能发挥纽带作用的传统社会资本并没有发挥应有的作用。在处于现代转型时期的村社共同体中,S村的传统——龙舟文化,由于现代化的冲击而沉寂,始终缺乏被激活的契机和推动力,虽然一直"在场",却并没有真正地"存在",没有起到塑造文化共同体的作用,因此无法将村民们分散的利益诉求凝聚在一起。在缺乏强有力组织的情况下,连凝聚力天然较强的常住居民尚且如此,可以想象,流动人口便更加难以组织了。因此,如何挖掘传统资源,激活社会资本,对人口结构复杂的村社共同体进行再组织,破解公共治理的困局,就成了问题的关键所在。

(二)破局之策:第三方力量如何介入"三百米"事件并推动社区水环境治理

S社区是涵盖全区最大城中村、东部最大商圈、现代化物业小区的"城市综合体",也是S市外来人口最多、居住人口密度最高的超大型城中村。大量来穗人员的涌入,使村民农地逐渐成为出租房所在,生活污水与周边工厂污水大量排向涌里,垃圾漂浮。但是,面对政府为实现水环境治理而推进的截污管道铺设工程,居民们为保证各自的利益不受损害,宁可与政府保持僵持状态,忍受周遭恶劣的河涌环境,也不肯退让分毫,甚至质疑工程实施的目的与意义。如此种种,表明S社区这一村社共同体作为特定场域,其中的群体与个体利益、需要及满足往往依附于特定的复杂关系网络逻辑之中,政府若单纯依靠行政力量强制性介入并影响不同群体与个体利益,则极有可能造成混乱冲突的局面。正如前文所述,环境是典型的"公共物品",在环境问题上,出现市场和政府双双失灵的现象,这时第三方力量,社会组织的专业化、组织化特质就显露出来,因此,第三方力量的介入十分有必要。

作为被政府"邀请"过来进行介入的社会组织——新生活环保促进会在S社区水环境治理议题上发挥了重要作用,其运用多种方法将社区居民对截污管道铺设工程的直接抗议转化为促进公众参与的合力。在"三百米"事件中,新生活环保促进会作为民间社会环保组织的代表,促进民众参与水环境治理,构建起政府网络化治理新模式。非政府组织能够集中闲散资源,填补因政府能力不足而存在的"公益真空"[①]。新生活环保促进会面对政府在"三百米"事件中的动员失败局面,巧妙地将工作点从被动的社会动员转换到主动的公众参与上来,挖掘社区资源,激发S社区居民的主动性与积极性。同时,新生活环保促进会通过新闻报道等方式发挥其政策倡导的功能,有效、及时地回应政府难题,并成为S社区居民利益的代表,与政府对话,这才有了日后龙舟会上官民同乐的场面。

在"三百米"事件的和平解决中发挥了重要作用的第三方并不仅指一向走在S市水环境治理前沿的社会组织——新生活环保促进会,还包括由S社区内部培育起来的组织——

① 林燕凌.我国非政府组织研究[D].上海:复旦大学,2005.

龙舟文化促进会。与新生活环保促进会这一外来社会组织有所区别的是,S社区于2017年成立的龙舟文化促进会作为一个形成于社区内部的村社共同体组织,在包容众多复杂社会因素的前提下,基于拥有独特龙舟文化历史这一特殊共同体,进行社区自主性治理尝试。龙舟文化促进会正是立足于S社区的特定场域建立起来的,吸收了S社区民间生活中最重要的传统,即龙舟文化,促成了“三百米”事件的解决,并为日后的社区水环境治理打下了坚实的民众基础。

正是由于社会组织及当地治水带头人S先生抓准了时机,挖掘出社区龙舟文化,使居民明白自身的利益与社区共同体的利益高度相关。之所以在S社区一直延续着的龙舟文化直到近几年才发挥其调动居民参与的重要作用,不是因为龙舟文化本身作用不强,恰恰是因为其作用之大,需要更强有力的力量去发掘去引领。正如李强彬所指出的,当代中国乡村社区的治理缺少有数量和质量保证的乡村精英对社区内公共事务的有效参与,缺乏乡村精英对乡村利益和社会资源的整合。① 在本案例中,推动社区发生翻天覆地变化的,在龙舟文化被点燃背后的,正是有如前文所提到的S先生这一特殊角色在起至关重要的推动作用。S先生有着高学历、高文凭,本可以从事自己所热爱的行业过上不错的生活,却毅然决定回乡投身社区建设,成为S村的村委会干部。也正是在他的推动下,S村的龙舟文化促进会得以成立,并由他担任党支部书记。他提出将社区环境改善和民俗文化保育同步进行,不仅推进了龙舟文化的传承和发展,更促进了S涌环境的直接改善,并因此被评为2019年度广东十大最美民间河湖长。通过社区乡贤能人推动治理,并不是简单地利用社会资源,做做公益,其背后更有一套行动逻辑与运行机制。

首先,借助龙舟文化将“治水”活动转化为村社共同体中的公共事务。作为龙舟文化促进会党支部书记和S社区社会组织联合会会长,S先生既是S社区龙舟文化的保护者,也是一场场社区文化活动的发起者。重新扎根城中村的S先生,首先将关注的目光对准了村里的传统文化保护和传承。得益于城市建设的飞速发展,S村已逐渐融入了城市文化生态当中。但S先生不满足于当前物质上的发展,而是从“三百米”事件中看到了社区内龙舟文化的重要性,试图唤起“社区记忆”。在他看来,龙舟文化在村社共同体内对重构居民凝聚力具有天然价值。S先生指出,相较于抽象的、具有行政化意味的“治水”,“弘扬龙舟文化”的概念更能令居民们理解,并使之在社区中成为一项重要的公共事务。S先生所努力组建起的龙舟文化促进会,其内在目的并非简单地举办活动,而是通过龙舟文化将治水塑造成社区中的公共事务。而当社区居民终于承认治水是一项人人相关的公共事务后,龙舟文化的基本功能便提供了一个可以超越经济利益、阶层地位和社会背景的集体象征,为形成居民对社区的凝聚力创造条件。实践证明,龙舟文化的丰富内涵确实表现出了巨大的包容力与扩张性:在龙舟赛举办的这一天,官方与民众共同参与,外来者与本地人齐心协力,甚至是宗族与宗族间也交流甚多。他发现了这样一个精神内核,巧妙地结合社区治理,点燃了社区的活力。社区也赋予其更多操作空间,支持其成立龙舟文化促进会,不断扩大龙舟文化的作用空间。龙舟文化促进会作为龙舟文化的物质载体和利益表达平台,立足于传统与现实,既接续传承已久、业已成为村民共同信仰的传统文化,又充分结合当前社区实际,顺应现代社会发展的基本趋势并服务于村民个人利益的增进,不断加强乡村公共精神的

① 李强彬.乡村“能人”变迁视角下的村社治理[J].经济体制改革,2006(5):89-92.

培养。

其次，建立起一套新的、非正式的社区运行秩序。在新制度经济学中存在这样一种观点：制度并不都是理性的构建，许多长期延续下来的习俗惯例等，形成了独特的制度运行基础，而发展需要依赖于原来的基础与条件。并且，那些被认为是非正式的制度与形式也许正反映了组织的持久形式，而新的制度安排完全可以建立在这个基础之上，否则就浪费了宝贵的社会资源。S先生作为土生土长的当地人，能够充分发掘当地社区熟人社会的优势，通过龙舟文化促进会的建立以及一系列龙舟活动的举行，不断加强社区成员间的交往和信任，提高社区成员集体行动能力。在"三百米"事件的处理过程中，龙舟文化促进会所建设起的，就是这样一个衍生于传统龙舟文化的非正式的社区运行秩序：依托"龙舟传统文化"的特色，以宗祠文化为底色，以国际龙舟文化艺术节为主题，聚焦基层社会治理，使之与龙舟文化紧密结合，通过"龙舟文化＋艺术＋公益＋环保"的跨界交融方式，激发社区居民对河涌水环境的聚焦与关注，重新唤起其自治意识，充分整合社区资源，使辖区形成以弘扬龙舟传统文化助推基层社会治理的新局面。在这里，龙舟文化促进会所发挥的重要作用便是以发展共同的优秀龙舟文化的方式把社区居民中的自主性力量最充分地发挥出来，并能够最充分地运用于民众自身利益的改善上。

最后，借由龙舟文化促进会搭建有效的官民互通交流平台，进行利益表达。虽然S市政府近年来对水环境治理工作高度重视，投入大量的财力和物力，并取得了一定的成效，但是由于前阶段水环境治理工作的片面性与反复性，加上治水工程延期、扰民等诸多问题，导致城市居民对政府的环境治理工作持质疑态度，也在一定程度上引发了社区居民对后阶段的新工程的反对与阻挠的声音。如不建立起有效的沟通渠道，官方与民众的隔阂就难以消除，也难以达成有效治理的政策目标。"不趁S景，不算扒龙舟"。有着千年龙舟传统的S社区，通过龙舟文化促进会的推动，践行着广府文化的传承与弘扬。龙舟文化促进会以民间龙舟赛为契机，为激发社区居民的爱水热情、护水意识，搭建起了全民参与、官民互通的互动平台。而龙舟赛筹备过程中正式与非正式组织的投入，民间传统与现代资源的和谐搭配，也在无形中扭转了社区居民对官方与正式组织的不信任态度。这项由龙舟文化促进会主办、被誉为全城水平最高的龙舟赛事，在宣扬龙舟文化的同时也让水环境治理事业真正进入了居民的视线，形成了一种属于地方的文化空间，最终得以成为村社共同体中的共同努力方向，孕育了独特的社区文化。如果说以前政府的管理依靠的是强有力的垂直控制和命令，那么如今所倡导的治理则依赖于多元主体共治，在政府、公民、社会组织之间形成相互信任与积极合作的态度，促成治理过程中资源共享、组织间协调、有效沟通的治理基础。

（三）治理之道：对龙舟文化的利用何以能打通社区水环境乃至社区治理的最后"三百米"

在案例的结尾处，我们看到一个社区发展蒸蒸日上、居民其乐融融的景象。然而在案例的发展中，我们也看到一开始治水工程进驻时民众的百般阻挠，困难重重，政府无辙。然而民众愿意让步，并投身水环境乃至社区治理中，S涌也从黑臭河涌榜首被撤下，仅仅用了一年时间，S涌便从人人掩鼻过之的"黑龙江"转变为水清岸美的"室外健身房"。其间，除了第三方的作用外，龙舟文化推动得以实现S社区水环境有效治理的关键之处是什么？如何寻求在基层社会空间中进行水环境治理的突破？

随着社会的发展与变迁，国家和社会的关系由自上而下的管控走向了治理。基层逐渐成为一个全新的治理空间。在社会发展中,公民的主体意识不断增强,逐渐具备参与意识和维权意识,要求获得相应的话语权,国家原本对基层社会的控制力与有效动员力受到挑战。作为社会治理中生态治理层面的水环境治理,在其进入基层社区时,单一的行政模式同样遭阻,即我们在本文案例中所看到的,当截污管道铺设进驻社区,却遭居民强烈反对,工程实施戛然而止,留下一段进不去的“三百米”。正如介入该事件的社会组织负责人后来所评论的一样,当时的政府只是粘贴了一纸冰冷的告示,缺乏跟居民进行沟通,双方存在猜忌和不理解,这阻碍了工程的顺利实施。

由于特殊的角色和定位,政府无法针对每一个社区都提出具体的管理方法和治理模式。社区是比社会更微观的主体,每个具体社区都有不一样的特质,蕴含着不同的问题和故事。作为城市中的村社共同体,S社区同样复合了城中村村民的多重利益,这从案例中居民们的反对声可以看出。本案例中出现的S社区属于社区的特殊类型,是城市转型升级中的农村社区,在城市化的飞速发展中,城市中的农村社区正日益开放,逐步打破传统封闭的发展模式,大力发展经济,吸引着人口的流入。但与此同时,社会发展带来经济的腾飞、生活方式的转变,也使得个体越来越趋向原子化,以往乡村熟人社会中的公共性慢慢流失,极大缩小农村社会公共空间,人们越来越关注个体利益的获得,忽视对公共利益的维护。尽管公共利益也有利于个体利益的增进,但正是因为公共利益是不确定的,为了公共利益将牺牲掉的个人利益却是明确的,出于理性考量,人们会选择可见的利益。政府需要通过截污工程的铺设来推进社区水环境治理,居民们不配合,甚至开车停在工地,试图阻止工程推进。从“三百米”拆违工程受阻这一事件中,我们不难看出在这样一个典型的城中村中,用传统行政方式的执行(直接进场铺设工程),号召大家“为公共利益”做出贡献(工程铺设有利于当地水环境的改善),难以直接推进治水工作。而之所以第三方主体挖掘当地的龙舟文化能够点燃大家的参与热情,进而推动工程实施解决,是由于借龙舟文化作为纽带,进行了社区的重塑。具有外在形式的社区,如处于同个地域,拥有相同的语言习俗,这些并不能构成真正的社区共同体。真正的社区共同体必须具有对文化的认同和对公共利益的维护。且这一空间中的公共利益成为大家可见的、所想要维护的,社区氛围也由此得到营造。借由龙舟文化,另一种意义上的“公共空间”被创造,这种“再创造”,实则是社区的重塑。基于龙舟文化认同的社区意义框架的构建,S先生与新生活推动民众的广泛参与,逐渐塑造起S涌治理的内外部环境,弱化甚至消除官民间的矛盾,推动S涌的治理。用社会治理的眼光去推动水环境治理,能够更加人性化地关注到居民的需求。

进行社区重塑,是为了聚合人们的利益,达成良好的社区治理氛围,从而推动问题的解决。而一种良好的社区治理状态,应该是社区成员相互信任、合作,具有普遍共识、集体认同感和集体归属感,因而比较容易形成集体行动,实现自我组织、自我管理的状态(燕继荣,2010)。那么,什么才能撬动社区发展的活力,推进民众形成集体行动,从而实现自我管理的良好状态?在本案例中,我们看到传统龙舟文化发挥的作用。然而,若缺乏相应的组织和策略的使用,龙舟文化将无法直接发挥作用。社会资本理论所讨论的正是这种作用如何产生的问题。所谓社会资本,按照学界普遍认可的定义,即为普通公民的民间参与网络,以及具有诸如信任、互惠关系、交往规范等特性的社会网络,它们能够促进合作,提高整个社会的效率。在现代社会背景下,治理的基础是多元主体合作互动的形成,而丰裕的社会资本正是社会发展的重要支撑。

在多数农村社区，当地的传统文化由于承载着民间的信仰，是所有成员基于地缘联系的共同利益，成为社区重要的社会资本，能够被利用为环境乃至社区治理中的组织和协调工具。在本文案例的展示中，我们看到，S社区作为一个有着千年龙舟文化底蕴的社区，龙舟文化及其所依附的宗祠文化在当地仍有“一呼百应”的效果。龙舟文化作为传统文化资源，就像一面独特的旗帜，随着组织者一声令下，便能够以其号召性将大家团结起来，到“龙舟文化”所构建起的共同的文化场域中，放下个人利益的得失计较，以龙舟文化为纽带，能够轻易唤醒人们对共同体的记忆和参与治理的热情。每次龙舟活动举办，都是一次增强成员联络、增加社会资本的过程，久而久之，S社区社会资本高度集中。“其实S村很有钱，只要把龙舟文化这个东西点燃起来，整个村子，整个事情，环境的整治啊什么的，一下子就推进得非常顺利。其实他们运作得比想象中的更完善。”在访谈中，一位社会组织负责人这样说起龙舟文化在当地发挥的作用。公共精神需要具有一定的资源基础，当地的社会资本正是借由龙舟文化这一大家共享的社会资源联动起来，形成互动网络，构建起了社会资本，为当地注入了发展活力，培植了社区公共精神。

“对于精神内核，我们也观察了很久。由于这个龙舟在我们S村应该说有300多年的历史了，也就是说我们从明朝的时候就已经可以找到划龙舟的历史。改革开放以后，一直没有间断过，它的名声和关注度是比较高。当地居民的参与度很高，它切实关系着每一个人的精神信仰。龙舟鼓一响，这个事情就会引起当地人的关注。”

在论及村社治理问题时，蓝宇蕴(2005)强调：建构着村社共同体的民间领域的是深厚、悠久的历史文化基础，同时，这一民间领域在与政府、村社的权力的相互作用下形成，有着自身的运行逻辑与特点。为论证这一观点，她特别研究了以扒龙舟为代表的民间传统资源的现代意义。在本案例中，S村民间场景中的各种活动同样当数扒龙舟最为历史悠久、规模庞大、场面热闹，也广受当地人喜爱。如今，扒龙舟活动的宗族色彩已经渐渐淡化，过去的宗族性关系已经演化为一根能够把民间社会组织起来的纽带，人们借助它推动S村的环境整治乃至新集体的重构，“搭起了昔日的舞台，却改编了上演的故事”。通过S涌的治水故事，我们能够深刻感受到民间非正式组织(龙舟文化促进会)及其龙舟活动在成功实现现代转型后，对于村民社会心理的影响力与渗透力。秩序井然的安排、正式与非正式组织的倾力投入、民间传统与现代资源及规则的和谐搭配——我们完全能够说，第三方力量所瞄准的当地传统文化，确实堪作撬动公共事物供给难题的支点。借用龙舟文化这一当地的社会资本，通过推动龙舟赛事的举办，村民看到了河涌整体环境的公共利益与个人利益紧密联通的景象，群体的文化认同与文化传承保护的使命感被激活。组织者借助其为社区创造一个新的意义上的公共空间，把居民中间蕴藏的潜在力量调动出来。河涌治理者通过动员公众参与，对社区的非物质文化遗产即龙舟文化进行保育，从而推动整个社区治理的创新发展。

当然，事实上村民一直都共享并敬仰着龙舟文化及其氛围。然而，社区中的个人作为原子化个体，若缺乏足够的激励，那么再丰厚的社会资源也仅是一种标志，徒有象征意义而无法发挥具体的效用。缺乏足够的激励，共同体成员便难以自觉、自发地去做出行动。共同体不仅是利益相关的，更应该是利益共享的。社区的治理很难依赖公众的自觉性、自发性来达到政策目标，若居民既无法切身感受到官方所称的与其切身利益相关的公共利益，彼此间也缺乏相应的规则和制度的联系纽带，那么与相关利益主体之间就无法进行有效的合作与自治。而随着龙舟文化促进会的成立，龙舟文化的重新兴盛，给村民带来了实实在在的好处，由于社会关注度提升，S村村民的社区自豪感和社会地位也随之提升。有了这一层激励后，集体行动的困境便随之被打破，付出得越多，对社区越有益。最终，自己所能够拥有的社会资源也就越多。而在S涌这里，正是因为有了有力的组织整合力量去主动激活这一文化底蕴，大家对于社区治理有着更高的预期，这支持着大家遵守规范并投身社区建设，因为个人的付出、个人利益的暂时割舍，能带来公共利益的增进，而这一种增进最后将落到自己的头上，有实实在在的收获可言。当S村将龙舟文化申遗成功，作为当地人的居民的自豪感陡升。当国际龙舟文化艺术节的举办带来众多品牌的进驻，带来络绎不绝的游客，为当地的商户带来直接的经济效益，当社区的治理如火如荼，吸引了更多媒体和众人的眼光，这样的实惠对于居民来说是直接可见的，是愿意为之付出和维护的。这种正向可见的激励提高了社区成员对社区的认同感和归属感，投入社区治理、共同保护河涌这样的行为能够带来环境的改善及社区效益的直接提升。受此激励，人们自然很容易配合并投身这一工作。在这样一种公民的参与和实践中，不断增强了民众的社区认同感和参与效能感，激活了公民的社区生活和公共精神。推动其积极参与社区治理实践，维护共同的文化信仰，保存独特的社区文化特质，村民的参与热情无疑会被极大地激发出来，并主动融入社区公共生活之中，村民共同参与水环境治理的良性局面便得以形成。

二、讨论与余思

彭向刚(2012)提出了环境治理与环境善治的概念，其中包含着一些基本精神和基本要求，其强调环境保护中社会的发育和公众的参与，所追求的是政府、市场和公众之间的协同。[①] 环境善治概念的提出，是对传统环境管理思维的一种突破。而本文所探讨的都市村社共同体这一主体，其中具有丰富的经济与社会资本资源，如果能够充分撬动当地的社会资本，其治理成效便会比传统方式更为有效及可持续。同时，在我们的分析中也可以看到，社会资源并不是只要存在便能起作用的，其价值的发挥需要一定条件，而其中重要条件之一是政府的合理性制度供给(彭向刚，2012)。龙舟活动是广东农村中少数难得得到地方政府大力支持的传统民间活动，由于具有这一难得的优越条件，龙舟活动为村组织和村民提供了一个比较完整的自主空间，在这一自主空间中，村民与村社各种组织在地方性意义的系统中天衣无缝地配合，起到了令人意想不到的效果，其中包含的内在意义值得借鉴与深思。

事实上，村社共同体在历史发展演变的沉淀中积聚了许多人类生存与发展的共性资源，这些共性资源当是后续发展中的宝贵财富。今天，我们对于存在于民间、存在于历史的积聚与转化中的宝藏犹如沧海拾遗，在诸多社会公共事务的资源困境中，是否应当对它们加以重新的研究与发掘呢？对于如S村这样的新村社共同体，其独特的社区特质及治理模式依然有待继续探究。

(执笔人：李敏佳，曾栋，叶蔓桦，毛越，陶雨欣，李路华，李东泽。指导教师：颜海娜，刘劲宇)

---

① 彭向刚，向俊杰.中国三种生态文明建设模式的反思与超越[J].中国人口·资源与环境，2015，25(3)：12-18.

本章小结

自2016年全面推行河长制以来，水环境治理在全国各地取得的成效有目共睹。然而，随着水环境治理工作的深入，其有效治理无法单靠自上而下行政力量的推动。尤其在面向居民利益高度交错复合的社区时，如何有效实施水环境治理更成为一个难题。本文通过对S市村社共同体中S涌截污管道铺设工程中“最后三百米”被打通的案例进行系统呈现与分析，揭示了在S村这一社区中，村民享受着龙舟文化浸润，但面对一项有利于水环境改善的工程时却不肯配合，情愿在“臭水沟里瞎折腾”的矛盾，并探寻矛盾得以解决的关键，据此回答水环境治理面临现代治理困境时的破局之策。在本案例中，推动S村居民由反对到支持的态度改变，并发动其主动维护、促进社区水环境改善的，除了有第三方主体的积极介入与推动外，更根源于借助当地传统文化。S村建立起龙舟文化的物质载体和利益表达平台——龙舟文化促进会，由乡贤带领进行社区的重塑，并在社区重塑的过程中培育了连接社区成员的社会资本。这种独特的社会资本给予了社区成员可视的、正向的激励，促使其有足够动力投身社区水环境治理中。

本章测试题

一、名词解释（每小题5分，共20分）

1. 民间河长
2. 社会组织
3. 社会资本
4. 社区治理

二、简答题（每小题10分，共40分）

1. 简述传统文化在推动水环境治理过程中所发挥的作用。
2. 简述社会组织的特点。
3. 简述乡贤在推动乡村水环境治理中发挥的作用。
4. 简述影响民众配合官方治水的因素。

三、论述题（每小题20分，共20分）

阐述社会组织应如何推动社区层面的水环境治理工作。

四、材料题(每小题10分,共20分)

材料一

车陂涌民间巡查队,来自车陂涌沿线的热心居民,男女老少皆有,已自发巡河3年多时间。河涌巡查的行动皆为自发、自愿、自行组织。车陂涌沿线途经9个街道,以车陂街的居民最为活跃,仅这一个街道就成立了9支巡查队伍,人数达数百人,其中“一水同舟,守望相助”的志愿者队伍和车陂北社区的巡查队伍最为活跃。

在车陂涌未消除黑臭之前,这些志愿者是最挑剔的市民,是投诉榜上最常见的名字,民间河长陈长春的投诉量此前长期居于广州市河涌污染投诉的前三位。现在车陂涌消除黑臭之后,他们成为车陂涌最坚定的守护者,巡河行动风雨无阻。

有问题的时候我们就找问题,没问题的时候我们就当散步、健身、聊天。最近一段时间,广州车陂涌如画卷一般,两岸植物葱郁,涌边步行道通畅、干净,涌内则是清晰的鱼翔浅底的画面。而在一年前,车陂涌的水是黑的,两边的绿化是乱的,步行道是断头的……巨大变化的背后,车陂涌沿线民间河长功不可没。

除夕下午,笔者在车陂涌边遇到了正在巡河的民间河长陈长春。大年初一上午,车陂北社区的志愿者打着旗巡河,他们是车陂涌的守护者,无论风雨,都会出现在车陂涌的现场。志愿者表示,与其说是坚守,不如说是责任和享受。

材料二

志愿者大多由周边居民组成,自身生活和河涌息息相关。“自从整治后,河涌变化很大!以前都有漂浮物,现在经常看到环卫工人清洁河涌,几乎闻不到气味了。”罗姨是珠村村民,今年已经71岁。作为志愿者,她也真切感受到河涌的变化。“河涌变好变干净了,对我们身体也有好处,我也想用行动支持一下。”

而来自安厦社区的志愿者谭泽崇,已经将巡河融入日常生活。“当时一成立这支巡河队伍,我就马上参加了,希望能为社区出一份力。即使不是在巡河,现在我路过河涌都会下意识巡视,一发现‘不妥’,马上上报至App。”

为扎实做好整治河涌工作,天河区深入开展“洗楼、洗井、洗管、洗河”四洗行动,压实各项治理任务,深涌流域内黄村、珠吉、前进街精准施策、多管齐下,以打赢黑臭水体剿灭战为目标,进行排污口整治战、洗河大会战,不断在散乱污整治、河涌违法建设拆除和截污纳管工程等方面攻坚克难。

在治水宣传方面,三个街道组织辖内各社区持续开展治水宣传进社区、进城中村、进校园活动,黄村街小手拉大手共治河涌、小志愿者踊跃参与护河护涌,珠吉街党员认领河湖、“小雨滴”治水志愿服务百人团,前进街治水围墙专栏、倡议书移动车走街串巷等点点发光,形成深涌流域“开门治水,人人参与”的局面。

根据上述材料回答下述问题:

1. 根据材料,民间河长是如何助力水环境治理的?(10分)
2. 根据材料,流域“开门治水,人人参与”的局面是如何形成的?(10分)

CHAPTER 3

第三篇

案例大赛与总结

第十章

案例分析大赛参赛流程及经验总结

学习目标

1. 了解参加案例分析大赛过程中可能存在的问题
2. 掌握案例分析大赛的经验
3. 掌握案例分析大赛问题的有效解决方案

第一节 选题与赛前准备

一、案例分析大赛的总体分工与时间规划

（一）组队与分工

案例分析大赛是一个团队的比赛，单靠个人是不足以解决在比赛准备过程中面临的问题的，所以为了更充分地为比赛做准备，在确定参加比赛后，需要组成一个团队。

首先是队员的挑选。参与成员需要了解小组的研究方向以及研究内容，保障有充足的时间参与到调研中。同时尽量保证小组成员的专业技能组成具有多元化特性，有擅长调研的、擅长分析的、擅长撰写报告的、擅长展示的等。其次，组成团队后要确定这个团队的队长，一个优秀的队长可以起到事半功倍的作用。“火车跑得快，全靠车头带”，队长必须对整个研究方向以及案例分析大赛心中有数，什么时候该做什么、什么时候该怎么做、什么时候需要什么要明确；最后，队长要合理地给组队成员分配任务，并掌握任务的完成情况。例如邻避小组以研究生作为组长，以部分本科生作为组员，通过研究生带动本科生。研究生专业基础知识扎实、比赛经验丰富、能力强，主要负责资料分析和报告撰写。在总体分工上，组长根据每位组员的特长，安排恰当的任务，使得分工效率最大化，并且要及时跟进，对组员的完成情况予以掌握。本科生学习时间较多，学习需求大，主要负责资料收集和部分报告撰写任务。通过这种联动作用，满足组员不同的学习需要，实现分工效率的最大化。

注意问题：在分工上要加强小组沟通，避免小组成员单独编写案例。例如 S 涌治理小组在小组分工上主要是大家一起确定案例的大体思路，各自选取部分完成，最后由组长进行整合总结，形成一份完整的文本。由两人负责一部分来完成报告撰写的方式提高了效率，同时也给组员留有能够协调的相对自由的空间。但是，到后期，这种方式的弊端渐现端倪：一是组员对整个事件的内在逻辑了解得不够深入；二是单独的写作使得整篇报告的衔接过渡有所欠缺，逻辑性不够严密。在具体准备比赛的过程中，由于成员来自不同年级、专业，因而各自所擅长的内容和领域也有所不同，导致小组存在成员间分工不明、工作量有差距、撰写案例的时间规划难以把握等情况。

（二）时间规划

明确时间意识，合理规划时间。例如邻避小组，对每个时间段的任务有详细规划，任务一般包括选题，查阅资料并明确研究思路，制作访谈提纲和问卷，资料收集，资料分析与报告撰写等环节。每个任务所需的时间不同，例如，“选好了题工作就完成了一半”，所以邻避小组在选题阶段细致认真，不怕耗时长，多找老师讨论，这样确实比后期推倒重来要好。

注意问题：避免前松后紧模式。例如 S 涌治理小组在提交完初赛作品后，成员都有所松懈，并未趁热打铁积极请教老师及时进行调整和修改，加上决赛时间通知得较迟，故而小组并未提前做好时间安排规划，相当于被推着进入了紧张的决赛准备阶段。在这一阶段，小组成员因时间紧急而感到焦虑，不合理的安排导致在文本的订正及 ppt 的修改上都过于匆忙。

二、案例大赛选题的确定

案例研究的问题是现实生活背景下的当代现象反映出来的问题，好的选题能为研究提供好的分析角度。案例是指包含有问题、情境、矛盾冲突在内的真实的典型性事件。与其他方法比较，案例研究就是通过深入的案例调研，做到更加充分地贴近现实。

（一）在选题方向的选择上

（1）符合要求。这是一切工作开展的基础，案例大赛主办方对于比赛的案例范围有要求，在给定的范围内考虑小组即将进行研究的方向。例如，城市案例分析大赛给定的选题范围是：城市管理领域面临的重大或热点问题，如城市环境秩序治理、城市容貌管理、城市家具管理、城市建筑管理、城市违法建设治理、城乡生活垃圾治理、城乡生活垃圾分类管理、城市建筑废弃物治理、城镇燃气管理、城市管理综合执法等。河长制小组结合大赛的主题和队员的专业兴趣方向，选择了“水环境治理”这一主题。

（2）有人文关怀。基于大赛主办方的要求，立足于社会热事、急事、要事和趣事。案例分析大赛的选题不同于一般的科研选题，故事有趣，才能更好地吸引评委和观众的注意力。以邻避小组大赛的选题——垃圾桶摆放的邻避为例，该小组关注社区居民的美好生活需要，了解垃圾桶摆放对部分居民的负面影响，进而提出建议，减少居民之间的冲突，为和谐社区、绿色社区建设贡献力量。

（3）选题注重“问题”与“冲突”。要注意写实不写虚，聚焦具体的经验、问题，关注现实中的突出矛盾点。在提出问题时，从有关部门到公众间的公共管理困境入手，借以探讨当前时代大背景下，对于具体公共管理问题的解决措施。例如河长制小组在选择研究问题的时候，牢牢把握住水环境治理面临的现实困境和治理过程中出现的矛盾。

(4) 可行性。由于很多社会问题的研究场域很难进入，选题前一定要和指导老师沟通好，确定选题方向，避免不必要的麻烦。邻避小组调研的可行性就比较强，一方面，调研地点是指导老师所居住的小区，能获取及时的信息，接触到相关居民和管理者；另一方面，三个调研地点都在学校附近，人力物力耗费少，可频繁调研。

(5) 兴趣爱好。在确定的选题方向中，寻找自己的兴趣爱好点。4 个小组成员作为政治与公共管理学院的学生，对社会管理问题有兴趣且较容易上手。案例比赛是个漫长、需要耐心与热情的过程，是兴趣让成员们乐在其中、学有所得。

（二）在具体的细化选题上

可以罗列出知网上相关方向的选题，寻找新颖的选题或权威较高的期刊中的选题，为具体选题的确定提供思路；此外，选题并非一成不变，在调研过程中，选题可以继续微调或深化。例如 S 涌治理小组参与本次案例大赛的方向，在原来课题的基础上做了调整。原来课题包含了不同河涌的治理情况，但其背景条件并不相同。经过小组成员讨论后发现，要在案例中提取共同点，做成多案例研究较为困难，因此团队决定将重点放在 S 涌一条涌上，并确定具体调研方向，同时决定采用单案例研究。

三、具体调研方向的确定

在确立初步选题后，可以寻找的相关研究案例主要按照现有资源进行分类筛选，并按照其特征以学术话语体系进行叙事，继而形成多案例的元叙事体系，用以解释不同案例下多因素的相互影响。例如邻避小组在邻避选题的方向上，根据现有文献找出相应理论模型，按照现有理论做出进一步推论及改进，进而确定研究社区邻避发生的影响因素。同时，调研方向的确定是一个不断聚焦的过程。S 涌治理小组一开始认为应该尽可能把有价值的材料都用上，以达到案例完整与丰富的目的。但事实上，讲好一个故事本身就是一项不小的挑战，特别是在能力与时间有限的情况下。从某种意义上说，前阶段的第一次尝试本身就是筛选与整理材料的重要途径。正是因为在第一稿的修改过程中把三个独立的故事雏形都单独拎出来斟酌，S 涌治理小组才得以确认其中的“三百米”事件是具有代表性并值得以主体的形式来呈现的。

第二节
资料的收集与分析

一、资料收集

(1) 参与式观察法。直接观察法可获取直接和客观的信息。S 涌治理小组成员通过参与巡涌等活动，了解S涌治理这一场域的具体情况，通过不同角度，小组成员对同一事物进行观察，深入到研究事件中，获取详细、具体的资料和更多有用的信息。

（2）深度访谈法。电梯加装小组基于实习期间的观察，拟定了弹性的半结构化访谈提纲，在2019年4月—8月实习后期开展了多元化、多层次的深度访谈。对H街道加装电梯“楼栋牵头人”、反对户、居委会主任、社会工作者、政府相关人员等进行全方位访谈，了解住宅电梯加装的具体实施情况和过程，各个组织在其中的参与情况；同时在访谈中遵循“共同建构”和“深入事实内部”的原则，通过开放式的问答和对访谈情景的观察，获得立体化的访谈稿和备忘录，从而建构电梯加装案例的故事性。

（3）实地考察法。电梯加装小组于2018年10月对Y区H街道的街道办、H社区、YD社区、TJ社区、HY社区BY社区的居委会以及涉及的社工组织，选取了5个社区共17个楼栋进行实地调研，并通过三角验证的方法来保证访谈资料的真实性，对每个社区居委会相关负责人和楼栋的牵头者及居民进行访谈，并整理访谈记录21份，超过20万字。

（4）问卷调查法。河长制小组于2018年10月22日至11月2日，借助河长App平台点对点地向全市所有的镇（街）级河长和村（居）级河长进行电子问卷调查。镇（街）级河长实发问卷915份，回收643份，回收率70.3%；村（居）级河长实发问卷1723份，回收1472份，回收率85.4%。

二、资料分析

资料分析是基于小组选择的案例分析方向，运用科学、系统的方法，辅之以专业的数据管理、处理、分析软件，对实地调研乃至二手得来的资料进行审查、检验，分类、汇总等，使零散的资料变得系统化和条理化的过程。资料收集方法得来的大量的文字资料，如果不进行及时的整理与分析，就会逐渐遗忘，所以需要对资料进行整理分析。例如，邻避小组通过三个步骤对资料进行整理与分析。一是文字资料的审查。对文字资料的真实性、可靠性进行检查、校对，例如观察访谈、文献等资料是否带有个人的偏见及可靠，被访谈者是否将情况反映出来，资料对于小组研究方向的贡献如何，等等。二是文字资料的分类。从原始的文字材料中摘取与案例分析研究方向相关的主要内容，对文字资料进行简化。三是文字资料的汇编。按照案例研究的方向、涉及的人和事物等要素进行文字资料的分类与整理，建立完善的数据库。如果文字资料足够充分，还可以将文字资料的内容转化为数据的形式，用量化的方式对内容进行分析。河长制小组运用软件Nvivo 11对访谈资料进行编码分析，运用软件SPSS 22对问卷数据进行分析。

三、本阶段注意事项和值得改进的地方

（1）资料收集不够充分。例如邻避小组由于访谈的群体不够庞大、主体不够多元，没有直接接触到基层群体，仅从组织者和第三方的角度进行了解，未能深入挖掘出一些东西，整个事件的全过程还原得不是很完整，有很多逻辑和细节需要再完善处理，应该不断挖掘资料，拓展更多访谈渠道，让案例的还原度更高。

（2）资料分析太薄弱。例如S涌治理小组相关的统计分析比较少，事件之间的相互组

合缺少一定的有机联系。由于是定性研究，没有结合相关数据，在定性的把握上，也不够精细，事件背后的逻辑和机制的挖掘并未做得很好，分析可靠度和理论效度有待提高。

第三节 报告撰写与修改

一、案例文本写作

案例文本的特色之处在于，它不像研究报告或学术论文一样对于格式有严格的要求，相反，其灵活操作的空间很多。案例更注重如何讲好一个故事。故事要吸引人，要能启发读者思考。案例的最大亮点在于其可以自由完整地呈现一个故事，它像一份规范的剧本，可以有特写镜头（比如文本刚开始的序幕安排），可以有起因、发展、经过、高潮、结尾等，还可以对读者提出思考问题并带着读者一起去探索，它是一步步吸引着读者的；它像一道材料分析题，不是要你解决问题，而是根据所收集、了解到的材料进行阐释说明。案例文本写作过程包括以下五个部分。

（1）确定案例标题。标题最好能够突出案例中的典型情境或反映出案例中事件的主题，可以新颖、文学化，吸引眼球，但也要紧扣案例问题和主题。例如邻避小组的题目是——"一个垃圾桶的独白：哪里才是我的安身之处？"，就比较新颖有趣。

（2）提出研究问题。为什么要研究这个案例，这个案例凸显出来的问题是什么，提出来的问题要有针对性。河长制小组的研究问题"如何走出治水之困，进一步推进流域治理的创新变革"就十分具有针对性。

（3）介绍案例背景。这个案例是在什么社会背景下发生的。案例的选择要尽量突出时代感，对法律政策多归纳引用。

（4）描述案例事件与过程。对案例事件以及案例发生过程进行详略得当的客观描述，在写作的过程中要有意识地突出研究问题，展示社会矛盾，对参与者要有细致深入的刻画。

（5）分析案例。可以借用理论框架对案例进行系统分析，分析案例中展现问题的影响因素、发生逻辑和解决对策等。

案例文本的学术性可能没有论文那么强，但它具有更好的逻辑性和叙事性。它讲究基于事实材料对案例进行设计，每一部分都有各自的特点和作用。而且，在案例文本中，并不需要全貌呈现所收集到的案例，而是进行有目的和有意识的选择。对于案例核心部分，需要重点叙述或者放在显眼的地方。例如S涌治理小组将龙舟文化在城市河涌治理中起到的作用放在了文本的高潮处并进行重点分析。在整体的写作上，也应按照逻辑主线，将案例情节有选择性地展现，设计起伏并主次分明，以叙事的方式将案例生动地展示出来。

案例文本的结构和一般研究报告最大的不同在于，案例写作需要遵循某条主线进行案例的叙述，所呈现的案例必须有鲜明的冲突点，有一个中心矛盾贯穿始终，阐述完案例后再进行案例分析，解决案例叙述中所暴露出的核心问题。而一般研究报告并不特别注重对于案例的呈现与叙述，可能更注重研究方法和分析过程。案例文本写作的特点如下。

(1) 案例文本写作的最基本要求就是案例的完整呈现,也就是能够讲清楚一件事。

(2) 案例文本写作需要具备一定的逻辑性,最好能梳理出一条线索,如时间顺序、性质转变等。

(3) 案例文本写作的可读性也就是写作的技巧不容忽视。在这里,需要作者有意识地把握并对案例进行设计,运用恰当的写作方式安排或营造出可以带领读者进入与作者同一场域的氛围,或是设置关键事件或提出问题。

二、案例文本修改

好的报告是改出来的,这话着实不假。从一开始仓促而就,没有经过太多讨论和推敲形成的文本,到经过一遍遍反复修改,案例文本越来越成熟,与最初的版本相比会有很大的不同与进步,甚至是脱胎换骨。改动过程中的艰辛若非执笔者是无法体会的,而看着报告日渐完善,随之而来的欣喜也是难以言喻的。辛苦有之,但收获更有之。

修改案例文本不是随意改动篇章结构,也不是不痛不痒地进行小修小补,它一定是经由向老师请教,与课题组成员不断讨论甚至争论得来的。例如S涌治理小组在S涌的治理故事这一案例报告的撰写中,从摘要到如何提出问题,到如何进行案例的编写,讲好故事,再到如何结合理论用学术语言对文本进行分析,指导老师都直切要害地指出了问题,并给出了细致的意见和指导。善于吸取老师的意见,并及时进行文本修改,十分关键,不仅能使案例文本日臻完善,不断趋近期待值,打磨出好的案例文本,而且经由这一过程,有助于团队成员将课堂上所未能消化尽的知识和技巧,及时内化于心,成为自己的知识积累。

通过反复修改,S涌治理小组掌握了案例文本各部分的撰写要领,现将S涌治理小组的思考梳理如下。

(1) 摘要应"摘其要点而发"。摘要是以提供文章内容梗概为目的,无须多加评论和补充解释,简明、确切地记述文章重要内容即可,研究背景不宜过多,主要梳理文中重要观点,使读者通过摘要可以大致掌握案例文本的主要内容。

(2) 注意写作技巧。首先,聚焦研究问题,凝练核心研究问题;其次,明确主线,并且一条主线一以贯之,保持核心行动者时刻"在场",围绕矛盾焦点把核心行动者的行动及其背后的逻辑呈现出来,在"进不去的三百米"案例中,就以龙舟文化为逻辑主线,在每一个阶段都有意识提及龙舟文化,通过虚拟故事情节的发生的方式,揭示案例矛盾,呈现案例故事。

(3) 思考题的提问要紧紧围绕案例文本,注重引发读者的思考,而不能直接将答案透露其中。如在"如何打通进不去的三百米"案例的思考题部分,初版的报告中是如此提问的:"传统资源失效:龙舟文化浸润下的村民为何不愿配合治水工程的开展?"经老师的提醒,将冒号前这一有引导性的评论去除,作为单纯的思考题,更能引发读者思考。

(4) 案例分析部分,使用学术语言。针对思考题所提出的问题,每一个部分都要有系统的理论观点加以论述。行文的方式与案例编写部分有所不同,案例分析部分应用理论观点呈现,利用案例素材佐证,从不同的角度和不同侧面展开论述。

三、本阶段中值得注意和改进的地方

（1）明确研究问题。例如S涌治理小组由于一开始并未明确研究问题、明确核心焦点，在开始撰写报告的时候具体的逻辑主线梳理得不太清晰，导致案例撰写进度比较慢，在修改的过程中又比较急促，未能预留充足时间进行修改。关于理论的运用，在案例撰写的过程中没有很好地体现出来，如果再仔细打磨，能够结合一些理论并将之运用或许会更好。

（2）整体把握案例。在回顾案例事实的基础上，拟定案例框架，组织案例材料，客观、生动、具体地把案例描述出来，并注重展现决策者、行动者面临的困境、存在的问题及冲突等，将案例中所有的信息聚拢在一起。案例的编写要围绕既定的目的，排列成序，做到内容相互衔接，表达富有逻辑性，同时要设置好情节，推敲好语句，以提高案例的可读性。

（3）突出案例分析重点。写案例分析报告书的过程中，不可以纯粹进行材料堆砌，也不能追求面面俱到，什么都想说反而最后什么都说不好。应该有选择性地把握重点问题、突出问题。

第四节
现场展示与答辩

一、ppt的大纲和构思

ppt作为报告书在展示环节上的一种载体，与文字稿是相通的。在理清展示ppt的框架后，文字稿则作为ppt上的强调部分或补充说明部分进行延展；但文字稿的展示不可或缺，由于ppt信息密度较低，因此评委在实质上更关注展示上的口头描述。在案例报告已经提交而且无法进行修改的前提下，现场展示至关重要。现场展示主要是对案例的整个过程即来龙去脉和重点思考分析进行展示，然后按照主次分别阐释。ppt大体可以分为背景、问题提出、相关调研与数据收集分析、思考与讨论分析四个部分，每个部分与案例文本的核心进行对应。ppt制作过程中应注意：

（1）找一套合适的ppt模板，切忌过于花里花哨；

（2）尽量使用言简意赅的图表，切忌把大段文字做成ppt进行汇报；

（3）将报告中的主线以及亮点归纳出来，做到精简，最好能够形成讲稿，并反复与指导老师沟通，进一步完善讲稿。

二、现场展示

（1）合理安排ppt讲解时间，将讲解时长控制在大赛要求范围内。并在有限的时间里，尽可能将案例分析的重点、亮点讲解出来。

（2）把握第一印象。在展示中，要以获得较好的第一印象为宜。例如邻避小组开场的

同学声音抑扬顿挫，配合手势，能够让评委从报告上抬起头来。此外，脱稿展示是提升展示过程中评委第一印象的最直接方式。邻避小组在案例大赛展示环节全程脱稿，并融入了情景剧等形式，能比较好地抓住评委的眼睛。

(3) 调整心情，现场展示的时候难免会紧张，所以需要放松心情。例如S涌治理小组上场前进行深呼吸与同伴交谈，以缓解紧张情绪。

(4) 创新展示方法，例如S涌治理小组现场展示最大的亮点是制作了图文并茂的小册子，一开场即给人很新颖的感觉。

三、现场展示阶段应该注意的事项和有待改进的方面

例如S涌治理小组在展示时还是会出现紧张导致声音颤抖、卡壳忘词等现象，因此，在前期练习时应多注意情绪的调整与把控。在回答评委问题时还有需要改进的地方，例如要注意面对评委提问，先接收信息，不要慌乱语塞或者偏离问题，大方回答是或不是，阐述清楚自身所展示的案例内容即可。在展示的具体问题上，需要注意：

(1) 注重团体讨论与分工，不把压力和任务全部集中到主讲人身上，提升其他队员的参与度；

(2) 知识积累的重要性，在整个调研过程中都应保持不断思考，展示时才能更好地回应评委老师的提问；

(3) 展示过程包括ppt展示以及情景模拟，需要提前准备充裕的时间进行排练梳理；

(4) 情景再现阶段不能占用过多时间，要善于利用身边资源，多与老师交流，多找“观众”进行演练。

第五节 总体情况

一、参加本次案例分析大赛的感受与收获

邻避小组：参加案例分析大赛是一个艰苦与漫长的过程。但与一般比赛不同的是，案例分析大赛更强调对于案例的理解与分析，而非部分课题的建构叙事。建构本身在案例比赛中只是其中一个环节，而非全部，因为案例分析本身的意义在于解决现实问题，而非提供建构模型及叙事工具。尽管这二者不可或缺，但在具体比赛中，评委多将政策建议的优先度及热点的贴合程度放在首位。从比赛中，队员明白到了理论联系实际的重要意义。同一个案例运用不同的叙事文本，在不同的理论框架下将会呈现出新的生命。在我们看来，这或许正是案例分析的精华所在。图10-1为邻避小组在进行现场答辩。

S涌治理小组：从主题的选择、资料的收集、文本的撰写再到现场展示，每个环节都是紧紧相扣的，每个环节需要完成的工作半点不能马虎，否则就会对其他环节的工作造成较大影响。本次案例大赛中，小组在上述几个环节的衔接上做得不是太好，每个环节中的工

图 10-1　邻避小组在进行现场答辩

作也有纰漏之处，尤其是从头到尾很少找老师共同讨论，导致小组对自身的问题认识不清，也缺少足够的时间进行整改。同时在整个案例大赛过程中，感受最深的就是团队合作，在案例的材料收集、文本撰写和现场展示的全部阶段里，都是大家通力合作、共同努力、一起完成的。在每一个阶段里，大家都一起讨论、分工然后总结修改，这种一起为一件事挥洒汗水的感觉让人感触很深。这里面不仅有知识的积累和获取，还有个人阅历的丰富。参加完整场比赛就像是干了一件大事一样，不管最后结果怎样，这个过程带给人的锻炼效果是巨大的。对于个人而言，资料的收集分析是相关知识再运用的过程，而案例文本的撰写则是新技能的获得，很大程度上提高了自身的写作能力。而现场面对观众和评委老师的展示，更是让自己鼓起勇气，将自己努力的成果展现在他人面前，让自己变得更加善于表达与交流。除了知识和技能的获取，在如何与队友相处、共同配合完成比赛方面也有了经验的积累，对之后开展团队协作课题有较大帮助。

电梯加装小组：参与本次案例大赛收获很多，学会了编写案例文本的方法，如何将案例编写得更有故事性，如何吸引读者，等等。但是还有一些不足之处需要完善。首先是在案例文本的撰写上，小组的分工较为明确，但是缺乏对提交参赛资料时间的把握，导致直到截止日期都还在匆忙准备参赛报告，以至于没有对报告文本进行很好的修改和完善。在后续对报告的修改方面，在案例分析的撰写上还不是很满意，小组也缺乏相应的案例分析方面的学习，不太清楚案例分析的要点和规范，所以在撰写案例分析时有许多疑问，不太明白如何对案例材料进行合理分析，所以今后对案例分析的训练和学习还需要加强。其次是在复赛案例展示与答辩期间，虽然对 ppt 整体进行了多次完善与调整，但是对 ppt 的呈现效果还不是特别满意。就 ppt 的设计而言，有些地方内容太多，字太小可能看不清，重点不够清晰和突出，就 ppt 的制作而言还需要继续学习和加强。图 10-2 为电梯加装小组在进行现场答辩。

河长制小组：关乎于社会现实问题的案例分析在公共管理教学实践中是非常必要的手段，只有通过具体案例的调查和分析，对公共问题加以深入研究，才能更好地利用公共管理、公共治理、公共政策等领域的理论来指导实际问题的解决，才不会使理论脱离实际。同时，案例分析对于当代公共管理专业的大学生培养敏锐的社会观察力、崇高的社会人文关怀，塑造完整的专业知识体系、系统的理论分析视角，以及展现强烈的社会责任感具有重要意义，更是为国家与社会培养“德才兼备、知行合一”专业型人才、创新公共管理的重要手

图 10-2 电梯加装小组在进行现场答辩

段。可以说，案例分析是公共管理专业的研究生和本科生都应该掌握的专业技能。

二、参加本次大赛后对公共管理领域案例大赛特点的体会与感悟

邻避小组：选题要贴合实际，这既包含了可行性、也包含了对于公共管理领域时事热点的追踪考察。对于公共管理领域案例分析大赛而言，“案例”只是表征，通过案例分析挖掘出“案例”的潜在本质才是核心，案例并非吸引课题精彩与否的关键，案例分析才是重中之重。选题是我们参赛写报告过程中比较艰难的部分，或许这是“旧瓶装新酒”的过程，通过一个典型案例，以全新的视角、全新的模型进行解释，以此建构起案例的全新叙事。从本次案例分析大赛看，评委对于“建议”部分更为关注，这预示着我们在开展类似比赛的过程中，对于公共管理领域尤其是具有以解决问题为导向的现实意义的比赛，要侧重从问题解决以及解决可能性的问题上深挖，而非仅仅关注理论部分。

S 涌治理小组：公共管理领域案例分析大赛是专业性非常强的赛事，从选题到写作再到现场答辩，都对专业素养有着较高的要求。首先是选题方面，选题需要贴近当下的社会热点、政策关注领域。在本次比赛的 18 支队伍中，有 3 支队伍的选题围绕着垃圾分类主题，2 支队伍围绕着 S 涌治理主题，从比赛的结果来看，围绕社会热点展开的队伍更加具有优势，更具有现实意义。这样比较容易引起群体共鸣，相关的资料和讨论也会比较丰富，对于社会问题的解决也比较有现实意义。其次是实践数据的获取与分析，例如实地调研、访谈、相关统计方法的运用，会让数据和观点更加真实可信，具有说服力，能够让现实情况得到反映。最后是相关理论的运用。科学理论的运用可以让案例的分析思考更具逻辑与理性，让解决问题的方法能够得到抽象总结，具有普遍适用性。

电梯加装小组：在这次参赛过程中，体会到公共管理领域的案例大赛有一个很重要的特点，就是案例的选择和编写需要具有代表性、复杂性、故事性。在案例的选择上，我们分为加装成功、加装受阻、加装失败三类案例进行撰写。在电梯加装的过程中，加装受阻是最具有曲折性的，是这三类案例中较为重要的部分。因此在案例的选择和编写上，将我们收集的所有访谈稿中有关加装受阻的案例进行全面整理，融合所有关于加装受阻的影响因素，进行适当分类，撰写出完整呈现所有受阻要素的案例文本，使得案例的呈现更具有生动

性和复杂性，比起单一拿一篇访谈稿进行概括更具有代表性。但由于案例文本过长，重点不够突出，随后进行了修改，对每个段落进行分类，突出段落中最重要的部分，加拟了生动的小标题，这样可以更为清晰地体现出案例的特点，也让文本更具有吸引力。

河长制小组：无论是赛前准备还是比赛过程中，抑或是观摩其他团队的展示，都值得细细回味。赛前，需要注重团队的合作，为比赛进行充足的准备。赛中，面对评委老师时，应该镇定自如，不要过于紧张，讲解 ppt 与回答问题时要条理明确、吐字清晰。在团队展示结束后可以观摩其他团队的展示，为以后的比赛提供经验。赛后要学会总结反思，查漏补缺。

第六节
案例点评

作为带队参加大学生案例分析比赛的指导老师，在案例比赛结束后，面对学生们的比赛结果，笔者谈谈对带队参加案例分析比赛的一些感想。

大学生案例分析比赛是一项跨学科、综合性的学术探讨活动，是将理论和实际相结合的桥梁，旨在提高学生运用公共管理理论和公共政策分析方法科学有效解决实际问题的能力。案例分析比赛既要关注案例材料本身质量，又要做好现场竞技表现。一个优秀的案例编写、一次成功的案例展示需要做好以下几点。

第一，要选好题。一个好的案例，在选题时要遵循两个重要原则：一是顶天立地，二是小问题大文章。对于案例的选题，顶天，就是案例要有理论高度、有社会价值；立地，就是案例选题要来自现实、接地气。案例的选择要立足于社会实践，来自现实，具有现实关怀。案例的选题不能过于宏大，要有公共管理的研究导向——小切口大问题。同时，案例的选题也要遵循重要性、创新性、适应性与可行性的原则，案例撰写方面要明确案例分析文本的结构与行文方式，与论文和报告都要相区别，既要求案例起承转合，具有故事性、可读性，又要求有一定的行文结构和规范，尽可能选择图文相结合的方式进行呈现。此外，要结合比赛主办方的具体要求，考虑素材采用“夹叙夹议方式”还是“案例＋提问＋分析”方式，是重案例还是重分析，是否需要提出创新的、具有可行性的政策建议或解决方案等。

第二，组建一支精诚协作的研究团队。团队要有一个优秀的负责人，切实负责统筹协调案例的全部工作。团队成员团结协作，各司其职。团队分工与合作，尽可能各展其长，分工或合作的内容包括案例文本的撰写、汇报材料，展示形式，流程与素材设计，推选演示者与排练等，可以全分工，也可以都合作，选择适合小组的操作。

第三，扎实的调研，获取来自现实的一手资料。四支参赛队伍的成员，都用几个月的时间深入基层实地调查。其中，电梯加装小组成员跑遍几个社区，形成约十万字的访谈材料。邻避小组成员在大晚上接到电话，随即在老师的带领下出发到居民冲突现场观察和调研。

第四，案例展示环节要面面俱到。案例展示环节是在约 10 分钟内展示团队几个月的研究成果，难度很大，需要注意以下几点。

首先，案例讲解人的综合素质要高。要有强大的自信心、流利的语言表达、快捷的反映思维,并且对案例核心内容的把握了如指掌。此外,要对现场可能出现的突发状况(如演示素材问题、音响设备问题、队友紧张忘词等)做好预案,从容救场也是应变能力的体现和可能挽救分数的办法。

其次,对展示时间的把控要精准。对演示素材与时间把控的磨炼,注重对 ppt 展示的内容进行精炼,在讲解的时候重点突出,对展示视频与文字讲解的时间进行精准把控,尽可能多磨合与排练,以防止现场突发状况出现的可能。

再次,ppt 设计要言简意赅、引人入胜。ppt 的文字不要太多,如果可以,尽量用图表展示核心观点和内容,特别是展示内容的逻辑关系。

最后,在答辩环节,全员必须对案例分析材料熟练掌握,对其中的重点难点以及可能存在争议的热点或问题要有折中的回应意见,且须有适当的分工以凸显团队协作能力。此外,对于演示者与答辩者的着装、仪态及表达艺术方面也应根据自身情况着重考量。

当然,这里面还有一个非常关键的要素——找到一个负责任的带队老师。从案例选题,到研究设计,开展调研,特别是开展调研的机会很难得。如果仅靠学生的努力,找到合适的方式进入调研环境,难度很大。如果有老师的课题调研作为重要的契机,就会事半功倍。

案例的编写以及比赛结果出来后,要善于总结。无论是案例调研还是编写,或者是案例的展示过程,都会存在各种不足。一次案例分析比赛,不仅重视比赛过程和结果,更重要的是整个研究团队能够通过比赛获得的成长。

下面,笔者对四支参赛队伍在这次比赛中的表现做一个简单的评述。

一、"河长制还是河长治:水治理创新的困局与反思"

首先,在当前河长制在全国自上而下普遍推行的背景下,该案例的选题紧扣热点,具有鲜活的时代感;其次,案例紧紧扣住河长制这一水环境治理创新制度在实际运作中出现的问题,分别以"治官还是治水"、"九龙治水还是一龙治水"、"河长制还是河长治"三个设问为脉络来组织案例文本以及进行案例分析,聚焦点很集中,逻辑层次感很强;再次,该案例是基于非常扎实的实证调研而形成的,依托治水主管部门的大力支持,案例小组开展了覆盖 S 市主要治水职能部门及 11 个区的大范围考察,收集到丰富的一手资料,应该说在调研的深度上该案例小组是非常有优势的,评委对该案例分析报告文本的评价也非常高;最后,在案例的展示上,虽然案例小组精心制作了一个关于河长制的三分钟小视频,但由于汇报人太紧张,在一定程度影响了展示效果。从现场效果来看,展示的形式没有其他一些搞角色扮演、情景剧等的参赛小组那么出彩(也有可能这些形式让评委觉得更加有温度和现场感吧)。根据组委会的比赛规则,案例文本占总分的 40%,案例展示占 60%,所以该小组最后捧了银杯回来,有一些小遗憾,但已经是非常不错的成绩了。

二、"一个垃圾桶的独白:哪里才是我的安身之处?"

"垃圾桶邻避冲突"这个案例,从案例的选题到案例的实地调研,再到案例的编写和比赛展示,都做得非常扎实。首先,案例的选题视角新颖。一般的邻避冲突都是因为垃圾站、变电站等之类的大型设施设备建设而引起的重大群体冲突。作为大学生的调研团队成员，是从小切口出发的。垃圾分类背景下的垃圾桶摆放引起的邻里冲突，是在很多地方开展垃圾桶下楼的小区都出现过的。调研团队的选题贴近生活，贴近实际，非常接地气。但通过小切口分析出了大问题——如何有效处理城市社区邻里之间邻避冲突这样的大问题。其次，案例的调研比较深入，挖掘出了案例中有趣又有内涵的故事。正如广州市城管委一位领导在看了案例材料后所说的："没想到一个垃圾桶摆放的事情背后竟然有这么多的故事。"最后，案例的展示过程非常顺畅。从案例展示讲解人的自信、案例逻辑内容的分析、展示时间的把控到对评委问题的回答都非常完美。该案例调研团队取得的优异成绩是一份标准案例有效构成要素完美组合的结果。如果说，还是要从中找出不足的话，调研团队在案例比赛展示之前临阵角色调整，稍显仓促。

三、"电梯加装为何好事难办？"

电梯加装案例的选题非常贴近现实生活，又符合基层群众的实际需要，特别是在老旧社区城市升级改造中，这是一个热点，也是一个难点。案例的选取有浓郁的现实人情关怀。案例小组的调研非常扎实，调研团队走遍了街道的几个社区，对加装成功、加装不成功以及正在协商博弈的案例都进行了全面的调研，形成了约十万字的访谈材料。案例展示准备非常充分，但美中不足的是在案例展示之前，因比赛展示时间调整，课题组成员不断调整和修改展示 ppt，再加上展示时讲解人的自信心欠佳，因此影响了案例展示的效果。讲解人对讲解时间的把控也不够精准，还有少许部分内容没有展示出来，这就严重影响了比赛成绩。该团队从案例的选题、内容的编写到案例展示的准备，都非常充分，但在临门一脚之时，力量欠佳。

四、"如何打通进不去的三百米"

这一案例的选题是在科研团队两年多实地调研基础上的延续。因此，该案例具有扎实的调研基础。团队成员又深入城市社区，与不同职业、不同身份的公众进行交流，挖掘影响社区水治理"最后三百米"难题的故事。该团队无论是案例选题还是案例调研都做得非常扎实和充分。案例分析的角度也非常新颖——龙舟文化如何在社区水治理中发挥重要的作用，进而能够推动解决社区水治理的难题。这与传统的水治理分析视角有所不同，编写好的案例也进入了决赛环节。但是在案例展示环节，特别是 ppt 的设计，因为时间仓促而没有准备充分。团队想在 ppt 展示时娓娓道来，最后引出自己的创新点——龙舟文化在社区水治理中的重要作用。但比赛时该团队的展示设计并没有把案例中的亮点有效呈现出来，所以最后的成绩不太理想。

总之，案例比赛是案例选题、研究设计、实地调研、案例编写以及案例展示等各项要素的契合，任何一个环节的不足都会带来些许遗憾。

本章小结

本章从案例分析大赛带队指导老师和参赛队伍的团队成员的切身感受出发，从选题与赛前准备、资料收集与整理、报告撰写与修改、现场展示与答辩以及总体情况五个方面总结了案例分析中值得学习的经验和经常出现的问题，并根据参赛成员的赛场经历，提出有效的解决方案。

本章内容通过 4 支队伍参加案例分析大赛的具体情况，从实践出发，结合理论研究，挖掘问题，分析问题，解决问题，为案例分析提供重要理论与实践基础。

参考文献

Reference

[1] 风笑天.社会研究方法[M].北京:中国人民大学出版社,2018.

[2] 陈向明.质的研究方法与社会科学研究[M].北京:教育科学出版社,2000.

[3] 马伊里.合作困境的组织社会学分析[M].上海:上海人民出版社,2008.

[4] 李琼.政府管理与边界冲突:社会冲突中的群体、组织、和制度分析[M].北京:新华出版社,2007.

[5] 约翰·吉尔林.案例研究:原理与实践[M].黄海涛,刘丰,孙芳露,译.重庆:重庆大学出版社,2017.

[6] 罗伯特·K 殷.案例研究:设计与方法[M].周海涛,史少杰,译.重庆:重庆大学出版社,2017.

[7] 罗伯特·C 波格丹.教育研究方法:定性研究的视角[M].4 版,钟周,译.北京:中国人民大学出版社,2008.

[8] 保罗·斯洛维奇.风险的感知 [M].赵延东,林土垚,冯欣,等,译.北京:北京出版社,2007.

[9] 约瑟夫·奈.硬权力与软权力 [M].门洪华,译.北京:北京大学出版社,2005.

[10] 王宁.代表性还是典型性?——个案的属性与个案研究方法的逻辑基础[J].社会学研究,2002(5):123-125.

[11] 叶成城,黄振乾,唐世平.社会科学中的时空与案例选择[J].社会科学文摘,2018(8):34-36.

[12] 陈超,李响.逻辑因果与量化相关:少案例比较方法的两种路径[J].公共管理评论,2019(1):3-22.

[13] 叶成城,唐世平.基于因果机制的案例选择方法[J].世界经济与政治,2019(10):22-47.

[14] 蔡宁伟,于慧萍,张丽华.参与式观察与非参与式观察在案例研究中的应用[J].管理学刊,2015,28(4):66-69.

[15] 毛基业,李高勇.案例研究的“术”与“道”的反思——中国企业管理案例与质性研究论坛(2013)综述[J].管理世界,2014(2):111-117.

[16] 孙海法,刘运国,方琳.案例研究的方法论[J].科研管理,2004(2):107-112.

[17] 王金红.案例研究法及其相关学术规范[J].同济大学学报(社会科学版),2007(3):87-95,124.

[18] 陈向明.扎根理论的思路和方法[J].教育研究与实验,1999(4):58-65.

[19] 张静.案例分析的目标:从故事到知识[J].中国社会科学,2018(8):126-142,207.
[20] 何包钢,王春光.中国乡村协商民主:个案研究[J].社会学研究,2007(3):56-73,243.
[21] 刘洋,应瑛.案例研究的三段旅程——构建理论、案例写作与发表[J].管理案例研究与评论,2015,8(2):189-198.
[22] 应星.草根动员与农民群体利益的表达机制——四个个案的比较研究[J].社会学研究,2007(2):1-23,243.
[23] 孙海法,刘运国,方琳.案例研究的方法论[J].科研管理,2004,(2):107-112.
[24] 潘绵臻,毛基业.再探案例研究的规范性问题——中国企业管理案例论坛(2008)综述与范文分析[J].管理世界,2009(2):92-100,169.
[25] 沈坤荣,金刚.中国地方政府环境治理的政策效应——基于"河长制"演进的研究[J].中国社会科学,2018(5):92-115,206.
[26] 陶鹏,童星.邻避型群体性事件及其治理[J].南京社会科学,2010(8):63-68.
[27] 张乐,童星."邻避"冲突管理中的决策困境及其解决思路[J].中国行政管理,2014(4):109-113.
[28] 徐林,吴咨桦.社区建设中的"国家—社会"互动:互补与镶嵌——基于行动者的视角[J].浙江社会科学,2015(4):76-82.
[29] 杨敏.作为国家治理单元的社区——对城市社区建设运动过程中居民社区参与和社区认知的个案研究[J].社会学研究,2007(4):137-164.
[30] Lijphart. The comparable—cases strategy in comparative research[J]. Comparative Political Studies,1975,8(2):158-177.
[31] Bear F,Goertz G. The methodology of necessary conditions[J]. American Journal of Political Science,2000,44(4):844-858.
[32] Grant A M,Pollock T G. Publishing in AMJ-Part3:setting the book[J]. Academy of Management Journal,2011,54(5):873-879.
[33] Zhang Y A,Shaw J D. Publishing in AMJ-Part5:crafting the methods and results[J]. Academy of Management Journal,2012,55(1):8-12.
[34] Ansell C,Alison G. Collaborative governance in theory and practice[J]. Journal of Public Administration Research and Theory,2012(18):543-571.
[35] Eisenhardt K M. Better stories and better constructs: the case for rigor and comparative logic[J]. Academy of Management Review,1991,16(3):620-627.
[36] Finnveden G, Nilsson M, Johansson J. Strategic environmental assessment methodologies-applications within the energy sector[J]. Environmental Impact Assessment Review,2003,23(1):91-123.
[37] Seacat J D,Northrup D. An information-motivation-behavioral skills assessment of curbside recycling behavior[J]. Journal of Environmental Psychology,2010,30(4):393-401.

与本书配套的二维码资源使用说明

本书部分课程及与纸质教材配套数字资源以二维码链接的形式呈现。利用手机微信扫码成功后提示微信登录，授权后进入注册页面，填写注册信息。按照提示输入手机号码，点击获取手机验证码，稍等片刻收到4位数的验证码短信，在提示位置输入验证码成功，再设置密码，选择相应专业，点击“立即注册”，注册成功。（若手机已经注册，则在“注册”页面底部选择“已有账号？立即注册”，进入“账号绑定”页面，直接输入手机号和密码登录。）接着提示输入学习码，需刮开教材封面防伪涂层，输入13位学习码（正版图书拥有的一次性使用学习码），输入正确后提示绑定成功，即可查看二维码数字资源。手机第一次登录查看资源成功以后，再次使用二维码资源时，只需在微信端扫码即可登录进入查看。